고린도전서로 읽는
교회다운 교회

고린도전서로 읽는
교회다운 교회

지은이 | 손윤탁
펴낸이 | 원성삼
책임편집 | 홍순원
본문 및 표지디자인 | 강민주
펴낸곳 | 예영커뮤니케이션
초판 1쇄 발행 | 2018년 2월 12일
등록일 | 1992년 3월 1일 제 2-1349호
주소 | 04018 서울시 마포구 동교로 55 2층(망원동, 남양빌딩)
전화 | (02)766-8931
팩스 | (02)766-8934
홈페이지 | www.jeyoung.com
ISBN 978-89-8350-984-0 (03230)

값 15,000원

이 도서의 국립중앙도서관 출판예정도서목록(CIP)은 서지정보유통지원시스템 홈페이지
(http://seoji.nl.go.kr)와 국가자료공동목록시스템(http://www.nl.go.kr/kolisnet)
에서 이용하실 수 있습니다.(CIP제어번호: CIP2018002652)

모든 인간은 하나님의 형상을 닮은 존귀한 존재입니다. 사람은 인종, 민족, 피
부색, 문화, 언어에 관계없이 모두 다 존귀합니다. 예영커뮤니케이션은 이러한
정신에 근거해 모든 인간이 존귀한 삶을 사는 데 필요한 지식과 문화를 예수 그리스도의
사랑으로 보급함으로써 우리가 속한 사회에 기여하고자 합니다.

I Corinthians

고린도전서로 읽는

교회다운 교회

손윤탁 지음

예영커뮤니케이션

글머리에

문제가 없는 교회는 없습니다.
초대교회로부터 지금까지 항상 그랬습니다.
교회에 아무 문제가 없는 것처럼 보일 때 주의해야 합니다.
오히려 더 큰 문제를 안고 있을 수 있기 때문입니다.

교회는 주님의 몸입니다.
따라서 아무런 문제가 없어야 합니다.
그러나 교회는 문제가 많은 사람들의 모임입니다.
그래서 교회는 많은 문제를 안고 있습니다.

믿는 사람들의 모임!
예수 그리스도를 주로 고백하는 성도들의 모임!
주님을 닮아가기를 원하는 사람들의 모임이 교회이기에
교회는 거룩한, 아니 '거룩해지고 있는 공동체'입니다.

성도들과 함께 바울의 편지를 읽으며
고린도교회의 상황에서 이 시대 우리들의 모습을 보았습니다.
고린도교회의 문제가 오늘 우리들의 문제임을 알았습니다.
'교회다운 교회'를 만들어 가야 할 우리들의 책임을 깨닫습니다.

사실은 교회에서 같은 설교를 두 번이나 반복할 수 없어서,
그리고 종교개혁 500주년을 보내면서

교회에서 교안을 만들어 강의한 자료들을 모아 보았습니다.
그리고 성도들이라면 누구나 읽을 수 있도록 하고 싶었습니다.

성경 주석을 목적으로 쓴 책은 아닙니다.
성경을 읽어가며 본문의 내용을 알기 쉽게 풀이하였습니다.
주를 사랑한다면 그의 몸인 교회를 사랑합니다.
'고린도전서'는 성도들의 교회 생활에 대한 서신입니다.

"다시 거룩한 교회로!" 회복되는 길은
오직 우리들의 믿음으로
그리고 오직 말씀으로만 가능한 일이기에
"교회다운 교회"를 위하여 이 작은 책을 출판합니다.

닭 울음소리에 회개의 눈물을 흘렸던 베드로를 생각하며
'남산 길'에서 다시 한번 '닭 울음소리'의 흉내를 내어봅니다.

출판을 위해 수고해 주신 예영커뮤니케이션 원성삼 대표님과
편집진 여러분들에게 깊은 감사를 드립니다.

종교개혁 500주년을 보내는 새해 아침
남산 중턱에서 저자가

Contents

Contents

1장. 성도라 부르심을 받은 자

¹하나님의 뜻을 따라 그리스도 예수의 사도로 부르심을 받은 바울과 형제 소스데네는 ²고린도에 있는 하나님의 교회 곧 그리스도 예수 안에서 거룩하여지고 성도라 부르심을 받은 자들과 또 각처에서 우리의 주 곧 그들과 우리의 주 되신 예수 그리스도의 이름을 부르는 모든 자들에게 ³하나님 우리 아버지와 주 예수 그리스도로부터 은혜와 평강이 있기를 원하노라 ⁴그리스도 예수 안에서 너희에게 주신 하나님의 은혜로 말미암아 내가 너희를 위하여 항상 하나님께 감사하노니 ⁵이는 너희가 그 안에서 모든 일 곧 모든 언변과 모든 지식에 풍족하므로 ⁶그리스도의 증거가 너희 중에 견고하게 되어 ⁷너희가 모든 은사에 부족함이 없이 우리 주 예수 그리스도의 나타나심을 기다림이라 ⁸주께서 너희를 우리 주 예수 그리스도의 날에 책망할 것이 없는 자로 끝까지 견고하게 하시리라 ⁹너희를 불러 그의 아들 예수 그리스도 우리 주와 더불어 교제하게 하시는 하나님은 미쁘시도다

고린도전서 1:1-9

고린도는 지중해의 중심도시로 헬라(Hellas)의 알렉산더 대왕 이전부터 3대 도시(스파르타, 아테네, 고린도) 가운데 하나로 불렸으며, 로마제국의 지배 이후에도 로마, 알렉산드리아, 안디옥에 이어 가장 크다고 손꼽히는 도시였습니다. 경제와 무역의 중심지였기 때문에 고린도 사람들은 자연히 재정적 풍요와 문화적 혜택을 누렸습니다. 하지만 이러한 긍정적 요소와는 달리 성적으로 문란했고 부도덕하고 비윤리적인 범죄가 많은 도시이기도 했습니다. 당시 "고린도 사람처럼 산다."라는 말이 유행했는데, 이는 '돈만 알고, 순간적인 쾌락을 즐기는 경박한 사람들'을 의미하는 것이었다고 합니다.

고린도교회는 바울이 제2차 전도여행 중에 세운 교회입니다. 그의 꿈이 아시아로 향해 있을 때 하나님은 오히려 바울을 유럽으로 인도하셨습니다. 성령이 아시아의 길을 막으시므로(행 16:6) 비두니아의 꿈을 접은 바울은 드로아에서 마게도냐의 환상을 보게 됩니다(행 16:8-9). 그래서 마게도냐의 첫 성(城)인 빌립보로 갔습니다. 데살로니가, 베뢰아, 아덴을 거쳐 아가야 지방의 수도인 이곳에 이르러 교회를 세우고 1년 6개월 동안 머무르며 가르쳤는데, 이 교회가 바로 고린도교회입니다. 또한 생업이 같았던 브리스길라와 아굴라가 바울을 만나서 그의 사역을 도왔던 곳도 바로 이곳입니다(행 18:1-2). 이로부터 4~5년이 지난 후 제3차 전도여행 중(A.D. 55년경) 에베소에 이른 바울이 고린도교회의 소문을 듣게 됩니다. 그래서 바울은 고린도교회의 당면한 문제들과 그들의 질문에 답하기 위하여 붓을 들게 되는데, 이것이 바로 고린도전서입니다.

문안 인사 속에 나타난 '성도'라는 단어의 의미

고린도전서 1장 1절에서 이 편지를 보낸 사람이 누구인지를 밝힌 후(바울과 형제 소스데네), 2절에서는 이 편지의 수신자가 고린도교회에 속한 성도들임을 분명히 합니다. 이어서 이들을 위하여 '하나님 아버지와 예수 그리스도의 은혜와 평강'을 위하여 축복하는 내용으로 편지가 시작됩니다. 동시에 '성도'라는 단어의 의미가 은연중에 나타납니다. '성도(聖徒)'가 어떤 의미를 가지며 또 누구를 지칭하는 것인지를 아는 것은 매우 중요하므로, 지금부터 상세히 살펴보려고 합니다.

우선, '성도'라는 단어는 '거룩한 무리'라는 뜻을 가집니다. 그러나 교회 안에서 사용되는 이 단어의 의미는 '완성'이 아니라 '진행'의 의미를 가지고 있어서 바울은 "예수 그리스도 안에서 거룩하여지고"라는 표현을 썼습니다. 어느 누구도 자신을 가리켜 '거룩하다'고 이야기할 수 있는 사람은 없습니다. 그럼에도 불구하고 오늘 처음 예수를 믿고 교회에 출석하는 사람들마저도 '성도'라고 부릅니다. 그것은 그 사람이 거룩하기 때문이 아니라 거룩해져 가는 사람이기 때문입니다.

조금 더 나아가 기독교가 가지는 복음의 핵심이 '성도'라는 한 단어 속에 함축되어 있습니다. 성도가 되었다는 말은 바로 천국의 백성이요, 하나님의 자녀라는 지위를 가졌다는 의미이기 때문입니다. 산부인과 병원에서 지금 막 태어난 어린 아기도 완벽한 사람입니다. 마찬가지로 예수님을 처음 믿었다고 해도 예수님을 주로 고백하면 바로 '의로운 사람으로 인정' 받습니다. 완벽한 하나님의 자녀입니다. 바로 성도라는 이름이 주어집니다.

둘째, "부르심을 입은 자들"이라는 표현을 썼습니다. '성도'라는 단어는 하나님에 의해 교회로 부르심을 받은 자들이라는 뜻입니다. 앞에서 살펴본 '거룩하다'는 말은 히브리어 *카디쉬*(קדושׁ)에서 기원하는데, 이 말은 '정결하다', '깨끗하다'는 의미도 있지만 실제로는 속된 것으로부터 '구별된 것'을 뜻합니다. 나실인(민 6:5-7), 성전, 여호와(삼상 6:20) 등의 단어 앞에 '거룩하다'라는 말을 붙인 것도 같은 의미입니다. 그런데 '거룩하다'라는 단어가 성도들에게도 사용되었습니다. 이것은 세상 사람들과는 구별된 사람들, 곧 하나님으로부터 부르심을 입은 자들이라는 사실을 강조하는 것입니다.

셋째, 성도는 "우리 주 예수 그리스도의 이름을 부르는 모든 자들"을 지칭합니다. 아무나 예수님을 주님이라고 부르지는 않습니다. 바울은 "성령으로 아니하고는 누구든지 예수를 주시라 할 수 없느니라(고전 12:3)."고 분명하게 선언합니다. 바꾸어 말하면, 예수님을 우리 주로 고백하고 부르는 사람은 이미 성령의 사람이라는 뜻이 됩니다. 즉 성도는 성령의 사람입니다. 성령의 인도하심을 따라 예수를 그리스도로 고백한 사람입니다. "누구든지 주의 이름을 부르는 자는 구원을 받으리라(롬 10:13)."고 한 것은 주의 이름을 부르는 자들은 '성도'이며, '성도'라면 당연히 '구원을 받은 사람'이라는 것입니다.

성도들이 받은 은혜

우리 아버지 하나님과 주 예수 그리스도로 말미암아 받을 은혜, 즉 은혜와 평강이 충만한 것도 중요하지만 이미 받은 은혜가 충만함을 바울의 감사 내용으로부터 확인할 수 있습니다.

> 그리스도 예수 안에서 너희에게 주신 하나님의 은혜로 말미암아 내가 너희를 위하여 항상 하나님께 감사하노니(고전 1:4).

첫째, 모든 언변과 지식의 풍족함을 지적합니다. 헬라인들은 선천적으로 지식과 사고에 능한 사람들입니다. 그런데 바울은 헬라인 성도들에게 '언변과 지식의 풍부함'을 주신 것은 따로 목적이 있기 때문이라고 합니다. 즉, 그리스도를 증언하게 하기 위한 것입니다. 비록 고린도교회 교인들에게 여러 윤리적인 문제가 만연해 있다고 할지라도 그리스도를 증거하고 복음을 전하는 이 일만은 분명해야 한다고 강조합니다.

누구나 교리적으로나 실제 삶에서 문제가 있을 수 있습니다. 하지만, 그 문제가 우리가 받은 은혜와 해야 할 사명을 가릴 수는 없습니다. 그래서 바울은 여전히 어린 자리에 머물고 있는 고린도교회 성도들에게(고전 3:1-3) 성도로서 받은 은혜가 있음을 깨우치고, 더불어 받은 분량만큼 간증할 수 있도록 권면하는 것입니다.

둘째, 고린도교회 성도들이 받은 은사들이 있음을 이야기합니다. 고린도교회 교인들에게는 구원의 은혜와 더불어 다양한 은사들이 주어졌습니다. 그런데 바울은 이 은사들을 그리스도의 나타나심을 기다리는 것과 연관지어 설명합니다.

저도 평소에 '성도'라는 단어만 나오면 강조하던 말이 있습니다. 바로 '기다리는 사람들!'입니다. 한자로 성도(聖徒)는 '거룩한 무리'라는 말이지만 성도의 속성을 따라 해석하면 '기다리는 사람들'이라고 할 수 있습니다. 왜냐하면 성도는 기도응답을 기다리고, 좋은 날 오기를 기다리고, 성공한 날을 기다리는 사람들이기 때문입니다. 더욱 중요한 사실은 모든 성도들이 궁극적으로 다시 오실 주님을 기다리는 사람들이라는 점입니다. 그러나 이러한 기다림이 마지막 그날만을 의미하는 것은 아닙니다. 오히려 매일 매일을 마지막 날처럼 여기고 주어진 하루를 은혜의 날, 감격스러운 날, 감사하는 날로 사는 사람들입니다. 그리고 은사란 바로 이 성도들에게 "우리 주 예수 그리스도의 날에 책망할 것이 없는 자(고전 1:8)"로 세우시기 위하여 필요한 달란트를 주신 것입니다.

본문의 '끝까지'는 우리 인생의 끝을 의미하는 것이 아니고 그리스도의 날까지이며, 성도들의 부족함을 아시는 주께서 은혜를 베푸셔서 하나님께 우리들이 책망을 받지 않도록 하신다는 것입니다.

셋째, 우리를 부르셔서 주님과 더불어 교제(코이노니아)하게 하신다는 것입니다. 종적으로는 예수 그리스도와 횡적으로는 많은 성도들과 교제하게 하십니다. 그래서 기독교에서는 이 '코이노니아'를 신앙의 가장 중요한 핵심으로 보고 있습니다.

분명히 우리들은 천국에서도 교제할 것입니다. 평소 다가서기 어려웠던 사람들뿐만 아니라 애초에 만날 수 없었던 모세, 엘리야, 이사야와도 만나서 교제하게 될 것입니다. 따라서 이 땅에서 사는 동안 교제의 훈련이 잘 이루어져야 합니다. 이 훈련을 위해 교회가 필요한 것인데 정반대로 생각하는 사람들이 있습니다. 그들은 세상에서는 교제하고 교회에서는 조용히 살겠다고 합니다. 하지만 그것은 천국의 본질을 제대로 알지 못해서 그렇습니다. 사도신경에도 '성도의 교제'를 믿는다고 고백합니다. 성도의 교제는 그리스도인들에게 주어진 가장 큰 복 중의 하나입니다.

성도라는 직분은 정말 소중합니다

교회에는 직분이 있습니다. 직분은 교회의 질서를 유지하고 복음 사역에 있어서 유기적 협력을 이끌기 위해 주어졌습니다. 때문에 목사, 장로, 권사, 집사와 같은 직분을 맡는 것은 중요한 일입니다. 바울 역시 고린도전서에서 직분에 대한 이야기를 많이 다루고 있습니다. 특별히 보이는 교회에서는 '집사'가 기본적인 직분입니다. 목사도, 장로도, 권사도 모두 집사가 되어야 합니다. 본래 '집사'는 "일 맡은 자"를 말합니다(고전 4:1). 그래서 설교하는 집사를 목사, 치리하는 집사를 장로, 심방하고 성도들을 위하여 돌아보며 기도하는 집사를 권사, 가르치는 집사를 교사, 교회 살림을 맡은 청지기들을 일반적으로 집사로 통칭하여 부릅니다.

그러나 이러한 직분들이 다 소중하지만 정작 천국에 들어갈 수 있는 신분은 '성도'입니다. 목사라도, 장로라도, 집사라도 '성도'여야만 합니다. 그러므로 '성도'라는 말은 그리스도인의 신분을 의미하면서 동시에 이 세상 직분 중 가장 고귀한 직분이라고 할 수 있을 것입니다. 따라서 성도는 세상과 구별된 매우 소중한 신분이므로 그 자리를 잘 지켜야 합니다. 성도로서 받은 복과 받을 복을 생각하면 더욱 그렇습니다.

묵상의 잔에 담긴 말씀

이는 너희가 그 안에서 모든 일 곧 모든 언변과 모든 지식에 풍족하므로 그리스도의 증거가 너희 중에 견고하게 되어 너희가 모든 은사에 부족함이 없이 우리 주 예수 그리스도의 나타나심을 기다림이라

고전 1:5-7

〈삶〉으로 이어 주는 Q&A

1. '성도'라는 신분의 의미와 그 중요성을 확인해 봅시다.

2. (고린도교회) 성도들에게 풍족한 언변과 지식을 주신 이유가 무엇입니까?

3. 부족함이 없는 풍성한 은사를 주신 하나님의 사랑을 기억하며 우리 주 예수 그리스도의 나타나심을 기다리는 직분자로서 '교회다운 교회'의 첫 번째 사명이 무엇인지를 생각해 봅시다.

묵상의 잔에 담긴 쪽지

"

"

자신의 생각을 자유롭게 적어 보세요!

2장. 그리스도인의 세례

¹⁰형제들아 내가 우리 주 예수 그리스도의 이름으로 너희를 권하노니 모두가 같은 말을 하고 너희 가운데 분쟁이 없이 같은 마음과 같은 뜻으로 온전히 합하라 ¹¹내 형제들아 글로에의 집 편으로 너희에 대한 말이 내게 들리니 곧 너희 가운데 분쟁이 있다는 것이라 ¹²내가 이것을 말하거니와 너희가 각각 이르되 나는 바울에게, 나는 아볼로에게, 나는 게바에게, 나는 그리스도에게 속한 자라 한다는 것이니 ¹³그리스도께서 어찌 나뉘었느냐 바울이 너희를 위하여 십자가에 못 박혔으며 바울의 이름으로 너희가 세례를 받았느냐 ¹⁴나는 그리스보와 가이오 외에는 너희 중 아무에게도 내가 세례를 베풀지 아니한 것을 감사하노니 ¹⁵이는 아무도 나의 이름으로 세례를 받았다 말하지 못하게 하려 함이라 ¹⁶내가 또한 스데바나 집 사람에게 세례를 베풀었고 그 외에는 다른 누구에게 세례를 베풀었는지 알지 못하노라 ¹⁷그리스도께서 나를 보내심은 세례를 베풀게 하려 하심이 아니요 오직 복음을 전하게 하려 하심이로되 말의 지혜로 하지 아니함은 그리스도의 십자가가 헛되지 않게 하려 함이라

고린도전서 1:10-17

누구의 이름으로 세례를 받았느냐?

분쟁으로 치닫는 고린도교회의 문제점을 지적하는 바울의 글에서 우리는 그의 서운한 마음을 쉽게 읽을 수 있습니다. 그리스보와 가이오 외에는 아무에게도 세례를 베풀지 않았음을 감사한다는 표현만 보아도 그렇습니다(고전 1:14). 세례는 감사와 축하를 받을 만한 복된 예식입니다. 그럼에도 불구하고 바울은 세례를 많이 베풀지 않았음을 자랑하고 오히려 감사하노라고 선언합니다. 어떻게 보면 전혀 바울답지 않은 모습입니다.

바울은 고린도교회의 성도들이 여러 무리로 나뉘어 각각 바울, 아볼로, 게바, 혹은 그리스도에게 속하였다고 주장하며 분쟁을 일으키고 있다는 소식을 접하고 "너희가 누구의 이름으로 세례를 받았느냐?"고 질문합니다. '누구에게'라고 질문하는 대신 '누구의 이름으로'를 강조합니다. 바울은 세례를 통해 예수의 이름으로 온전히 하나가 되는 것임을 강조합니다(고전 1:10). 이어서 "바울이 너희를 위하여 십자가에 못 박혔느냐(고전 1:13)?", "그리스도께서 나를 보내심은 그리스도의 십자가가 헛되지 않게 하려 함이라."는 고백을 통해(고전 1:17) 세례가 예수님의 십자가와 직접적인 관계가 있음을 이야기합니다. 그래서 그는 로마의 성도들에게 편지를 보낼 때도 "세례를 받은 우리들은 그리스도와 함께 십자가에서 죽었고 그리스도와 함께 다시 산 사람들"이라는 사실을 강조한 것입니다(롬 6:1-11).

세례의 참 의미를 바로 알아야 합니다

세례는 "죄 씻음을 받았다는 표"입니다. 일반적으로 이 예식은 목사가 "성부와 성자와 성령의 이름으로" 물로 베푸는 예식입니다. 그러나 이것은 예식 이상의 의미를 가집니다. 믿는 사람에게만 베푸는 특별한 '표식(sign)'입니다.

예수님을 그리스도로 믿고 교회 앞에서 이 사실을 고백한 자로서, 앞으로도 주님만을 믿고 따르기로 결심한 자에게만 세례를 베풉니다. 예수 그리스도의 피로 자기의 모든 죄가 정결하게 되었다는 사실과 예수 그리스도를 통한 영생에 대한 확신을 공교회 앞에서 고백하는 것입니다. 중요한 것은 이러한 고백과 결심이 나의 힘으로 된 것이 아니라는 사실입니다. 누가 믿으라고 해서 억지로 이러한 결심과 고백이 이루어지는 것이 아닙니다. 이 일을 주관하시는 분은 오직 성령님이십니다.

그래서 목사로부터 물세례를 받기 전에 먼저 성령세례, 곧 불세례를 받았는가를 확인합니다. 성령세례를 받았다는 표시로 물세례를 베풉니다. 성령님께서 세례를 베푸시지도 않았는데 목사가 먼저 세례를 베풀 수 없습니다. 사실 엄격한 의미에서 불세례와 믿음은 어느 것이 먼저라고 말하기 힘듭니다. 그러나 '세례문답'은 신중하게 묻고 대답하도록 되어 있습니다.

> 문 : 세례는 몇 가지가 있습니까?
> 답 : 두 가지인데 물세례와 불세례입니다.
> 문 : 물세례는 무엇입니까?
> 답 : 목사에게 물로 받는 세례인데 성령세례를 받은 표입니다.
> 문 : 성령세례(불세례)를 받은 표는 무엇입니까?"
> 답 : 예수를 믿고 하나님의 자녀가 되어 구원 얻은 것을 확신하는 것입니다.[1]

이러한 '세례문답'의 근거는 바로 성경말씀입니다.

> 누구든지 그리스도의 영이 없으면 그리스도의 사람이 아니라
> (롬 8:9 하).

> 또 성령으로 아니하고는 누구든지 예수를 주시라 할 수 없느니라
> (고전 12:3 하).

---

1   맹용길, 『학습세례문답서』(서울: 대한예수교장로회총회교육부, 1985), p.15

세례는 단순히 한 예식이 아니라 죽음과 삶의 문제를 상징합니다. 물속에 들어가는 것은 "옛 사람은 죽었다."는 의미이며, 다시 물에서 나오는 것은 "이제 새 사람이 되었다."는 뜻입니다. 그러나 오늘 본문은 더 중요한 의미를 설명합니다. 모든 그리스도인은 세례를 받음으로써 예수 그리스도의 이름으로, 그의 십자가를 통하여, 하나님의 자녀로서 하나가 되었다는 것입니다.

> 형제들아 내가 우리 주 예수 그리스도의 이름으로 너희를 권하노니 모두가 같은 말을 하고 너희 가운데 분쟁이 없이 같은 마음과 같은 뜻으로 온전히 합하라(고전 1:10).

우리는 모두 죄에 대하여 죽은 자들입니다

물세례는 의식이며 표식입니다. 실제적인 세례는 예수 그리스도를 믿고 예수 그리스도와 연합하는 것입니다. 물론 우리가 예수 그리스도를 영접하는 그 순간 우리는 성령으로 세례를 받았습니다. 예수 그리스도 안에서 죽었습니다.

> 무릇 그리스도 예수와 합하여 세례를 받은 우리는 그의 죽으심과 합하여 세례 받은 줄을 알지 못하느냐(롬 6:3).

그런데 이렇게 죽은 우리가 다시 살아납니다.

그러므로 우리가 그의 죽으심과 합하여 세례를 받음으로 그와 함께 장사되었나니 이는 아버지의 영광으로 말미암아 그리스도를 죽은 자 가운데서 살리심과 같이 우리로 또한 새 생명 가운데서 행하게 하려 함이라(롬 6:4).

우리는 과거에 대하여 죽은 사람들입니다. 동시에 과거의 모든 죄로부터 자유함을 얻었습니다. 죽음이 끝이기 때문입니다. 그러므로 이제 더 이상 사망이 왕 노릇 하지 못하며, 악한 자가 우리들의 죄에 대하여 거론하지 못합니다. 우리들의 모든 죄를 주께서 다 해결하셨기 때문입니다. 과거, 현재, 미래의 죄까지 모두 해결해 주셨습니다. 그러므로 세례를 받은 우리들은 새 사람으로서 새로운 삶을 살아야 합니다. 혹시라도 죄의 습성이 남아 있어서 잘못을 저지른다고 할지라도 고백하고 용서받을 수 있는 것은 예수 그리스도께서 주신 새 생명 안에 거하는 성도들이기 때문입니다.

그러나 용서받지 못하는 죄도 있습니다. 성령을 훼방하는 죄, 주님을 거역하는 죄, 믿음을 배반하는 죄입니다. 그것은 주님과의 관계를 끊는 일이기 때문에 이 죄만은 절대로 짓지 않아야 합니다. 우리들은 세례를 받음으로 그의 죽음과 함께 죽었으며, 그의 부활과 함께 살아났을 뿐만 아니라, 우리의 신분이 '하나님의 자녀'가 된 것입니다. 비록 죄를 지었다 할지라도 언제든지 구하고 고백하면 용서받을 수 있지만, 관계가 끊어지고 나면 아무런 소용이 없습니다. 용서받을 수 있는 길이 없기 때문입니다.

이제 우리들은 다시 살아난 부활의 사람들입니다

그리스도인들의 삶에는 죽음도 있어야 하지만 그것이 끝이 아닙니다. 죽기 위하여 죽은 것이 아니라 살기 위하여 죽었기 때문입니다. 죽어야 다시 살 수 있습니다. 능치 못하신 것이 없으신 하나님이시지만 죽지 않은 사람을 살릴 수는 없습니다. 죽어야 다시 삽니다.

> 만일 우리가 그의 죽으심과 같은 모양으로 연합한 자가 되었으면 또한 그의 부활과 같은 모양으로 연합한 자가 되리라(롬 6:5).

그분이 부활하신 것처럼 우리들도 부활합니다. 바울이 로마교회 성도들에게 세례를 이야기하는 중에 강조한 부활은 단순히 미래에 있을 육체적 부활을 이야기하는 것이 아닙니다. 바로 새 생명의 역사를 이야기합니다.

> 우리가 알거니와 우리의 옛 사람이 예수와 함께 십자가에 못 박힌 것은 죄의 몸이 죽어 다시는 우리가 죄에게 종 노릇 하지 아니하려 함이니 이는 죽은 자가 죄에서 벗어나 의롭다 하심을 얻었음이라
> (롬 6:6-7).

그러므로 우리들은 산 자로서의 삶을 살아야 합니다(롬 6:8-11). 바울은 지금 고린도교회 성도들의 분쟁을 책망하고 있습니다. 그런데 그리

스도인의 세례를 언급합니다. 예수님의 이름으로 세례를 받은 성도들이라면 자신의 옛 사람을 버리고 당연히 부활하신 주님의 뜻을 따르는 삶을 살아야 함에도 불구하고 다툼을 계속하고 있었기 때문입니다. 그래서 바울은 "바울이 너희를 위하여 십자가에 못 박혔으며 바울의 이름으로 세례를 받았느냐(고전 1:13)?"고 반문합니다. 바울은 새 사람의 구체적인 모습을 갈라디아교회의 성도들에게도 교훈한 적이 있습니다.

> 내가 그리스도와 함께 십자가에 못 박혔나니 그런즉 이제는 내가 사는 것이 아니요 오직 내 안에 그리스도께서 사시는 것이라 이제 내가 육체 가운데 사는 것은 나를 사랑하사 나를 위하여 자기 자신을 버리신 하나님의 아들을 믿는 믿음 안에서 사는 것이라(갈 2:20).

그러므로 이제 세례를 받은 우리들은 …

예수 그리스도의 이름으로 세례를 받은 자들은 모두 예수 그리스도와 연합한 자들입니다. 그러므로 모든 그리스도인들은 하나의 지체들입니다. 즉, 교회의 머리가 되시는 예수 그리스도의 말씀에 따라 살아야 합니다. 그러므로 사실은 '같은 말'을 하는 자들이 되어야 하는 것입니다(고전 1:10). 그래서 바울은 고린도교회 성도들의 분쟁을 세례의 문제와 연관시켜서 말씀하고 있습니다.

무엇보다 본문 말씀의 결론은 그리스도의 십자가가 헛되지 않게 해야 함을 강조합니다. 그러기 위해서는 말의 지혜보다는 복음, 즉 예수 그리스도의 복음을 이야기합니다. 그래서 바울은 하나님이 자기 자신을 보내신 이유를 세례를 베풀게 하기 위함이라기보다는 복음을 전하게 하기 위함이라고 강변한 것입니다(고전 1:17). 세례는 믿음으로 구원을 받았다는 고백이며 증표입니다. 그러나 세례보다 더 중요한 것은 복음을 믿고 받아들이는 것이라고 강조합니다.

묵상의 잔에 담긴 말씀

그리스도께서 나를 보내심은 세례를 베풀게 하려
하심이 아니요 오직 복음을 전하게 하려 하심이로되 말
의 지혜로 하지 아니함은 그리스도의 십자가가 헛되지
않게 하려 함이라

고전 1:17

〈삶〉으로 이어 주는 Q&A

1. '교회다운 교회'의 사역 중 '세례를 베푸는 일'이 중요합니
다. 주님의 지상명령(마 28:19-20)에서도 이 세례를 강조
하셨습니다. 세례를 받은 성도로서 세례의 의미를 다시
한번 정리해 봅시다.

2. 선교(Mission)라는 단어는 '보냄'을 의미하는 라틴어 *Missio*
혹은 *Mittus*에서 유래합니다. "그리스도께서 나를 보내심
은"이라는 바울의 표현에서 바울이 세례보다 복음 전파를
우선시 한 이유를 확인합시다.

3장. 십자가의 도

¹⁸십자가의 도가 멸망하는 자들에게는 미련한 것이요 구원을 받는 우리에게는 하나님의 능력이라 ¹⁹기록된 바 내가 지혜 있는 자들의 지혜를 멸하고 총명한 자들의 총명을 폐하리라 하였으니 ²⁰지혜 있는 자가 어디 있느냐 선비가 어디 있느냐 이 세대에 변론가가 어디 있느냐 하나님께서 이 세상의 지혜를 미련하게 하신 것이 아니냐 ²¹하나님의 지혜에 있어서는 이 세상이 자기 지혜로 하나님을 알지 못하므로 하나님께서 전도의 미련한 것으로 믿는 자들을 구원하시기를 기뻐하셨도다 ²²유대인은 표적을 구하고 헬라인은 지혜를 찾으나 ²³우리는 십자가에 못 박힌 그리스도를 전하니 유대인에게는 거리끼는 것이요 이방인에게는 미련한 것이로되 ²⁴오직 부르심을 받은 자들에게는 유대인이나 헬라인이나 그리스도는 하나님의 능력이요 하나님의 지혜니라 ²⁵하나님의 어리석음이 사람보다 지혜롭고 하나님의 약하심이 사람보다 강하니라

고린도전서 1:18-25

유대인들은 표적을, 헬라인들은 지혜를 …

역사적으로 유대인들은 하나님의 은혜를 직접 체험한 민족입니다. 하나님께서 특별히 그들을 선택하셨고, 그들을 통하여 하나님의 능력을 직접 보여주심으로써 온 세계 열방들이 하나님을 알고 하나님께 돌아오게 하셨습니다.

그들은 정말 많은 기적을 경험하였습니다. 홍해를 육지처럼 건넜고, 만나와 메추라기를 먹으며 반석에서 샘이 터지는 일들을 겪었습니다. 얼마나 많은 이적이 베풀어졌는지, 심지어 여리고성에 사는 기생 라합은 찾아온 두 정탐꾼 앞에서 "너희 하나님 여호와는 상천 하지에 하나님(수 2:11)"[1]이라고 고백하기도 했습니다.

안타까운 것은 표적을 구하는 이러한 유대인들의 습성이 예수님과

---

1 개역한글본 인용. 개역개정판에는 "너희의 하나님 여호와는 위로는 하늘에서도 아래로는 땅에서도 하나님이시니라(수 2:11)."로 번역되었다.

바울의 시대에도 계속되었던 것으로 보입니다. 그래서 예수님은 표적을 구하는 유대인들을 향하여 "악하고 음란한 세대가 표적을 구하나(마 12:39, 16:4)"라고 책망하셨고, 바울도 본문에서(고전 1:22) 이 사실을 확인하고 있는 것입니다.

반면에 헬라인들은 그들의 지혜를 자랑합니다. 실제로 고대 그리스의 철학이나 학문은 세계적인 것이었습니다. 굳이 소크라테스나 플라톤, 아리스토텔레스를 이야기하지 않아도, 당시 유럽과 서아시아를 지배하던 로마가 이탈리아어 대신 헬라어를 국제 통용어로 사용한 것만 보아도 헬라인들의 문화적 힘이 실로 대단함을 알 수 있습니다.

그러나 본문에서 유대인이 구하는 표적이나 헬라인들이 구하는 지혜를 거론한 것은 단순히 지리적으로나 종족으로서 유대인과 헬라인을 이야기한 것이 아니라 폭넓은 의미로, 즉 세상의 모든 사람들을 총칭하여 이르는 말입니다. 다시 말해, '유대인'은 하나님의 계시를 경험한 사람들을 말하며, '헬라인'은 그밖에 이방인 전체를 상징하고 있습니다. 이것은 고린도전서 1장 23절 말씀에서 "우리는 십자가에 못 박힌 그리스도를 전하니 유대인에게는 거리끼는 것이요 이방인에게는 미련한 것"이라고 함으로써 '헬라인'이라는 말 대신 '이방인'이라는 단어를 사용한 것에서도 확인됩니다.

우리는 십자가에 못 박힌 그리스도를 …

우리가 찾고 구하며 전하는 것은 유대인들이나 이방인들과 다릅니다. 우리가 전하는 십자가는 유대인들은 거리끼는 것이요, 이방인들이 보기에는 미련하기 그지없는 것이기 때문입니다. 당시에 십자가는 저주의 상징이었습니다. 그들은 꿈속에서라도 십자가를 보면 바깥출입을 하지 않았으며, 십자가의 형벌을 보려고 하지도 않았고, 심지어 말하는 것까지 금하였던 것입니다. 그러므로 유대인들에게는 이러한 십자가에 못박히신 예수 그리스도를 전한다는 것이 거리끼는 일이 아닐 수 없었습니다.

이방인들이 예수님의 십자가를 미련하게 보는 것은 우리나라의 역사에서도 찾아볼 수 있습니다. 천주교에 대한 탄압에 대하여 억울함을 호소한 우리나라 최초의 호교문(護敎文)을 작성한 사람은 정하상(丁夏祥)입니다. 그는 『상재상서(上宰相書)』를 지어 박해의 근거가 된, 천주교에 관하여 항간에 떠돌던 허황된 이야기들에 대하여 항변합니다. 그러나 정하상은 이 일로 인해 1839년 9월 22일 45세의 나이로 참수형을 받습니다(기해교난). 반대로 정하상의 글을 반박하고, 천주교 박해의 정당성을 강조하기 위한 글도 등장하는데, 대표적으로 헌종 임금이 내린 『척사윤음(斥邪綸音)』을 들 수 있습니다. 본래 임금이 새해가 되면 백성들에게 농사를 장려하기 위하여 칙어를 내리는 글을 윤음이라고 하는데, 헌종은 1839년 11월 이듬해를 위한 윤음을 '척사윤음'이라는 이름으로 발표합니다. 이 글에서는 예수 그리스도의 십자가 죽음을 '흉악한 것'으로 묘사하고, 이를 믿는 사람들을 '미련하고 망령된 것'으로까지 폄훼합니다.[2]

---

2 『상재상서』(정하상)와 『척사윤음』(조인영)에 대한 구체적 내용은 손윤탁, 『한국교회와 선비정신』(서울: 도서출판 케노시스, 2012), pp.123-127 참조.

십자가의 어리석음을 노골적으로 표현한 대표적인 글이라고 할 수 있습니다.

> 저 야소하는 자는 사람인지 귀신인지
> 진짜인지 가짜인지 알 수 없도다. (중략)
> 이제 하늘이 내려와 사람이 되고, 사람이 올라가 하늘이 되었다는
> 이런 거짓된 현혹이 어찌 있을 수 있는가?
> 예부터 오늘날까지 이런 이치가 있다고 너희들은 생각하는가?
> 且彼耶蘇云者 不知其是人是鬼 是眞是假 (中略)
> 而今以天謂之降而爲人 以人謂之上而爲天
> 是有何依俙可惑之端 若是之矯誕也
> 爾試思之 往古來今 有是理耶

> 내가 들은 바로는 예수의 죽음이 가장 흉칙한 것이라고 하는데
> 이것만 봐도 이것이 복인지 화인지를 누구나 알 수 있을 것이고,
> 또 이런 일은 하지도 않아야 하지만 징계를 하는 것이 당연하거늘
> 형틀에서 죽는 것을 즐거워하고, 칼이나 톱, 형틀을 무서워 않으니
> 마치 술에 취한 것처럼, 미친 것처럼 깨닫지를 못하고 있으니
> 이것이 미련한 것이나 망녕된 것이 아니고 무엇이겠는가?
> 애석하고도 슬프구나.
> 予聞耶蘇 凶死之最酷者也 其學之爲福爲禍
> 此可驗而不惟不爲之視以爲懲 乃以刑死 爲樂也刀鋸珩楊

瞖不知畏 如醉如顚 尊可提醒 非愚則妄 吁可哀矣 嗚呼

어느 시대, 어느 지역, 어느 문화에서든 실제로 십자가의 구원을 체험하지 못한 불신자들의 눈에는 십자가를 따르는 사람들이 어리석고 애처롭게 보일 것입니다. 그러나 바울은 역설적으로 구원을 받은 우리들에게 십자가는 하나님의 능력이라는 사실을 강조하면서, 어떤 철학자(賢者, 지혜자)나, 선비나, 혹 변론가라 할지라도 십자가의 도를 알지 못하면 무익한 것으로 선언합니다.

십자가의 도가 …

십자가의 능력은 기적이나 표적이 아닙니다. '구원의 능력'이 중요합니다. 그래서 바울은 "구원을 받은 우리에게는"이라는 표현을 썼습니다. 즉, 우리의 신분이 변하고 자녀로서의 특권을 가지게 됨으로써 부수적으로 주어지는 엄청난 혜택을 갖게 된다는 것입니다.

감리교의 창시자 요한 웨슬리는 구원이 십자가에 있다는 사실을 주장했습니다. 그는 종종 자신이 꾼 꿈을 얘기했는데, 지옥문에 가서 물었더니 천주교인, 장로교인, 감리교인이 다 있더랍니다. 실망한 채로 이번에는 천국문에 가서 물었더니 거기엔 천주교인도, 장로교인도, 감리교인도 없었다고 합니다. 그 순간 웨슬리는 의문을 갖게 되었습니다. "그렇다면 누가 천국에 오는가?" 결론은 의외로 간단했습니다. 그리스도인! 교단이나 교파가 아니라 오직 주님의 십자가만을 믿고 그 능력을 의지하는 그리스도인들만이 천국에 들어갈 수 있다는 사실을 깨닫게 되었다는 것입니다. 그렇습니다. 이보다 더 중요한 복음은 없습니다.

아무리 사람이 지혜롭고 강해도 …

한국에서 전통적으로 선비를 가리켜 '도학(道學)선비'라고 불렀습니다. 그런데 놀랍게도 성경에 '선비'라는 단어가 나옵니다. 더욱 놀라운 일은 같은 본문에 '십자가의 도'라는 용어가 등장한다는 사실입니다. 본문(고전 1:20)에 나오는 '선비'에 해당하는 헬라어 *그람마테이스*(γραματεις)는 '학문을 하는 사람,' '책과 친근한 사람,' '가르치는 사람' 그리고 본문에 나오는 '지혜로운 사람'을 뜻합니다. 즉 '도학(道學)하는 사람'이라는 우리말 '선비'의 개념과 매우 유사합니다. 그래서 평소 저는 '선비신학'을 강조해 왔습니다.

여기에서 정의하는 '도학선비'는 단순하게 도(道)를 추구하는 사람이 아닙니다. '도학(道學)'이라는 말은 사전의 풀이처럼 "도덕에 관한 학문"이거나 "주자학이나 성리학"을 의미하는 데서 머물러서는 안 됩니다. 이 장의 본문은 "지혜 있는 자가 어디 있느냐 선비가 어디 있느냐 이 세대에 변론가가 어디 있느냐(고전 1:20)?"라고 묻습니다. 이는 결코 지혜자나 선비나 변론가가 필요 없다는 말이 아닙니다. 오히려 아무리 지혜롭고, 배운 사람이며, 가르치기에 충분한 학문을 갖춘 사람이라고 할지라도 '십자가의 도'를 알지 못하면 그 지혜도, 학문도, 변론도 다 세상의 미련한 것이 되고 만다는 것입니다. 그러므로 모든 선비들은 당연히 학문을 익히고, 몸과 마음을 수양하고, 의로운 행위와 도덕적 삶을 사는 밑바탕에 '십자가의 정신'을 두어야 합니다. 그럴 때에 이것이 바로 '선비신학'이 될 수 있습니다.

> 십자가의 도가 멸망하는 자들에게는 미련한 것이요 구원을 받는 우리에게는 하나님의 능력이라(고전 1:18).

학문을 갖춘 이른바 '선비'가 보기에 십자가의 능력에 의지하여 사는 성도들이 미련하게 보일 수 있습니다. 하지만, 참된 '도학(道學)'을 추구하는 진짜 '선비'들은 세상적으로 아무리 지혜롭고 강해도 하나님에게 미칠 수 없다는 사실을 인정합니다. 그러므로 오직 '십자가의 도(道)'를 바르게 깨달아야 합니다. 그제야 학문도 빛을 발할 수 있습니다. 그리고 진리에 이를 수 있습니다.

결국 하나님만 의지하고 그 십자가의 도만 전하라는 것이 이 장 본문 말씀의 결론입니다(고전 1:25).

묵상의 잔에 담긴 말씀

유대인은 표적을 구하고 헬라인은 지혜를 찾으나 우리는 십자가에 못 박힌 그리스도를 전하니 유대인에게는 거리끼는 것이요 이방인에게는 미련한 것이로되 오직 부르심을 받은 자들에게는 유대인이나 헬라인이나 그리스도는 하나님의 능력이요 하나님의 지혜니라

고전 1:22-24

〈삶〉으로 이어 주는 Q&A

1. '십자가의 도'가 멸망하는 자에게는 미련하게 보이는 것과 구원받는 우리에게 능력이 되는 이유를 생각해 봅시다.

2. 유대인들이나 헬라인들이 구하는 것들과는 달리 결국 '교회다운 교회'가 증명하여야 할 것은 무엇입니까?

묵상의 잔에 담긴 쪽지

"

"

자신의 생각을 자유롭게 적어 보세요!

4장. 주님 안에서 자랑하라

²⁶형제들아 너희를 부르심을 보라 육체를 따라 지혜로운 자가 많지 아니하며 능한 자가 많지 아니하며 문벌 좋은 자가 많지 아니하도다 ²⁷그러나 하나님께서 세상의 미련한 것들을 택하사 지혜 있는 자들을 부끄럽게 하려 하시고 세상의 약한 것들을 택하사 강한 것들을 부끄럽게 하려 하시며 ²⁸하나님께서 세상의 천한 것들과 멸시 받는 것들과 없는 것들을 택하사 있는 것들을 폐하려 하시나니 ²⁹이는 아무 육체도 하나님 앞에서 자랑하지 못하게 하려 하심이라 ³⁰너희는 하나님으로부터 나서 그리스도 예수 안에 있고 예수는 하나님으로부터 나와서 우리에게 지혜와 의로움과 거룩함과 구원함이 되셨으니 ³¹기록된 바 자랑하는 자는 주 안에서 자랑하라 함과 같게 하려 함이라

고린도전서 1:26–31

자랑이 많은 그리스도인이 되어야 합니다

예수님의 지상명령은 우리들에게 '증인'이 되라는 것이었습니다. 그러나 주님이 말씀하신 증인으로서의 사명은 단순히 보고 들은 것을 전하는 것이 아니라 주님의 은혜와 사랑으로 변화된 우리들의 모습을 말과 삶으로 직접 보여 주라는 것입니다.

예수를 믿고 주로 고백하면 구원을 받습니다. 우선 천국의 백성이 되고, 하나님의 자녀가 됩니다. 그러면 당연히 하나님으로부터 은혜를 받게 되고, 그 능력으로 말미암아 놀라운 체험을 하게 됩니다. 주님은 이것을 증언하라는 것입니다.

따지고 보면 이것이 바로 자랑입니다. 자랑이 될 수밖에 없습니다. 많은 은혜를 받고 은총을 누리는 사람일수록 더 많은 간증거리가 있습니다. 그러면 자연스럽게 더 많이 자랑하게 됩니다. 그리스도인은 이러한 자랑거리, 즉 더 많은 간증을 가져야 합니다.

그런데 사람은 언제부터인가 타인의 자랑을 듣고 기뻐하기보다는 시기하고 질투하는 경향이 많아졌습니다. "사촌이 논을 사면 배가 아프다."는 말은 동양에만 해당되는 이야기가 아닙니다. 성경에도 시기와 질투에 대한 문제가 의외로 많이 나옵니다. 특히 바울은 고린도교회의 문제의 원인이 여기에 있음을 지적합니다.

> 너희는 아직도 육신에 속한 자로다 너희 가운데 시기와 분쟁이 있으니 어찌 육신에 속하여 사람을 따라 행함이 아니리요(고전 3:3).

예수님께서도 사람에게서 나와서 사람을 더럽게 하는 것 중의 하나가 질투임을 지적하셨습니다.

> 속에서 곧 사람의 마음에서 나오는 것은 악한 생각 곧 음란과 도둑질과 살인과 간음과 탐욕과 악독과 속임과 음탕과 질투와 비방과 교만과 우매함이니 이 모든 악한 것이 다 속에서 나와서 사람을 더럽게 하느니라(막 7:21-23).

사랑은 시기하지 않는 것입니다(고전 13:4). 성도들에게는 자랑거리가 많아야 합니다. 그러므로 교우들의 자랑을 귀하게 여기고 축하해 줄 수 있는 마음이 필요합니다. 자랑이 곧 간증이 되어 그리스도의 복음을 전파하는 중요한 통로가 되기 때문입니다.

물론 성경에는 자기 자랑에 대한 경고도 적지 않습니다. 바울은 로마서에서 자랑하는 자를 비방하거나 하나님을 미워하는 자, 능욕하거나 교만한 자와 같은 부류로 보았습니다(롬 1:30). 성경은 나의 일을 자랑하거나(잠 27:1), 사람을 내세우는 자랑(고전 3:21), 악한 계획이나(시 52:1) 허탄한 자랑(약 4:16) 등을 금하고 있습니다.

너희의 자랑하는 것이 옳지 아니하도다 적은 누룩이 온 덩어리에 퍼지는 것을 알지 못하느냐(고전 5:6).

그러나 성경에는 의외로 자랑하라고 하는 경우가 있습니다.

내 영혼이 여호와를 자랑하리니 곤고한 자들이 이를 듣고 기뻐하리로다(시 34:2).

그의 거룩한 이름을 자랑하라 여호와를 구하는 자들은 마음이 즐거울지로다(시 105:3).

주의 유산을 자랑하게 하소서(시 106:5 하).

여호와 우리 하나님의 이름을 자랑하리로다(시 20:7 하),

너희가 우리를 부분적으로 알았으나 우리 주 예수의 날에는 너희가 우리의 자랑이 되고 우리가 너희의 자랑이 되는 그것이라(고후 1:14).

이상에서 볼 수 있듯이 성경은 우리에게 자랑이 많은 그리스도인이 되어야 한다고 말합니다. 다만 그 자랑은 우리의 육신적인 것이나 우리 자신을 위한 자랑이 아니라 그리스도의 이름을 높이는 자랑이어야 합니다. 간혹 그 자랑이 자신의 자랑 같아서 피하는 경우도 있지만, 오롯이 주님께 영광을 돌리기 위하여 그 은혜와 사랑을 찬미하는 자랑이라면 주저할 것이 없습니다. 그래서 이 본문의 결론도 "자랑하는 자는 주 안에서 자랑하라(고전 1:31)."고 하신 것입니다.

자랑의 결과는 언제나 주님을 높이는 것이어야 합니다

한국 교회의 명설교가로 알려진 어느 목사님의 설교를 들은 적이 있습니다. 그런데 그가 전하는 말씀을 듣고 있노라니 간증하는 예화가 온통 자기 가족의 이야기뿐이었습니다. 아들 이야기, 딸 이야기, 아내 이야기 등 가정사에 얽힌 이야기들이 많았습니다. 마침 옆에 앉은 사람이 내 귀에 들리도록 중얼거립니다. "또 자기 자랑만 한다!" 아마도 듣는 귀는 다 마찬가지인가 봅니다. 저도 큰 틀에서 설교 말씀 자체에는 은혜를 받았지만 예화를 들을 때마다 '자기 자랑'이라는 인상이 지워지지 않았습니다.

설교는 하나님의 말씀을 알기 쉽게 전하는 것이어야 합니다. 설교자가 자기 자랑을 늘어놓는다면 분명히 잘못된 것입니다. 물론 조선시대의 이야기나 로마시대의 이야기가 아닌 생생한 오늘날의 간증을 통하여 주님을 증언하고 싶은 열망은 이해할 수 있습니다. 하지만 그러한 순수한 의도가 조금만 과도해지면 이런 기대 이하의 결과가 생기기도 하는 것 같습니다. 처음 마음이야 '주님의 은혜로', '주님의 이름을 높이기 위하여' 간증하지 않았겠습니까?

그러나 분명히 알아야 합니다. 비록 간증으로 가정 이야기를 들었을지라도 기억에 남는 것은 하나님의 말씀이어야 하고, 그 이야기가 생각날 때마다 확인되는 것은 여호와 이름이요 그의 사랑에 대한 확신이어야 합니다. 우리의 자랑이 머무는 최종 목적지는 바로 주님께 영광을 돌리는 것이어야 한다는 말입니다. 그래서 본문 말씀은 자랑에 대하여 "이는 아무 육체도 하나님 앞에서 자랑하지 못하게 하려 하심이라(고전 1:29)."고 분명하게 선포하고 있습니다.

우리들 각자에게는 자랑할 것이 없습니다

실제로 우리들에게는 자랑할 것이 아무것도 없습니다. 그럼에도 혹시 자랑할 것이 있다고 생각한다면, 그것은 자랑해서는 안 될 것이거나 혹은 자랑할 수 없는 것을 착각하는 경우일 뿐입니다. 히브리어에는 '자랑'이라는 뜻을 가진 여러 단어가 있습니다. 그중 '할랄(빛나다, 찬양하다, 찬송하다, 자랑하다)'이라는 긍정적인 의미를 가진 단어도 있지만, '바드(거짓말, 자랑, 과장)', '가온(영화, 위엄, 자랑, 교만)', '알리츠(기뻐하다, 자랑하다)'

와 같은 단어들은 대부분 부정적인 의미를 가집니다. '자랑'은 대체로 거짓말, 허풍, 교만, 자기과시와 같은 부정적 행위로 연결되기 십상이기 때문입니다.

바울 역시 사람에게는 하나님 앞에 내세울 만한 자랑이 전혀 없고 오직 참된 자랑은 예수 안에서만 가능하다고 선언하고 있습니다. 그래서 고린도교회 교인들에게 권면하는 본문 말씀은 "형제들아 너희를 부르심을 보라 육체에 따라 지혜로운 자가 많지 아니하며 능한 자가 많지 아니하며 문벌 좋은 자가 많지 아니하도다(고전 1:26)."라고 한 것입니다. 즉, 하나님께서 이러한 신분을 가진 자들에게 어떻게 역사하시며 행하시는지를 소개합니다. 그럼으로써 우리를 세우시되 주님 안에서 자랑할 것이 있도록 만드시는 하나님의 계획과 능력을 말씀하십니다.

그러나 '주님 안에서'는 자랑할 것이 있습니다

하나님께서는 세상의 미련한 것들을 택하셔서 지혜 있는 자들을 부끄럽게 하십니다. 세상의 약한 것들을 택하사 강한 것들을 부끄럽게 하시며, 세상의 천한 것들과 멸시 받는 것들과 없는 것들을 택하셔서 있는 것들을 폐하시는 분이십니다(고전 1:27-28).

이 말씀은 에디슨의 자서전에도 등장합니다. 에디슨이 학교에서 퇴학당했을 때, 그의 어머니가 머리에 손을 얹고 이 말씀으로 기도해 주었다고 합니다. 그래서 에디슨은 실험에 실패할 때마다 이 말씀을 의지하여 기도했는데, 그 기도가 30만 번에 이른다고도 하니 어찌 보면 발명왕이 된 것은 당연해 보입니다. 그는 자신을 발명왕이 되도록 인도하신 하나님을 자랑하고 고백합니다.

제가 섬기던 교회의 한 장로님은 연세가 95세인데도 부동산 중개업을 하셨습니다. 자전거를 타고 친히 이집 저집을 오가시던 분인데 별안간 병원에서 암이라는 진단을 받았습니다. 곧 돌아가실 것이라고 경고를 받았으나 열심히 기도함으로써 일 년 만에 병이 완치되는 기적이 일어났습니다. 의사 선생님들도 믿지 못하며 깜짝 놀랄 만큼 하나님의 큰 은혜였습니다. 이 일을 알게 된 따님이 제게 자랑을 좀 해 달라고 부탁했습니다. 하나님의 능력을 간증해야만 하나님이 영광을 받으시고 더 놀라운 복을 주시기 때문이라는 것이었습니다. 비록 몇 년 후 장로님은 99세로 세상을 떠나셨고 따님은 미국으로 이민을 갔지만, 그분의 '자랑'은 분명히 '주 안에서의 자랑'이었습니다.

묵상의 잔에 담긴 말씀

기록된 바 자랑하는 자는 주 안에서 자랑하라 함과
같게 하려 함이라

고전 1:31

〈삶〉으로 이어 주는 Q&A

1. 나에게도 자랑할 만한 일들이 있습니까? 주님 안에서
   자랑할 만한 나의 간증은 어떠한 것들이 있습니까?

2. 간증의 의미에 대하여 생각해 보고 내가 간증해야 할
   대상자들을 정리해 봅시다. 그리고 그들을 위하여 기
   도한 후에 직접 간증으로 전도해 봅시다.

묵상의 잔에
담긴 쪽지

"

"

자신의 생각을 자유롭게 적어 보세요!

5장. 능력의 근거

¹형제들아 내가 너희에게 나아가 하나님의 증거를 전할 때에 말과 지혜의 아름다운 것으로 아니하였나니 ²내가 너희 중에서 예수 그리스도와 그가 십자가에 못 박히신 것 외에는 아무 것도 알지 아니하기로 작정하였음이라 ³내가 너희 가운데 거할 때에 약하고 두려워하고 심히 떨었노라 ⁴내 말과 내 전도함이 설득력 있는 지혜의 말로 하지 아니하고 다만 성령의 나타나심과 능력으로 하여 ⁵너희 믿음이 사람의 지혜에 있지 아니하고 다만 하나님의 능력에 있게 하려 하였노라 ⁶그러나 우리가 온전한 자들 중에서는 지혜를 말하노니 이는 이 세상의 지혜가 아니요 또 이 세상에서 없어질 통치자들의 지혜도 아니요 ⁷오직 은밀한 가운데 있는 하나님의 지혜를 말하는 것으로서 곧 감추어졌던 것인데 하나님이 우리의 영광을 위하여 만세 전에 미리 정하신 것이라 ⁸이 지혜는 이 세대의 통치자들이 한 사람도 알지 못하였나니 만일 알았더라면 영광의 주를 십자가에 못 박지 아니하였으리라 ⁹기록된 바 하나님이 자기를 사랑하는 자들을 위하여 예비하신 모든 것은 눈으로 보지 못하고 귀로 듣지 못하고 사람의 마음으로 생각하지도 못하였다 함과 같으니라 ¹⁰오직 하나님이 성령으로 이것을 우리에게 보이셨으니 성령은 모든 것 곧 하나님의 깊은 것까지도 통달하시느니라

고린도전서 2:1-10

하나님의 일과 사람의 지혜

하나님의 일은 하나님께서 하십니다. 그런데 하나님은 직접 택하신 사람들을 통하여 일하십니다. 이스라엘의 역사와 성경의 기록과정을 보면 이 사실을 알 수 있습니다. 뿐만 아니라 예수님께서도 놀라운 역사를 이루시는 중에 그의 사역의 계승을 위하여 제자들을 부르셨고, 그들을 통하여 일하셨습니다. 예수님 이후에는 성령님을 보내셔서 수많은 사람을 부르시고 계속 그 사역을 이어가게 하셨습니다.

이렇게 하나님께서 사람을 통하여 일하시지만 실제로 일의 계획과 진행, 그리고 최종 완성은 결국 하나님께서 하십니다. 하나님의 일이기 때문입니다. 따라서 여기에 사람의 생각이나 지혜가 비집고 들어갈 틈이 없습니다. 결국 하나님의 일을 하는 사람들이 제일 먼저 깨달아야 할 것은 자기 고집을 버려야 한다는 사실입니다. 자칫 자신의 힘으로 무엇을 해결해 보겠다고 나섰다가는 큰 문제를 일으킬 수 있습니다. 아니, 그 자체로서 이미 큰 문제가 아닐 수 없습니다.

> 오직 부르심을 받은 자들에게는 유대인이나 헬라인이나 그리스도는
> 하나님의 능력이요 하나님의 지혜니라 하나님의 어리석음이 사람보
> 다 지혜롭고 하나님의 약하심이 사람보다 강하니라(고전 1:24-25).

바울이 고린도에 머문 것은 제2차 선교여행 때이며, 18개월(1년 반)
동안 그곳에서 말씀을 가르쳤습니다(행 18:1-17). 고린도전서 2장 1절을
보면 바울은 과거를 회상하며 "내가 너희에게 나아가 하나님의 비밀, 곧
복음을 증거 할 때에 아테네에서 전하다가 실패하였던 것(행 17:32-33)
처럼 말과 철학적인 사람의 지혜로 하지 않았다."는 것을 확인합니다.
그리고 오로지 "예수 그리스도와 그가 십자가에 못 박히신 것 외에는 아
무것도 알지 아니하기로 작정하였음이라."고 이야기합니다(고전 2:2).
　특히 고린도전서 2장 3절의 고백은 편지를 받는 수신자들뿐만 아니
라 우리들까지도 매우 당황하게 하는 내용입니다. 바울이 고린도에 머
무는 1년 반 동안("너희 가운데 거할 때에") "약하고 두려워하고 심히 떨었
다."는 표현 때문입니다. 바울이 실제로 체구가 작고 몸이 약했고, 박해
와 여러 가지 어려움으로 정신적으로 육체적으로 매우 고달팠던 것은
사실이지만, 이 말씀은 신체적인 약함을 이야기하는 것이 아니라 여러
가지 상황에 긴장했고 또 조심스러웠다는 것과 바울이 전하는 복음, 곧
예수 그리스도와 십자가의 복음이 가려지지 않도록 심사숙고했던 마음
을 나타내는 것이라 볼 수 있습니다. 이어 4절과 5절 말씀을 보면 더욱

분명한 바울의 마음을 읽을 수가 있습니다.

> 내 말과 내 전도함이 설득력 있는 지혜의 말로 하지 아니하고 다만 성
> 령의 나타나심과 능력으로 하여 너희 믿음이 사람의 지혜에 있지 아
> 니하고 다만 하나님의 능력에 있게 하려 하였노라(고전 2:4-5).

예수 그리스도와 십자가

사람의 마음을 움직이는 것은 쉬운 일이 아닙니다. 더구나 믿음을 갖게 하는 일은 사람의 일이 아닙니다. 그것은 하나님의 일입니다. 예수 그리스도를 믿고 구원을 받는다는 것은 단순하게 변화되는 정도가 아닙니다. 새 생명을 얻게 됩니다. 삶이 변화됩니다. 사망의 길에서 떠나 영생의 길로 나아가게 됩니다.

바울은 복음을 전하는 자들을 '지혜를 말하는 온전한 자들'로 표현합니다. 고린도전서 2장 6절 말씀의 '온전한 자'는 에베소서의 '장성한 자(엡 4:13)', 고린도전서의 '신령한 사람(고전 2:15, 3:1)'과 같은 뜻입니다. 이들이 말하는 지혜는 세상의 지혜가 아니라는 것입니다. 세상에서 없어질 통치자들의 지혜도 아닙니다. "은밀한 가운데 있는 하나님의 지혜"이며, 하나님이 자기 백성들을 영광의 자리에 이르도록 구원하시기 위하여 "만세 전에 미리 정하신 것(고전 2:7)"입니다. 세상 통치자들의 지혜로는 이것을 알 수 없었기 때문에 예수님을 십자가에 못 박았고(고전 2:8), 하나님께서 자기들을 사랑하셔서 예비하신 것임에도 불구하고 보

지도 못하고, 듣지도 못하고, 마음에 둘 생각도 하지 않습니다(고전 2:9).
제가 가끔 정치지도자들이나 사회지도자들과 만나 대화할 기회를 갖는
데, 교회 이야기나 복음에 대한 이야기를 꺼내면 듣는 척하면서도 실제
로 관심을 보이는 지도자들이 많지 않습니다. 대부분 건성으로 듣고 세
상 지혜에 속하는 자기들의 이야기만 하려고 합니다.

분명히 하시기 바랍니다. 예수 그리스도와 십자가만이 우리의 능력
이요 힘이며 하나님의 지혜이심을 확실하게 믿는 성도들이 되시기 바랍
니다.

하나님의 지혜를 깨닫게 하시는 성령님

하나님께서 자기를 사랑하는 자들을 위해 예비하신다는 사실을 알고
깨닫게 하며, 또한 실제 삶 속에서 믿고 의지하여 십자가의 능력으로 나
타나게 하는 분은 성령님이십니다. 그래서 바울은 본문의 마지막 10절
에서 선언합니다.

> 오직 하나님이 성령으로 이것을 우리에게 보이셨으니 성령은 모든 것
> 곧 하나님의 깊은 것까지도 통달하시느니라(고전 2:10).

성령님께서 이 일을 하십니다. 예수님이 그리스도이심을 알게 하는
분도 성령님이십니다(고전 12:3). 하나님이 우리의 아버지이심을 깨닫게
하고, 하나님을 "아빠, 아버지!"라고 부르게 하는 분도 성령님이십니다

(롬 8:15). 우리가 죄인임을 알고 깨닫게 하시며(요 16:8), 회개하게 하심으로 죄 사함을 얻게 하는 분도 성령님이시고(행 5:31-32), 우리들을 거듭나게 하는 분도 성령님이십니다(요 3:5). 이와 같은 회개와 구원의 역사는 물론이고, 실제로 성도들의 삶을 인도하고 풍성하게 하며 주님의 일을 감당하게 하시는 분도 성령님이십니다. 기쁨을 주시고, 평강을 주시고, 소망이 넘치게 하십니다(롬 15:13). 우리의 육체와 함께 그 정욕과 탐심을 십자가에 못 박게 하시며(갈 5:24), 무엇보다 성령의 열매 곧 사랑, 희락, 화평, 오래 참음, 자비, 양선, 충성, 온유, 절제를 맺는 삶이 되게 하는(갈 5:22-24) 분도 성령님이십니다. 그래서 바울은 이러한 능력을 '하나님의 깊은 것까지도 통달하시는 분'으로 표현한 것입니다.

부활 후 50일째 성령강림주일!

그리스도인들은 그리스도의 사람들입니다. 그러므로 그리스도인들은 그리스도의 영으로 충만해야 합니다. 우리들은 성령을 받아 그리스도인이 되었고, 죄에 대하여 죽고 의에 대하여 그리스도와 함께 부활한 성도들이 되었습니다(갈 2:20). 이제 성령님으로 충만해야 합니다. 그래서 제자들은 10일 동안 '다락방'에서 기도했습니다. 부활 후 40일 만에 주님은 승천하셨고 제자들은 다락방에 모여 간절히 기도했습니다. 성경은 성령 충만함을 받을 수 있는 비결을 가르쳐 줍니다.

첫째, 믿음으로 성령 충만함을 얻습니다.

둘째, 죄를 회개해야 합니다.

셋째, 사모하는 자가 되어야 합니다.

오순절의 성령 충만한 역사는 성도들이 함께 모여 오로지 기도에 힘쓰므로 말미암습니다(행 1:14). 성령님이 근심하게 하거나(엡 4:30), 성령님을 모독하거나(마 12:31), 성령님이 소멸하지 않도록(살전 5:19) 늘 깨어 있어야 합니다. 성령님의 인도하심에 따라 살고, 그의 지도하심에 순종하는 성도들이 또한 능력 있는 그리스도인입니다.

내 말과 내 전도함이 설득력 있는 지혜의 말로
하지 아니하고 다만 성령의 나타나심과 능력으로 하여
너희 믿음이 사람의 지혜에 있지 아니하고 다만 하나님
의 능력에 있게 하려 하였노라

고전 2:4-5

〈삶〉으로 이어 주는 Q&A

1. 사람이 세상적인 지혜로 다른 사람의 마음을 변화시킬 수
   없습니다. 그래서 바울도 '전도의 문'이 열리도록 기도를
   부탁하며(골 4:3), 이방인들에게도 '믿음의 문'이 열렸다고
   보고합니다(행 14:27). 선교사를 돕는 첫 번째 일이 기도인
   이유를 생각해 봅시다.

2. 우리 교회의 선교사들을 위한 구체적인 기도제목을 열거
   하되 특별히 그들을 위하여 기도합시다.

6장. 신령한(하나님의 영에 속한) 사람

¹¹사람의 일을 사람의 속에 있는 영 외에 누가 알리요 이와 같이 하나님의 일도 하나님의 영 외에는 아무도 알지 못하느니라 ¹²우리가 세상의 영을 받지 아니하고 오직 하나님으로부터 온 영을 받았으니 이는 우리로 하여금 하나님께서 우리에게 은혜로 주신 것들을 알게 하려 하심이라 ¹³우리가 이것을 말하거니와 사람의 지혜가 가르친 말로 아니하고 오직 성령께서 가르치신 것으로 하니 영적인 일은 영적인 것으로 분별하느니라 ¹⁴육에 속한 사람은 하나님의 성령의 일들을 받지 아니하나니 이는 그것들이 그에게는 어리석게 보임이요, 또 그는 그것들을 알 수도 없나니 그러한 일은 영적으로 분별되기 때문이라 ¹⁵신령한 자는 모든 것을 판단하나 자기는 아무에게도 판단을 받지 아니하느니라 ¹⁶누가 주의 마음을 알아서 주를 가르치겠느냐 그러나 우리가 그리스도의 마음을 가졌느니라 ³˸¹형제들아 내가 신령한 자들을 대함과 같이 너희에게 말할 수 없어서 육신에 속한 자 곧 그리스도 안에서 어린아이들을 대함과 같이 하노라

고린도전서 2:11-3:1

하나님의 영을 받은 사람(영에 속한 사람)

우리들은 영에 속한 사람들입니다. 이미 성령님께서 오셔서 우리 안에 계시며 우리의 삶을 주관하고 계십니다. 그래서 우리가 예수님을 그리스도로 고백한 일이나(고전 12:3) 하나님을 우리의 "아빠, 아버지!"라고 부르는 것 자체(롬 8:15)가 이를 증명하는 것이라고 먼저 말씀드렸습니다. 우리 스스로 죄인임을 알고 깨달아(요 16:8) 회개함으로 죄 사함을 받은 것은(행 5:31-32) 이미 우리들이 성령님의 사람이라는 것을 확인해 주는 것입니다. 성령강림주일을 통하여 우리들을 거듭나게 하신 분도 성령님이심(요 3:5)을 말씀해 주셨습니다. 바울은 이러한 일을 알게 하는 분이 성령님이심을 다시 한번 확인합니다.

사람의 일을 사람의 속에 있는 영 외에 누가 알리요 이와 같이 하나님의 일도 하나님의 영 외에는 아무도 알지 못하느니라(고전 2:11).

우리는 하나님의 일을 깨달아 압니다. 천지를 창조하시고, 그 안에 만물로 채우시고, 온 우주에 모든 것을 있게 하신 분이 하나님이십니다. 뿐만 아니라 이를 다스리시고 섭리하시는 분도 하나님이십니다. 모든 타락한 인간을 돌이키시고, 십자가의 보혈로 우리의 죄를 대신하신 분이 예수님이심을 알고 깨달아 그를 믿고 의지하게 하신 분도 하나님이십니다.

그런데 본문 말씀은 삼위일체의 하나님 중 우리로 하여금 이 모든 일을 구체적으로 알게 하고 깨닫게 하고 믿게 하는 분이 바로 성령님이심을 밝힙니다. 이 모두가 영의 일이기 때문에 하나님의 영, 곧 성령님이 아니고는 그 누구도 스스로 알거나 깨닫지 못한다는 말씀입니다. 우리는 세상의 영을 받은 것이 아니고 하나님으로부터 오신 하나님의 영을 받은 사람들입니다. 우리가 이와 같은 하나님의 영을 받은 이유를 고린도전서 2장 12절은 밝힙니다.

> 이는 우리로 하여금 하나님께서 우리에게 은혜로 주신 것들을 알게 하려 하심이라(고전 2:12 하).

영적인 일은 바로 영적인 것으로만 분별할 수 있습니다. 우리가 하나님의 일을 알고 하나님의 일에 참여할 수 있는 것은 사람의 지혜가 아닙니다. 오직 성령님께서 가르쳐 주셨기 때문에 깨닫고 분별하며 행할 수 있습니다. 그래서 더욱 우리들에게는 이것이 은혜요, 감사요, 감격인 것입니다.

육에 속한 사람

세상에 속한 사람, 즉 육에 속한 사람은 하나님의 일을 알지 못합니다. 그러니 성령의 일을 알 수 없는 것은 당연합니다. 그런데 안타까운 것은 오늘날 많은 그리스도인이 육에 속한 사람들처럼 세상의 지혜나 지식을 교회의 일에 적용하려고 한다는 점입니다. 물론 우리가 하나님 나라의 시민권을 소유한 하나님의 사람들임에도 불구하고 이 세상에서 살고 있기 때문에 세상의 지혜나 지식도 알아야 합니다. 또한 육신의 일이라고 무조건 속된 것으로 여겨서도 안 됩니다. 그러나 절대로 영에 속한 사람들이 육에 속한 사람을 따라 살아서는 안 됩니다. 바울은 분명하게 선언합니다.

> 육신에 있는 자들은 하나님을 기쁘시게 할 수 없느니라(롬 8:8).

> 너희가 육신대로 살면 반드시 죽을 것이로되 영으로써 몸의 행실을 죽이면 살리니(롬 8:13).

간혹 육에 속한 사람들 중 형통하게 사는 것처럼 보이는 사람들도 있습니다. 그러나 부러워할 필요가 없습니다. 육에 속한 사람들은 성령에 속한 사람들을 알지 못합니다. 성령의 일을 받지 않았기 때문입니다(고전 2:14). 때문에 그들은 십자가를 미련하게 생각합니다(고전 1:18). 또한 그리스도인들을 어리석은 사람들로 간주할 것입니다. 영적인 분별력이 없기 때문에 당연한 일입니다. 그러므로 궁극적인 것을 추구하는 하나님의 사람들은 영적인 분별력을 가져야 합니다. 무릇 하나님의 영으로 인도함을 받는 그 사람이 곧 하나님의 아들(롬 8:14)이라고 했습니다. 그리고 그 신령한 자인 우리 그리스도인들은 모든 것을 판단하는 사람들이지, 육에 속한 아무로부터 판단을 받는 사람들이 아닙니다(고전 2:15).

> 신령한 자는 모든 것을 판단하나 자기는 아무에게도 판단을 받지 아니하느니라(고전 2:15).

세상이 교회를 폄훼하고 비난한다 해도 흔들릴 이유가 없습니다. 물론 세상의 소리를 들어야 합니다. 그러나 그들의 판단에 우왕좌왕하거나 현혹되어서는 안 되며, 당황할 필요도 없습니다.

아직도 '육신에 속한 자들'이 문제입니다

온전히 성령에 속한 사람을 신령한 그리스도인이라고 합니다. 그래서 우리는 모두 신령한 그리스도인이 되어야 합니다. 그런데 바울은 고린도교회 성도들에게 나는 너희들을 신령한 그리스도인으로 여길 수가 없다고 단정합니다. 아직도 육신에 속한 자라고 탄식합니다. 즉, 그리스도 안에 있지만 어린아이와 같다고 이야기합니다. 아직도 젖먹이와 같은 짓을 하고 있다고 책망합니다.

> 너희는 아직도 육신에 속한 자로다 너희 가운데 시기와 분쟁이 있으
> 니 어찌 육신에 속하여 사람을 따라 행함이 아니리요(고전 3:3).

파당을 지어 시기와 분쟁을 일으키는 고린도교회 교인들을 향한 바울의 교훈이 당시의 이야기로 국한되지 않습니다. 오히려 우리에게 필요한, 우리를 향한 말씀임을 잊지 않아야 합니다.

그러므로 우리가 이미 예수님을 믿는 성도라도 지금 자신이 머물고 있는 자리가 어디인지를 확인할 수 있어야 합니다. 우리는 하나님의 사람들입니다. 이미 천국의 백성들입니다. 따라서 중요한 것은 천국 백성으로서의 삶입니다. 시기와 분쟁과 다툼으로 분열을 일삼는 것은 장성한 그리스도인의 모습이 아니기에 바울은 아직도 너희는 육신에 속한 사람, 곧 어린아이들과 같다고 표현한 것입니다. 그러나 온전한 그리스도인, 장성한 그리스도인들은 이미 육신적으로 죽은 자들입니다. 지금 우리가 살고 있는 것은 우리를 위하여 자기 몸을 버리신 하나님의 아들을 믿는 믿음 안에서 사는 것입니다(갈 2:20).

아직도 우리들의 삶의 모습이 육에 속한 사람과 같은 이유는 우리들이 영에 속하였다고는 하나 나의 삶의 주인이 나 자신이기 때문에, 어리기 때문에, '자기고집'을 버리지 못하기 때문입니다. 성령님으로 충만한 사람은 삶의 목적을 '오직 영광을 하나님께!' 두는 자들입니다. 그래서 바울은 고린도전서 2장을 '그리스도의 마음'을 가져야 하는 것으로 끝맺습니다.

우리가 세상의 영을 받지 아니하고 오직 하나님으로
부터 온 영을 받았으니 이는 우리로 하여금 하나님께서
우리에게 은혜로 주신 것들을 알게 하려 하심이라

고전 2:12

〈삶〉으로 이어 주는 Q&A

1. 육신에 머무는 사람은 하나님의 일을 할 수가 없습니
   다. 그 이유를 살펴본 후 나는 어디에 머물고 있는지
   확인해 봅시다.

2. '교회다운 교회'의 목적은 분명합니다. 안 믿는 사람(육
   에 속한 사람)을 믿게 하는 것과 믿는 사람은 더 잘 믿게
   하는 것입니다. 그 구체적인 의미가 무엇인지 생각해
   보고 해당되는 사람들을 위하여 기도합시다.

묵상의 잔에
담긴 쪽지

"

자신의 생각을 자유롭게 적어 보세요!

"

7장. 신령한 동역자

[1]형제들아 내가 신령한 자들을 대함과 같이 너희에게 말할 수 없어서 육신에 속한 자 곧 그리스도 안에서 어린아이들을 대함과 같이 하노라 [2]내가 너희를 젖으로 먹이고 밥으로 아니하였노니 이는 너희가 감당하지 못하였음이거니와 지금도 못하리라 [3]너희는 아직도 육신에 속한 자로다 너희 가운데 시기와 분쟁이 있으니 어찌 육신에 속하여 사람을 따라 행함이 아니리요 [4]어떤 이는 말하되 나는 바울에게라 하고 다른 이는 나는 아볼로에게라 하니 너희가 육의 사람이 아니리요 [5]그런즉 아볼로는 무엇이며 바울은 무엇이냐 그들은 주께서 각각 주신 대로 너희로 하여금 믿게 한 사역자들이니라 [6]나는 심었고 아볼로는 물을 주었으되 오직 하나님께서 자라나게 하셨나니 [7]그런즉 심는 이나 물 주는 이는 아무 것도 아니로되 오직 자라게 하시는 이는 하나님뿐이니라 [8]심는 이와 물 주는 이는 한가지이나 각각 자기가 일한 대로 자기의 상을 받으리라 [9]우리는 하나님의 동역자들이요 너희는 하나님의 밭이요 하나님의 집이니라

고린도전서 3:1-9

하나님의 일은 하나님이 하십니다

사람들이 다투거나 분쟁을 일으키는 이유가 무엇일까요? 물론 바울은 고린도교회에서 시기와 분쟁이 일어나는 이유를 아직도 육신에 속한 사람들로서의 행위 때문이라고 지적합니다. 신령한 그리스도인이 아니라 아직도 어린아이와 같아서 그렇다는 것입니다. 그래서 바울은 이러한 고린도교회의 파벌 문제를 지적하면서 비록 사람이 심고 물을 준다 할지라도 자라게 하시는 분은 하나님뿐이심을 강력하게 교훈합니다.

> 나는 심었고 아볼로는 물을 주었으되 오직 하나님께서 자라나게 하셨나니 그런즉 심는 이나 물 주는 이는 아무 것도 아니로되 오직 자라게 하시는 이는 하나님뿐이니라(고전 3:6-7).

내가 한다고 생각하기 때문에, 또 내가 한 일이라 여기기 때문에, 혹은 내가 할 수 있다고 생각하기 때문에 문제가 생깁니다. 그것은 목회자만 그런 것이 아닙니다. 성도들도 그렇습니다. 직장이나 가정에서도 마찬가지입니다. 이러한 자기중심의 사고방식에 빠지면 독선적 행동으로 문제를 일으키면서 정작 책임은 회피하기 쉽습니다. 또한 그로 인해 심각한 분쟁이나 다툼을 일으킬 수 있습니다. 그래서 바울은 아볼로나 자신이 고린도교회를 위하여 어떤 역할을 감당한 것은 사실이지만 이 모든 일의 주체는 하나님이심을 강조한 것입니다.

하나님의 동역자

하나님의 일은 하나님이 하시지만, 하나님은 사람을 통하여 일하십니다(God works through men and women). 처음부터 하나님은 그렇게 하셨습니다.

> 하나님이 자기 형상 곧 하나님의 형상대로 사람을 창조하시되 남자와 여자를 창조하시고 하나님이 그들에게 복을 주시며 하나님이 그들에게 이르시되 생육하고 번성하여 땅에 충만하라 땅을 정복하라 바다의 물고기와 하늘의 새와 땅에 움직이는 모든 생물을 다스리라 하시니라 (창 1:27-28).

그런데 하나님의 피조물 중 으뜸이요, 하나님께서 창조하신 모든 만물을 다스려야 할 인간이 범죄하고 타락합니다. 하나님의 형상대로 지음을 받은 인간이 선악과로 인하여 그 형상을 잃어버립니다. 더 이상 신령한 모습이 아닙니다. 원복음(창 3:15)에 근거한 여인의 후손, 즉 예수 그리스도로 말미암지 않고는 본래의 모습으로 회복이 불가능합니다.

하나님의 일은 신령한 일입니다. 그러므로 신령한 사람들만이 이 일을 감당할 수 있습니다. 아직 신령한 단계에 이르지 못한 어린아이와 같은 자들이 장성한 그리스도인이 되기 위해서는 반드시 필요한 것들이 있습니다. 다시 말씀드리면 양육을 받아야만 합니다. 그래서 바울은 본문 말씀에서 이렇게 밝히고 있습니다.

> 내가 너희를 젖으로 먹이고 밥으로 아니하였노니 이는 너희가 감당하
> 지 못하였음이거니와 지금도 못하리라(고전 3:2).

그러므로 교회에서 양육의 과정이 반드시 필요합니다. 즉, 제자훈련이 필요합니다. 이것은 온전한 그리스도인이 되기 위한 훈련입니다. 그래서 리로이 아임스(Leroy Eims)는 오늘날 모든 교회, 모든 직분자, 모든 성도들은 '모든 민족들을 제자로 삼는 일'에 전력하되, 교회의 존재 이유를 제화공장의 생산성에 대한 이야기를 통하여 설명합니다. 그는 아무리 많은 돈이 투자되고 인력과 시간을 쏟아 부어도 신발이 생산되지 않으면 제화공장이 존재할 이유가 없는 것처럼 교회도 마찬가지라고 말합니다. 즉, 많은 시간과 노력을 투자하고, 기도와 봉사로 섬기고, 교육을 해도 제자들이 양육되지 않으면 하나님이 기뻐하시겠느냐고 묻습니다.

교회는 제자들을 양육해야 합니다. 모든 성도가 신령한 그리스도인

이 되게 해야 합니다. 온전한 그리스도인, 장성한 그리스도인이 되어 하나님의 성업(聖業)을 이루어가는 데 필요한 일꾼이 되게 하여야 합니다.

그리스도의 제자를 양육하는 교회[1]

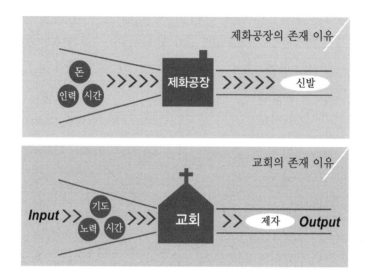

월권하는 일이 없어야 합니다

하나님의 사람들이 하나님의 일에 쓰임 받지는 못할지언정 방해꾼이 되어서는 안 됩니다. 하나님의 심부름꾼인 천사 루시엘이 사탄이 된 이유가 무엇일까요? 심부름꾼의 도를 넘어 하나님처럼 되려고 했기 때문

---

1 Leroy Eims, *The Lost Art of Disciple Making*, 네비게이토선교회 번역, 『제자 삼는 사역의 기술』(서울: 네비게이토출판사, 1992) pp.72-73의 응용.

입니다.

교회에서 말하는 성숙한 사람, 장성한 사람은 자기의 주장을 내세우거나 자기의 뜻을 관철시키려고 하는 사람이 아닙니다. 오히려 하나님의 일을 위하여 하나님의 뜻대로 쓰임 받는 사람이 되어야 합니다. 분쟁을 일으키고 다툼을 만드는 일은 하나님께 도전하는 것과 같습니다. 자신의 주장과 생각을 굽히지 않는 것은 온전히 자신에 대한 하나님의 주권을 인정하지 않았기 때문에 일어나는 결과입니다. 물론 의도적인 것은 아닐 것입니다. 그래서 바울도 어린아이, 즉 육신에 속한 자리에 머물지 말라고 권면하는 것입니다. 바울은 이것을 신학적으로 기묘하게 구분합니다.

육에 속한 사람은 거듭나지 않은 사람입니다. 헬라어 프쉬케코스(Ψυχικός)는 본능에 따라 사는 사람을 의미합니다. 그리고 육신적인 사람은 중생은 했으나 여전히 육적인 것을 버리지 못하는 사람으로 사르키코스(σαρκικός)라고 했습니다. 물론 신령한 사람은 다릅니다. 프뉴마티코스(πνευματικοίς)란 육에 속한 사람과 대비되는 개념으로 '영에 속한 사람'이며, 그리스도의 영인 성령님의 인도하심을 따르며 성령님의 뜻에 순종하여 모든 삶을 살아가는 사람입니다. 그러므로 능히 하나님의 동역자가 될 수 있습니다.

묵상의 잔에 담긴 말씀

우리는 하나님의 동역자들이요 너희는 하나님의 밭이요 하나님의 집이니라

고전 3:9

〈삶〉으로 이어 주는 Q&A

1. 하나님의 일은 하나님이 하십니다. 그러나 사람을 통하여 일하신다는 사실에 대해 생각해 보고 하나님의 동역자가 되기 위한 조건이 무엇인지 확인해 봅시다.

2. 왜 제자여야 합니까? 제자훈련이 필요한 이유가 무엇입니까? 본문 말씀을 중심으로 정리해 봅시다.

"

자신의 생각을 자유롭게 적어 보세요!

"

8장. 예수 그리스도의 터 위에

[10]내게 주신 하나님의 은혜를 따라 내가 지혜로운 건축자와 같이 터를 닦아 두매 다른 이가 그 위에 세우나 그러나 각각 어떻게 그 위에 세울까를 조심할지니라 [11]이 닦아 둔 것 외에 능히 다른 터를 닦아 둘 자가 없으니 이 터는 곧 예수 그리스도라 [12]만일 누구든지 금이나 은이나 보석이나 나무나 풀이나 짚으로 이 터 위에 세우면 [13]각 사람의 공적이 나타날 터인데 그 날이 공적을 밝히리니 이는 불로 나타내고 그 불이 각 사람의 공적이 어떠한 것을 시험할 것임이라 [14]만일 누구든지 그 위에 세운 공적이 그대로 있으면 상을 받고 [15]누구든지 그 공적이 불타면 해를 받으리니 그러나 자신은 구원을 받되 불 가운데서 받은 것 같으리라

고린도전서 3:10-15

우리는 건축자들입니다

살기가 좋아졌습니다. 추운 겨울에 난방을 위해 여전히 연탄을 사용하는 가정들도 있지만, 오늘날 대부분의 가정에서 석유나 가스 혹은 전기로 난방을 하고 있습니다. 하지만 한 세대 전만 해도 절대 다수가 연탄으로 난방을 했습니다. 그래서 사건사고도 많았습니다.

저도 아픈 기억이 있습니다. 어느 날 아침 아이가 자고 일어나다가 이불 위로 넘어졌습니다. 놀란 아내가 아이에게 가려고 일어섰으나 역시 마루에 엎어지고 말았습니다. 나이 드신 어머니는 무슨 일이냐며 소리를 지르셨는데, 그 소리에 놀란 저 역시 일어나다가 방바닥에 주저앉고 말았습니다. 온 식구들이 연탄가스에 중독된 것입니다. 그 위험했던 순간을 잊을 수가 없습니다. 하나님께서 보호해 주셔서 용케 그 시간에 깨어났기에 망정이지, 정말 큰 사고를 당할 뻔 했습니다. 아마 연세 드신 분들은 비슷한 경험이 있을 것입니다.

그 당시에 어느 집사님의 간증을 들은 적이 있습니다. 집사님은 부산에서 살고 있었고, 외동딸은 서울에서 유학하고 있었습니다. 그런데 갑자기 딸이 연탄가스에 중독되었다는 연락을 받은 것입니다. 엄마의 직감이라는 것이 있지 않습니까? "내가 최악의 경우라도 정신을 차리리라."고 다짐하며 서울로 올라왔는데, 글쎄 딸의 시신을 보는 순간 엄마도 기절하고 말았답니다. 기절한 동안 꿈같이 죽은 딸아이를 만났다고 합니다. 천국과 같이 신비로운 곳에서 어리둥절해 있는데, 딸아이가 마중을 나왔다고 합니다. 그러고는 천국에 있는 아름다운 집으로 안내하는데 세상에 그렇게 좋을 수가 없더랍니다. 그런데 문제는 그 집을 구경시키면서도 '자기 집'이라고 합니다. '우리 집'이 아니고 말입니다. 하도 이상해서 물어봤다고 합니다. 그러면 '나의 집'은 어디 있느냐고 말입니다. 그런데 보시지 않는 게 좋을 거라고 말하더랍니다. 딸을 졸라서 겨우 자기 집을 구경 갔는데, 글쎄… 가시덤불과 엉겅퀴가 가득한 평평한 곳에 이르러 이것이 엄마 집이라고 하더랍니다. 기가 차서 "이게 무슨 집이냐?"고 물었더니, 딸의 이야기가 엄마는 처녀 때 예수님을 잘 믿어서 이렇게 좋은 터를 닦았는데 시집을 와서 지금까지 교회를 안 다니니까 터만 닦여 있는 거라고 했답니다. 자기는 비록 연탄가스를 마시고 이렇게 일찍 세상을 떠났지만, 예수님을 믿었기 때문에 자기 집은 이렇게 완성된 거라고 하더랍니다. 정신을 차린 그 집사님은 그때부터 신앙생활을 다시 하게 되었다고 간증했습니다.

이 간증을 두고 성경적이다 비성경적이다 이야기하지 않겠습니다. 제가 이 이야기를 언급한 목적은 따로 있습니다. 실제로 우리들은 이 세상에서 살지만 우리의 삶은 영원한 하나님 나라를 준비하는 것이라 해도 틀린 말이 아닙니다. 다시 말해 이 집사님의 간증처럼 우리는 지금 이 땅에 살지만 저 하늘나라에서 영원히 살게 될 우리 각자의 집을 건축하고 있다는 것입니다. 본문 말씀이 이 사실을 증명해 주는 것 같지 않습니까?

모든 건축물은 터(기초)가 튼튼해야 합니다

바울은 자신이 받은 은혜에 따라 지혜로운 건축자와 같이 터를 닦았다고 고백합니다. 그러면서 터 위에 건축물을 세우게 되는데 어떻게 세울지 조심하라고 권면합니다. 본문 말씀의 핵심은 고린도전서 3장 11절입니다. 천하 인간에게 구원을 얻을 만한 다른 이름을 주신 적이 없기 때문에(행 4:12), 바울은 이 터가 바로 예수 그리스도이심을 고백합니다.

헬라어로 '터'라는 단어는 *데멜리오스*(θεμέλιος)라고 합니다. 이 단어는 본래 집이나 건축물의 기초를 의미합니다. 성경에서 사용된 이 단어의 용도를 살펴보면 "이는 남의 터 위에 건축하지 아니하려 한다(롬 15:20)."는 구절이나 "너희는 사도들과 선지자들의 터 위에 세우심을 입은 자(엡 2:20)"라는 구절에서 모두 '근본'이나 '근원', '시작'이라는 뜻으로 사용되었습니다. 즉, 우리들의 신앙과 삶의 기초가 어디서부터 시작해야 하는지를 명확하게 가르쳐 주고 있는 것입니다. 바로 예수 그리스도가 삶의 기초가 되고 '터'가 되어야 한다는 말입니다.

만일 다른 기초를 이야기한다면 그는 절도며 강도요(요 10:1), 이단이며, 가짜입니다. 오직 예수님, 오직 주님만이 하늘에 있는 자들과 땅에 있는 자들과 땅 아래에 있는 자들 모두로 하여금 그 앞에 무릎을 꿇게 하시는, 기초가 되는 분이십니다(빌 2:10). 인생을 지혜롭게 건축하고자 하는 자들은 그 터가 분명합니다. 인생의 건축을 위한 첫 조건이 예수 그리스도의 터 위에 집을 짓는 것입니다. 주의 말씀 듣고서 준행하는 자는 반석 위에 터를 닦고 집을 짓는 것과 같습니다(새찬송가 204장).

훌륭한 건축은 좋은 재료가 중요합니다

바울은 기초가 튼튼해야 함을 강조하면서 동시에 건축 재료 역시 좋아야 함을 또한 강조합니다.

> 만일 누구든지 금이나 은이나 보석이나 나무나 풀이나 짚으로 이 터 위에 세우면 각 사람의 공적이 나타날 터인데 그 날이 공적을 밝히리니 이는 불로 나타내고 그 불이 각 사람의 공적이 어떠한 것을 시험할 것임이라(고전 3:12-13).

주석가들은 이 구절을 두고 집을 짓는 노력도 중요하지만 특별히 타지 않는 재료가 중요함을 나타내는 것이라고 해석합니다. 특별히 타지 않는 재료는 사람에게서 나오는 것이 아니라 하나님께로부터 얻는 것입니다. 이 재료는 뒤에 나오는 나무나 풀이나 짚이 아니라 먼저 언급된 금이나 은이나 보석입니다. 이와 같이 불에 타지 않는 재료는 온전한 믿음을 강조한 것이라고 설명합니다.

결국 그 공력을 시험할 마지막 날이 옵니다. 그날이 멸망의 날 혹은 핍박의 날일 수도 있지만, 또한 불의 심판이 있는 날이자 우리 주님의 재림의 날이 분명합니다. 즉 심판의 날(마 12:36), 주의 날(살전 5:2)을 이르는 말입니다. 언제든지 마지막이 중요합니다. 결과가 중요합니다.

> 만일 누구든지 그 위에 세운 공적이 그대로 있으면 상을 받고 누구든지 그 공적이 불타면 해를 받으리니 그러나 자신은 구원을 받되 불 가운데서 받은 것 같으리라(고전 3:14-15).

건축은 기초(터)가 견고해야 하고, 재료도 좋아야 합니다. 주의할 것은 바울이 본문을 통해 우리가 그리스도의 터 위에, 그를 믿는 믿음 가운데 구원을 받은 사람들임을 강조하면서도 끝에 가서는 상급에 관한 이야기를 한다는 사실입니다.

그리스도인들은 믿음으로 구원을 받은 사람들이지만, 그 구원을 증명하는 삶의 행위가 뒤따라야 합니다. 즉, 믿음을 가졌다고 하면서 신앙생활의 대표적 행위인 예배, 기도, 찬송 등을 부정하면 그것을 바른 믿음이라고 할 수 없는 것과 같습니다. 상급은 행위에 관한 것입니다. 어린아이와 같은 자리에 머물지 않기를 바라는 바울의 간절한 심정이 어쩌면 오늘 우리들의 마음이 아닐까요? 달리 말하면 우리는 이미 예수 그리스도의 터 위에 집을 짓고 있는 지혜로운 건축자들입니다. 집을 지을 때는 좋은 집을 지어야 합니다. 반석과 같은 굳건한 터 위에 지혜로운 '삶으로' 건축함으로써 마지막 그날에 "잘하였도다 착하고 충성된 종아 네가 적은 일에 충성하였으매 내가 많은 것을 네게 맡기리니 네 주인의 즐거움에 참여할지어다(마 25:21)."라고 칭찬받는 성도들이 되어야 합니다.

이 닦아 둔 것 외에 능히 다른 터를 닦아 둘 자가
없으니 이 터는 곧 예수 그리스도라

고전 3:11

〈삶〉으로 이어 주는 Q&A

1. '교회다운 교회'의 기초는 오직 주 예수 그리스도 한분뿐
   입니다. 예수님께서 베드로에게 직접 "이 터(믿음의 고백)
   위에 나의 교회를 세우겠다(마 16:16)."고 하셨습니다.

2. "I will build My church.", 즉 예수님은 "나의 교회를 세우리
   라(마 16:18)."고 하셨습니다. 이 말씀의 구체적인 의미가
   무엇입니까?

9장. 성전이 된 성도들

16 너희는 너희가 하나님의 성전인 것과 하나님의 성령이 너희 안에 계시는 것을 알지 못하느냐 17 누구든지 하나님의 성전을 더럽히면 하나님이 그 사람을 멸하시리라 하나님의 성전은 거룩하니 너희도 그러하니라 18 아무도 자신을 속이지 말라 너희 중에 누구든지 이 세상에서 지혜 있는 줄로 생각하거든 어리석은 자가 되라 그리하여야 지혜로운 자가 되리라 19 이 세상 지혜는 하나님께 어리석은 것이니 기록된 바 하나님은 지혜 있는 자들로 하여금 자기 꾀에 빠지게 하시는 이라 하였고 20 또 주께서 지혜 있는 자들의 생각을 헛것으로 아신다 하셨느니라 21 그런즉 누구든지 사람을 자랑하지 말라 만물이 다 너희 것임이라 22 바울이나 아볼로나 게바나 세계나 생명이나 사망이나 지금 것이나 장래 것이나 다 너희의 것이요 23 너희는 그리스도의 것이요 그리스도는 하나님의 것이니라

고린도전서 3:16-23

우리는 하나님의 성전입니다

교회의 터(기초)가 되시는 예수 그리스도에 대하여 교훈한 사도 바울은 본문에서 단호하게 선언합니다.

> 너희는 너희가 하나님의 성전인 것과 하나님의 성령이 너희 안에 계시는 것을 알지 못하느냐(고전 3:16).

구약시대의 성도들에게 성전은 하나님께서 실재하시는 곳, 즉 하나님의 집이라는 절대적 의미였습니다. 이것은 단순히 솔로몬이 예루살렘에 건축한 건물을 의미하는 것이 아닙니다. 하나님께서 계신 곳이 '성전'입니다. 이것은 오늘날에도 변하지 않는 진리입니다. 그러므로 성령님이 내주하시는 모든 성도들의 몸도 성령님이 거하시는 성전입니다. 예수님께서 영원토록 우리와 함께 하시기 위하여 보혜사 성령님이 오시리라고 하셨는데(요 14:16), 요한 사도는 이 사실을 그의 편지에서 강조합니다.

> 그의 성령을 우리에게 주시므로 우리가 그 안에 거하고 그가 우리 안에 거하시는 줄을 아느니라(요일 4:13).

우리가 예수님을 주로 고백하고 그리스도이심을 믿는 것은 성령님이 우리 안에 이미 오셨기 때문이라고 말씀드렸습니다. 성령님이 아니고는 아무도 하나님을 아빠라 할 자가 없고(롬 8:15), 예수님을 주라고 부를 자가 없다고 했습니다(고전 12:3). 우리 몸은 명백히 성령님께서 거하시는 성전입니다.

성전을 더럽히는 죄를 짓지 않아야 합니다

흔히 예수님이 십자가에 못 박히신 것은 "인자가 권능의 우편에 앉아 있는 것과 하늘 구름을 타고 오는 것을 너희가 보리라."는 말씀으로 인한 신성모독죄(마 26:65; 막 14:64) 때문이라고 알고 있습니다. 그런데 여기에 더해 예수님께서 "너희가 이 성전을 헐라 내가 사흘 동안에 일으키리라(요 2:19)."고 하시며 성전을 청결케 하신 일로 인하여 제사장들과 바리새인들이 예수님을 죽일 방도를 찾았습니다(막 11:18). 그러하니 그 죄명이 바로 성전모독죄였습니다.

바울도 드로비모와 함께 시내에 있었을 뿐인데, 유대인들은 그가 이방인을 성전에 데리고 들어감으로써 성전을 더럽혔다는 죄목으로(행 21:28-29) 참소했고, 결국 바울은 고난을 겪어야 했습니다. 분명히 누명이고 또 오해에 불과하다고 하나 예수님도 바울도 성전모독죄로 재판을 받을 정도로 성전은 존엄하고 청결해야 하는 곳입니다.

본문 말씀의 경고는 구약의 율법이 아니라 바울의 선언입니다.

> 누구든지 하나님의 성전을 더럽히면 하나님이 그 사람을 멸하시리라 하나님의 성전은 거룩하니 너희도 그러하니라(고전 3:17).

율법에 의하면 성전을 더럽히는 자는 사형에 처하거나 선민공동체에서 추방했습니다(레 15:31; 민 19:20). 돌로 지어진 성전도 그러한데 영적 성전인 성도의 몸은 어떻겠습니까? 또한 그 성도들이 모여 이룬 교회 공동체는 더 말할 필요조차 없습니다. 그런데 고린도교회 교인들은 시기하고 질투하는가 하면, 분열을 조장함으로써 교회를 부패하게 하였으니 그 죄가 작은 것이 아니라는 이야기입니다. 때문에 바울은 고린도교회 교인들에게 자신의 몸을 거룩하게 해야 하는 것은 물론, 영적인 성전인 교회 공동체의 거룩함을 유지하도록 교훈하는 것입니다.

성령의 내주하심과 성령 충만

고린도전서에는 교리에 관한 언급이 많습니다. 그 이유는 고린도교회의 문제들이 대부분 신앙 문제인 동시에 윤리 문제와 관련이 깊었기 때문입니다. "성도의 몸이 곧 성전"이라는 선언은 실제로 기독교 교리의 '성령론'을 모르면 이해하기 어렵습니다.

죄인의 심령에 성령님이 임하심으로 예수 그리스도를 자신의 구주로 믿고 회개하여 거듭나는 사건을 '성령세례'라고 합니다. 물론 성경 해석의 차이로 전통적인 성령세례론과 다르게 받아들이는 오순절 교회와 같은 부류도 있습니다. 그래서 최근 들어 이 용어에 대한 사용을 절제하는 분위기이지만 전통적으로 설명해 온 성령세례의 의미를 아는 것은 중요하다고 생각합니다.

성령세례는 단회적인 사건입니다. 왜냐하면 성령님이 개인에게 오셔서 영속적으로 내주하시기 위한 최초의 사건이기 때문입니다. 성령세례는 성도 개개인에 대한 인정이며, 구원에 대한 인치심입니다. 성령세례 없이는 예수님을 그리스도로 고백할 수 없습니다. 그러므로 예수 그리스도를 구주로 시인한 사람은 이미 성령세례를 받은 사람입니다. 성령세례를 받으면 큰 감동과 감격이 따를 수 있지만 잔잔하게 올 수도 있습니다.

중요한 것은 확고한 깨우침을 통한 확신입니다. 흔히 성령 충만과 혼동하여 특별한 신비체험을 강조하는 것과는 다릅니다. 이 내적 세례인 성령세례를 받은 사람을 교회적으로 인정하는 '외적 세례'를 우리는 '물세례'라고 합니다. 한 번 성령으로 세례를 받으면 성령님께서 우리 안에 내주하십니다. 그리스도의 재림과 종말의 때까지 우리를 떠나지 않으시고 구원에 이르도록 보호하십니다. 그래서 바울은 성도들 각자가 모두 '성전'이라고 주장합니다.

성령세례가 단회적 사건이지만, 성도 안에 '내주하시는 성령님'은 지속적이십니다. 그래서 반복적이며 특별한 감동으로 은혜를 체험하게 되는 것을 '성령 충만'이라고 합니다. 충만한 상태란 마치 배에 물건을 가득 실은 상태, 혹은 컵에 물을 가득 채운 상태와 같습니다. 하지만 성령 충만이 늘 유지되는 것은 아닙니다. 오히려 이는 성도들의 신앙생활에 따라 충만할 수 도 있고, 그 반대일 수도 있습니다. 그러므로 믿음의 사람들은 늘 성령 충만함을 위하여 기도하고 말씀을 들으며, 충만한 삶을 살기 위해 힘써야 하는 것입니다.

그러므로 성령의 사람들은 사는 방식도 다릅니다

세상 사람들의 지식이나 지혜는 하나님과 비교할 수 없는 어리석은 것입니다. 이미 고린도전서 1장에서 "십자가의 도가 멸망하는 자들에게는 미련한 것이요 구원을 받는 우리들에게는 하나님의 능력이라(고전 1:18)."고 한 것처럼, 이 본문 말씀에서도 하나님의 지혜로운 자들이 될 것을 부탁합니다. 모두 여섯 절이지만 중심적인 교훈은 두 가지입니다.

첫째는 아무도 자신을 속이지 말라는 것이며, 둘째는 누구든지 사람을 자랑하지 말라는 것입니다.

스스로 지혜로운 자라는 생각이 들면 도리어 어리석은 자가 되라고 합니다. 그래야 지혜로운 자가 된다는 것입니다(고전 3:18). 세상의 지혜는 하나님께 어리석은 것이며, 주님도 지혜 있는 자들의 생각을 헛것으로 아신다고 말씀합니다. 더구나 모든 만물의 주인은 하나님이신데 그

모든 만물이 또한 "너희의 것"이라고 선언합니다. 맡겨 주신 것입니다
(고전 3:22). 생명도 사망도, 지금의 것이나 장차 있게 될 것도 다 우리들
의 것이라 하면서도 결론은 "너희는 (모두) 그리스도의 것이요, 그리스도
는 하나님의 것"으로 마무리 합니다.

결국 자랑이 아닌 통일과 연합과 일치를 이야기하는 것임을 알게 됩
니다. 우리 중 누구도, 다른 어떤 사람도 아닌 하나님! 오직 그분만이 모
든 것의 근본이시며, 터이시며, 기본이 되십니다. 우리는 하나님과 한
몸이 되어야 합니다. 그리고 그 연합 안에서 모든 성도가 진정한 공동체
로 한 몸을 이룰 수 있습니다. 그런데 우리는 결코 하나님의 뜻을 다 알
수 없습니다. 심지어 그분의 생각과 우리의 생각이 같지 않습니다. 그
럴 때 우리는 감히 우리가 상상할 수 없는 하나님의 깊은 계획과 섭리를
기억해야 합니다. 그에 비하면 우리는 정말 보잘 것이 없습니다. 그래서
그분의 말씀이 필요하고, 그 말씀에 순종하고 따라야 하며, 때때로 우리
의 것을 포기해야 합니다.

> 내 길은 너희의 길보다 높으며 내 생각은 너희의 생각보다 높음이니
> 라(사 55:9).

묵상의 잔에 담긴 말씀

너희는 너희가 하나님의 성전인 것과 하나님의 성
령이 너희 안에 계시는 것을 알지 못하느냐 누구든지
하나님의 성전을 더럽히면 하나님이 그 사람을 멸하시
리라 하나님의 성전은 거룩하니 너희도 그러하니라

고전 3:16-17

〈삶〉으로 이어 주는 Q&A

1. "내 안에 계신 성령님!"이라는 표현은 성령이 거하시는 곳
   이 곧 성전이라는 의미입니다. 성전으로서 성도들이 범하
   기 쉬운 죄는 어떤 것들입니까?

2. 성령의 전으로서 성도들이 가져야 할 자세 중에 교회의
   머리가 되시는 주님과의 관계와 나의 할 일에 대하여 다
   시 한번 점검해 봅시다.

10장. 청지기의 자세

[1]사람이 마땅히 우리를 그리스도의 일꾼이요 하나님의 비밀을 맡은 자로 여길지어다 [2]그리고 맡은 자들에게 구할 것은 충성이니라 [3]너희에게나 다른 사람에게나 판단 받는 것이 내게는 매우 작은 일이라 나도 나를 판단하지 아니하노니 [4]내가 자책할 아무 것도 깨닫지 못하나 이로 말미암아 의롭다 함을 얻지 못하노라 다만 나를 심판하실 이는 주시니라 [5]그러므로 때가 이르기 전 곧 주께서 오시기까지 아무 것도 판단하지 말라 그가 어둠에 감추인 것들을 드러내고 마음의 뜻을 나타내시리니 그 때에 각 사람에게 하나님으로부터 칭찬이 있으리라

고린도전서 4:1-5

성도들의 직분에 대하여

모든 사람에게는 이름이 있습니다. 중요한 것은 그 이름마다 나름대로의 값이 있다는 사실입니다. 이 이름값을 우리는 명분(名分)이라는 말로 표현합니다. 이러한 관점에서 '직분(職分)'이라는 말은 그 직책에 따른 '책임과 권리'를 이야기합니다. 그러므로 직분을 단순한 지위로만 생각해서는 안 됩니다. 누리는 특권(권리)이 있습니다. 그리고 이에 따르는 의무(책임)가 있습니다.

성도라는 신분은 땅에서 가장 고귀한 직분입니다. 자녀의 특권을 가진 자에게만 부여되는 자리이기 때문입니다. 천국의 백성은 손님이나 외인이 아닙니다. 천국의 백성은 하나님의 권속이기에(엡 2:19) 성도라는 이름이 주어집니다. 우리는 이 신분을 가졌기 때문에 천국에 갑니다. 목사, 장로, 집사, 권사라는 직분도 중요합니다만 더 중요한 직분이 우리의 신분을 나타내는 성도라는 직분입니다. 가장 특별한 권한이 주어지기 때문입니다.

성도에게는 자연적으로 주어지는 역할이 있습니다. 본문의 "사람이 마땅히 우리를 그리스도의 일꾼이요(고전 4:1)"에서 보는 바와 같이 우리들은 일꾼입니다. 일 맡은 자입니다. 일 맡은 자를 집사(잡을 執, 일 事)라고 하는데, 영어로는 디컨(Deacon, 여자의 경우 Deaconess)이라고 부릅니다. 우리나라에서는 오래 전부터 권문세가(權門勢家)나 부잣집과 같이 인적 물적 재산관리가 필요한 집에서는 청지기를 두었는데 이들을 집사라고 불렀습니다. 예수 그리스도를 주로 고백하는 모든 사람들은 '성도'라는 직분을 갖게 되고, 그 성도로서 교회에 다니는 모든 자들은 '집사'라는 직분을 갖게 됨을 잊지 않아야 합니다.

그래서 말씀드립니다. 목사도, 장로도, 권사도 집사가 되어야 합니다. 설교와 치리를 담당하는 집사를 목사라 하고, 치리를 담당하는 집사를 장로, 심방과 기도하는 일을 맡은 집사를 권사, 교회 살림과 재정을 맡은 집사가 되어야 합니다. 뿐만 아니라, 교회에서 "당신은 집사입니다."라고 임명하지 않아도 가르치는 집사로서의 교사, 찬양하는 집사로서의 찬양대원, 구역을 돌보는 집사로서의 구역장이 되어야 합니다. 그 이유는 우리 모두는 다 함께 하나님의 일을 맡은 청지기들이기 때문입니다.

그러므로 우리들은 일 맡은 자로서

고린도전서 4장 1절의 마지막 부분입니다.

그리스도의 일꾼이요 비밀을 맡은 자로 여길지어다(고전 4:1).

일반적으로 헬라어에서 일꾼이라고 하면 섬기는 자를 의미하는 '디아코노스(διάχονος)'로 표현합니다. 그러나 본문에서는 '휘페레테스(ὑπηρέτης)'라는 단어를 썼습니다. 이는 본래 "배 밑에서 노를 젓는 자"를 의미합니다. 배 밑에서 노를 젓는 노예들에게 따로 행동하는 것은 허용되지 않습니다. 오직 상관의 명령에 따라 일사불란하게 행동할 때 배가 온전하게 움직이고 전투에서 승리할 수 있습니다. 결국 이 단어를 사용한 것은 우리에게도 주인(상관)이 있고 일 맡은 집사인 우리는 그의 지시와 명령에 따라 섬겨야 한다는 것을 의미합니다.

바울은 우리들을 하나님의 비밀을 맡은 자라고 했습니다. 본문에서 '비밀을 맡은 자'를 뜻하는 헬라어 단어는 오이코노모스(οἰχονόμος)로, '한 집안의 사무를 관장하는 집사' 혹은 '사무를 관장하는 청지기'로 해석할 수 있습니다. 오늘날의 표현으로 하면 '비서(secretary)'라는 직분이지만 영어로는 청지기(steward, stewardess)가 조금 더 정확한 표현입니다. '스튜워드'라는 단어의 본래 의미는 음식을 먹을 수 있도록 수발을 드는 사람을 말합니다. 그래서 일반적으로 항공여행을 할 때 비행기가 정상고도에 이르면 바로 스튜워드(스튜어디스)가 음료, 이어폰 등 여러 서비스를 제공하는 것을 연상하기 쉬운데, 본래 이 단어는 음식 수발이 필요할 만큼 불편한 주인의 비밀을 지키는 사람을 의미합니다.

물론 교회의 청지기들은 영적 양식인 하나님의 말씀을 잘 취하게 하고, 말씀을 잘 듣게 하는 일에도 힘을 써야 합니다. 그러나 복음의 비밀을 맡은 자들입니다. 비밀은 어렵다는 말이 아닙니다. 쉬운 일도 다른 사람이 모르면 비밀일 수 있습니다. 번호키를 사용하는 방법은 간단합니다. 그러나 번호를 알지 못하면 열 수가 없습니다. 복음도 마찬가지입니다. 어려운 것이 아닙니다. 사람들이 모르고 있습니다. 이 비밀을 맡은 청지기들은 듣게 하는 일이나 수발을 드는 것도 중요하지만 직접 증언하는 일을 감당해야 합니다. 이것이 복음의 비밀을 맡은 자들의 사명입니다. 바울은 고린도교회의 성도들에게 이 사실을 강조함으로써 분열과 분파를 일삼는 것은 섬기는 청지기로서, 일을 맡은 집사로서 있을 수 없는 일임을 분명히 하고자 했던 것입니다.

직분자에게는 반드시 맡은 일(사명, 使命)이 있습니다

명분(名分)이다 혹은 직분(職分)이다 할 때, 이 단어들은 이름(名)과 직위(職)에 따라 구별(分)한다는 뜻을 가집니다. 다시 말해서 이름도 구별되고 직위도 구별되니, 이름과 직위에 따라 각각 지켜야할 도리와 분수도 있고 맡겨지는 일, 즉 책임도 있다는 것입니다. 예로부터 우리 선조들은 '명분과 직분'을 중요하게 여겼는데, 이것을 잘 나타낸 대표적 문구가 『논어』의 "안연편"에 나오는 "군군신신 부부자자(君君臣臣 父父子子)"입니다. 즉, "임금은 임금답고 신하는 신하다우며, 아비는 아비답고 자식은 자식다워야 한다."는 뜻입니다. 그렇다면 오늘 본문은 이와 같은 신분에 맞는 일, 직분을 맡은 자가 해야 할 일이 무엇이라고 말씀하고 있습니까?

맡은 자들에게 구할 것은 충성이니라(고전 4:2).

우리는 대개 충성이라고 하면 열심을 이야기합니다. 열정을 말합니다. 땀 흘리며 수고하는 것부터 강조하지요. 그러나 유의할 것은 직분입니다. 즉, 해야 할 일입니다. 그래서 '충성'이라는 단어를 유심히 살펴야합니다. 한자어 '충성(忠誠)'은 충성을 뜻하는 충(忠)과 정성을 뜻하는 성(誠)이 합쳐진 글자입니다. 그런데 이 두 글자를 이루고 있는 단어들을 살펴보면 충성의 참뜻을 알 수 있습니다. 즉, "마음의 중심(中心)을 말씀으로 이루어 가는 것(말씀 言, 이룰 成)"이라는 뜻입니다.

서양에서도 충성은 중요한 의미를 갖습니다. 영어에서 충성을 의미하는 단어는 'faithful'입니다. 이는 바로 '믿음(Faith)'과 '넘친다(Full)'의 합성어입니다. 더 중요한 것은 성경에 기록된 헬라어입니다. 충성을 나타내는 '피스토스(πιστός)'는 신앙을 나타내는 '피스티스(πίστις)'와 같은 어근을 가졌습니다. 그래서 모범적인 신앙을 충성된 삶에 연관 지을 수 있게 됩니다.

결국 이상에서 볼 때, 충만한 믿음을 가지고 말씀을 이루어가는 성도들의 삶이야말로 온전히 충성된 삶이라고 할 수 있습니다.

청지기의 상급

우리들은 판단하기를 좋아합니다. 그러나 바울은 누구에게나 판단을 받는 것은 큰 일이 아니며, 오히려 매우 작은 일이라고 말합니다. 자신도 스스로를 판단하지 않노라고 이야기합니다(고전 4:3). 허물이 많은 바울이지만 오히려 당당합니다. 그리고 하나님의 일꾼으로서는 자책할 것도 없다고 말합니다(고전 4:4). 오히려 그가 강조하는 것은 마지막 날의 심판입니다. 심판자이신 주님이 오시는 그날까지 아무것도 심판하지 말라고 경고하며, 확신에 찬 어조로 결론을 맺습니다.

그가 어둠에 감추인 것들을 드러내고 마음의 뜻을 나타내시리니 그때에 각 사람에게 하나님으로부터 칭찬이 있으리라(고전 4:5).

하나님의 칭찬은 세상 어느 것과도 비교할 수가 없습니다.

묵상의 잔에 담긴 말씀

사람이 마땅히 우리를 그리스도의 일꾼이요 하나
님의 비밀을 맡은 자로 여길지어다 그리고 맡은 자들에
게 구할 것은 충성이니라

고전 4:1-2

〈삶〉으로 이어 주는 Q&A

1. 성도는 교회에서 직분을 받습니다. 직분의 의미와 직
   분자의 자세, 장차 받게 될 상급까지 일목요연하게 정
   리해 봅시다.

2. 내가 맡은 직분에 대하여 생각해 보고 '교회다운 교회'
   를 위하여 할 수 있는 일을 실천합시다.

이야기 1

교회다운 교회 _{행 13:1-3}

개혁자들은 교회의 표지로 세 가지를 제시하였습니다.

첫째는 말씀(Word)이 선포되어야 하고, 둘째는 성례식(Sacrament)이 거행되어야 하며, 셋째는 권징(Discipline)이 있어야 한다는 것입니다. 물론 권징이 통하지 않는 오늘날은 오히려 'Discipline'을 '훈련'으로 번역하지만 중요한 것은 '교회다운 교회'입니다. 교회가 세상으로부터 비난을 받고 폄훼를 당하는 것은 '교회다운 교회'가 없다는 것입니다.

교회다운 교회가 어떤 교회인지를 알기 위해서는 먼저 교회의 시작을 알아야 합니다. 교회는 마가의 다락방에서 성령님의 임재로부터 시작되었습니다. 예수님 당시에는 교회가 없었습니다. 마가복음, 누가복음, 요한복음에는 교회라는 단어가 전혀 나오지 않습니다. 마태복음에 두 번 나오는데, 그 하나는 베드로의 신앙고백 위에 미래적인 표현으로 "내가 나의 교회를 세우겠다(I will build My church, 마 16:18)."는 주님의 말씀이고, 다른 하나는 치리의 의미를 갖는 18장 17절에 한 번 등장할 뿐입니다. 보통 '에클레시아'라고 하면 '믿는 사람들의 모임'을 뜻하지만, 사람들만 모여 있다고 해서 다 교회인 것은 아닙니다. 실제적인 교회의 시작은 사도행전 2장으로, 이들 위에 성령님이 임하였을 때부터 교회라고 불렀습니다.

그런데 단순한 교제모임이 아니기 때문에 주님으로부터 위임된 사명을 다해야 비로소 '교회다운 교회'가 될 수 있음에도 불구하고 최초의 교회인 예루살렘교회는 모이는 일에만 힘을 쓰고 있었습니다. 우리 주님은 분명히 승천하시며 말씀하십니다. "오직 성령이 너희에게 임하시면 너희가 권능을 받고 예루살렘과 온 유대와 사마리아와 땅끝까지 이르러 내 증인이 되리라(행 1:8)." 그런데 그들은 흩어지지 않았습니다. 유대인들끼리만 모였습니다. 그래서 하나님께서 강제로 흩으신 것입니다. 스데반이 돌에 맞아 죽습니다. 야고보가 순교를 당합니다. 결국 흩어집니다. 그래서 세워진 교회가 안디옥교회입니다.

흩어진 성도들이 세운 안디옥교회는 구성원부터가 다양합니다. 바나바와 교회를 핍박하던 사울이 그렇고, 구레네(시골) 사람이나 니그로(니게르)라는 별명을 봐도 그렇습니다. 게다가 헤롯의 젖동생까지 교사로 섬기고 있었습니다. 예루살렘교회처럼 유대인들만 모이는 교회도 있지만, 안디옥교회처럼 다양한 사람들이 모이는 곳도 있었습니다.

동시에 깨달아야 할 것은 '교회다운 교회'를 받치고 있는 기능들입니다. 유대인들에게는 교회가 생기기 전부터 교회의 역할을 하는 두 개의 중요한 기관이 있었습니다. 성전과 회당이 바로 그것입니다.

성전은 하나님께 제사를 드리는 곳으로 예루살렘에 있었습니다. 주로 제사장들 중심의 사두개인들이 차지하고 있었는데, 예수님 당시에는 많이 변질된 모습으로 예수님께서 상을 엎으시고 제사장들을 꾸짖으시는 빌미를 제공하기도 합니다. 하지만 예수님도 예루살렘에 오시면 꼭 성전에 들어가셨습니다.

회당은 바벨론 포로시대에 성전이 불에 타버리자 이방 땅에서 하나님의 율법을 가르치기 시작한 것으로부터 시작되었습니다. 그래서 지금까지도 유대인이 있는 곳에는 반드시 회당이 있습니다. 예수님도 나사렛이나 가버나움에서는 회당에 들어가셨습니다. 주로 랍비와 서기관들 중심의 바리새인들이 차지하고 있었습니다.

비록 성전파(제사장)와 회당파(바리새인)의 무리들이 하나가 되어 예수님을 십자가에 못 박도록 선동하였으나, 그로부터 50일이 지난 후 성령님이 주님을 따르던 무리들에게 임하심으로 "성전+회당=교회"라는 공식이 완성되었습니다. 그래서 교회는 전통적으로 성전의 요소인 '예배'와 회당의 요소인 '교육'이 기초인 것입니다. 예배 중심의 '케리그마'와 사도들의 교훈인 '디다케'는 초대교회의 중요한 두 기능이었습니다. 그러나 성령으로 충만한 사도들의 지도를 받는 초대교회는 여기에 머물지 않았습니다. 사도들의 가르침을 받아(growing up), 서로 교제하고 떡을 떼며(Growing Together) 오로지 기도에 힘을 썼습니다(행 2:41). 하나님을 찬미하며, 또 온 백성에게 칭송을 받으니(Growing Out), 주께서 구원 받는 사람을 날마다 더하게(Growing More) 하셨습니다(행 2:42). 예배, 교육, 친교, 봉사로 성장하는 교회의 모델로 본문을 인용하기도 하지만, '교회 성장학'에서는 이를 근거로 성숙 성장(Up-reach), 내적 성장(In-Reach), 외적 성장(Out-Reach)으로 수적인 성장을 이루어야 한다고 이야기하기도 합니다.

그러나 교회에는 궁극적인 사명이 있습니다. '교회다운 교회'가 되기 위하여 반드시 해야 할 일이 있습니다. 예루살렘교회는 모이는 일에 힘을 썼습니다. 그리고 성장했습니다. 그러나 "성령이 너희에게 임하면 예루살렘을 떠나(행 1:8)" 땅끝까지 나아가야 할 사명을 잊고 있었습니다. 하나님은 강제로 흩으셨습니다.

> 그리하여 온 유대와 갈릴리와 사마리아 교회가 평안하여 든든히 서
> 가고 주를 경외함과 성령의 위로로 진행하여 수가 더 많아지니라
> (행 9:31).

이 일을 모범적으로 수행한 교회가 안디옥교회입니다. 이미 확인한 것처럼 그 구성원이 다양합니다(행 13:1). 금식하며 기도하는 교회였습니다. 바나바와 사울을 따로 세워 선교사로 파송합니다(행 13:2-3). "비로소 그리스도인이라 일컬음을 받게" 된 교회가 바로 안디옥교회입니다(행

11:26). 물론 조직이 든든해지고, 교인의 숫자가 늘어나고, 활발한 친교 활동을 통하여 좋은 분위기를 만들어 모든 사람들로부터 칭찬받는 교회가 되어야 합니다. 예루살렘교회와 같아야 합니다. 그러나 이것으로는 부족합니다. 우리 주님은 모이는 교회의 중요성도 말씀하셨으나 성령을 보내신 이유와 함께 분명하게 명령하셨습니다. 흩어지는 교회가 되어야 합니다. 아브라함을 부르신 하나님께서 복을 주신 이유는 천하 만민에게 복을 주시기 위한 방편이었습니다. 교회의 구심력(Centripetal)은 원심력(Centrifugal)을 위한 것입니다. 모이는 교회와 흩어지는 교회의 조화, 곧 '예루살렘교회+안디옥교회=한국 교회'라는 등식이 완성되어야 비로소 교회다운 교회가 될 수 있습니다.

불은 타야합니다. 타지 않는 불은 불이 아닙니다. 교회도 마찬가지입니다. 교회다운 교회는 선교하는 교회입니다. 그래서 브루너(Emill Brunner)는 "불이 탐으로 존재하듯이 교회는 선교함으로 존재한다."고 하였고, 보쉬(David Bosch)도 "교회는 본질적으로 선교"임을 강조하며 "선교를 말하지 않고는 교회를 이야기할 수 없음"을 분명히 하였습니다.[1] 이는 곧 선교는 교회의 부분적 특수기능이 아니라 교회가 존재하는 그 자

---

1 서정운, "선교신학입문," 『신학함의 첫걸음』(서울: 예영커뮤니케이션, 2002), p. 224와 David J. Bosch, *Transforming Mission: Paradigm Shift in Theology of Mission* (New York: Orbis Books, 1991), p. 381, 386 참조.

체이며, 교회의 자기표현임을 분명히 하였다고 볼 수 있습니다. 다시 말하면 선교는 교회의 특수기능인 예배, 교육, 봉사, 친교, 찬양과 같은 기능 중에 하나가 아니고 교회 존재의 목적이라는 것입니다.

더 깊은 〈묵상〉으로 가는 Q&A

1. 교회는 십자가 이후 부활하시고 승천하신 주님의 사역을 계속해야만 합니다. 예수님의 3대 사역(마 4:23)을 확인하고, 오늘날의 선교사역과 비교해 봅시다.

2. 예수님의 유언(마 28:19-20; 막 16:15; 눅 24:48; 요 20:21)인 지상명령을 확인하고, 오늘날의 교회가 이 사명을 잘 감당하고 있는지 되돌아봅시다.

3. 구체적인 선교의 실행을 위하여 당장 내가 해야 할 일은 무엇이며, 교회에서는 어떤 일들을 감당해야 할 것인가를 논의해 봅시다.

11장. 말씀 밖으로 넘어가지 말라

[6]형제들아 내가 너희를 위하여 이 일에 나와 아볼로를 들어서 본을 보였으니 이는 너희로 하여금 기록된 말씀 밖으로 넘어가지 말라 한 것을 우리에게서 배워 서로 대적하여 교만한 마음을 가지지 말게 하려 함이라 [7]누가 너를 남달리 구별하였느냐 네게 있는 것 중에 받지 아니한 것이 무엇이냐 네가 받았은즉 어찌하여 받지 아니한 것 같이 자랑하느냐 [8]너희가 이미 배 부르며 이미 풍성하며 우리 없이도 왕이 되었도다 우리가 너희와 함께 왕 노릇 하기 위하여 참으로 너희가 왕이 되기를 원하노라 [9]내가 생각하건대 하나님이 사도인 우리를 죽이기로 작정된 자 같이 끄트머리에 두셨으매 우리는 세계 곧 천사와 사람에게 구경거리가 되었노라 [10]우리는 그리스도 때문에 어리석으나 너희는 그리스도 안에서 지혜롭고 우리는 약하나 너희는 강하고 너희는 존귀하나 우리는 비천하여 [11]바로 이 시각까지 우리가 주리고 목마르며 헐벗고 매맞으며 정처가 없고 [12]또 수고하여 친히 손으로 일을 하며 모욕을 당한즉 축복하고 박해를 받은즉 참고 [13]비방을 받은즉 권면하니 우리가 지금까지 세상의 더러운 것과 만물의 찌꺼기 같이 되었도다

고린도전서 4:6-13

고린도교회 성도들의 교만과 사도들의 겸손

본문은 당시 고린도교회가 겪고 있던 극심한 분열이라는 문제가 고린도교회 교인들의 영적 교만 때문임을 지적하면서(고전 4:6-8), 사도들은 복음을 전파하는 중에 온갖 고난과 시련 속에서도 오히려 인내하고 겸손한 태도를 잃지 아니하였음(고전 4:9-13)을 대조한 것입니다.

바울이 사도들의 비천한 삶과 고린도교회 교인들의 부요한 삶, 모욕과 박해 중에서도 겸손함을 잃지 않는 사도들의 태도와 임의대로 판단하며 자랑을 일삼는 고린도교회 교인들의 모습을 대조시킨 것은 고린도교회 교인들이 사도들을 본받아 교만한 마음을 버리고 겸손함으로 분쟁을 그치고 서로 섬기는 자들이 되라고 교훈하기 위함이었습니다. 물론 고린도교회와 반대로 모범적인 모습을 가진 교회가 대부분이지만, 오늘날에도 적잖은 교회들이 비슷한 문제를 겪고 있습니다.

재화를 많이 가진 것, 즉 부요함도 하나님께서 주신 복입니다. 만일 하나님께서 주신 바가 아니면 사람이 아무것도 받을 수 없기 때문입니다(요 3:27). 때문에 하나님의 은총을 풍성히 받는 성도들이 되어야 합니다. 온갖 좋은 은사와 온전한 선물들이 다 위로부터 주어진 것이기 때문입니다(약 1:17). 그러나 정작 문제는 이러한 것들로 말미암아 우월감을 갖거나 자기도취에 빠져서 영적인 교만함으로 교회의 분열을 초래하고 분쟁을 일으키는 것입니다. 그래서 바울은 우리를 구별하여 세워 주신 분이 누구냐고, 우리가 가진 것들 중에 받지 않은 것이 있느냐고, 어찌 받고도 받지 않은 것처럼 자랑하느냐고 책망하고 있습니다(고전 4:7). 그러면서 성도들이 영적으로 올바르게 성장하여 하나님 안에서 오히려 풍요함을 누리되 그 영광에 바울 자신도 참여하게 되기를 원하노라고 선언합니다.

> 우리가 너희와 함께 왕 노릇 하기 위하여 참으로 너희가 왕이 되기를 원하노라(고전 4:8 하).

바울은 오늘 본문 말씀을 통해 "기록된 말씀 밖으로 넘어가지 말라(고전 4:6)."고 경고합니다. 자신과 아볼로가 본을 보였듯이 말씀 안에서 왕 노릇 하라는 것입니다. 즉, 말씀을 배우되 서로 대적하지 말며, 교만한 마음을 갖지 말라고 경고하고 있습니다.

기록된 말씀 안에서 행하자

성경공부반을 하면서 가장 힘든 부분이 바로 이것입니다. 말씀을 배우고 알고 깨닫게 되면 자신이 그 말씀으로 변화되어야 하는데, 반대로 그것으로 우월감을 갖거나 타인에 대한 판단기준을 삼으면 문제가 생깁니다. 말씀을 듣고 배우는 것은 스스로를 자랑하기 위한 것이 아닙니다. 말씀을 넘어서 다른 사람을 평가하고 판단하기 위한 것은 더욱 아닙니다. 그래서 바울은 겸손을 이야기하고, 나아가 "기록된 말씀 안에서 행하라."는 명령을 통하여 말씀을 떠나서 살지 말 것과 세상의 지혜로 너희들 마음대로 행하지 말라고 권면합니다.

말씀 안에서는 모든 것이 가(可)합니다. 문자적으로 볼 때에는 분명히 오래 전에 살았던 사람들의 이야기가 성경입니다. 그러나 성경은 옛 사람들의 이야기도 아니고 타인의 경험도 아닙니다. 바로 나의 이야기이고 하나님의 사랑 이야기입니다. 1600여 년에 걸쳐 40여 명의 저자들이 성령의 영감을 받아 기록한 66권의 책입니다. 사람이 쓴 것은 분명하지만 예수님께서도 성경은 폐할 수 없는 말씀이라 하셨고(요 10:35), 이사야 선지자도 "너희는 여호와의 책에서 찾아 읽어 보라."고 권면하며 여호와의 영이 이것들을 모으셨음을 강조하고 있습니다(사 34:16).

예언은 언제든지 사람의 뜻으로 낸 것이 아니요 오직 성령의 감동하심을 받은 사람들이 하나님께 받아 말한 것임이라(벧후 1:21).

교훈과 책망과 바르게 함과 의로 교육하기에 유익한 책, 하나님의 사람으로 온전하게 하며 모든 선한 일을 행하기에 온전하게 하는(딤후 3:16-17) 말씀을 공부한 사람이 도리어 남을 정죄하고, 분파를 조장하고, 타인을 판단하는 등의 행동을 해서는 안 된다는 것입니다.

그러므로 말씀 안에서 행하는 자는?

말씀 안에 거하는 자는 바울과 아볼로처럼 본이 되는 삶을 살게 됩니다. 주님께서 남달리 구별하셨고 모든 것을 다 받아 누리며, 이미 배부르며, 풍성한 복을 받은 사람들이기에 더욱 그렇게 살아야 합니다.

그런데 바울과 아볼로는 결코 부요한 환경에 있는 사람이 아니었습니다. 오히려 죽기로 작정한 듯이 삶의 끄트머리에 있었으며, 천사와 사람들의 구경거리가 되었고, 주리고 목마르며, 헐벗고 매 맞으며, 정처가 없었을 뿐만 아니라 수고하고 모욕을 당하고, 축복을 하고도 오히려 박해를 받았고, 심지어 그마저도 끝까지 참아야 했습니다. 그들은 비방을 받아도 권면해 주어야 했습니다. 그래서 그들의 삶을 두고 세상의 더러운 것과 세상의 찌꺼기와 같은 취급을 당해도 말씀 안에서 사는 삶이라고 하는 것입니다(고전 4:9-13).

그렇습니다. 이것이 말씀 안에 거하는 자들의 삶입니다. 부요함을 누리는 사람도 말씀 안에 거하면 그것이 복입니다. 설령 여러분의 현재 삶이 사도들처럼 초라하다고 해도 말씀 안에 거한다면 여러분도 어떤 부요한 자보다 훨씬 더 위대합니다. 바울처럼, 아볼로처럼!

겸손한 청지기가 되자!

조선 19대 숙종 임금의 묘지가 있는 오릉(五陵)에 얽힌 이야기가 있습니다. 우스운 것은 이 이야기에 따라오는 말이 "개 코도 모르면 잠자코 있지!"라는 속어이기 때문입니다. 이 이야기가 우리 신앙과는 거리가 먼 것 같지만 실제로 시사하는 바가 큽니다. 그래서 가끔 "개 코도 모른다!"는 말이 생각납니다.

다음은 오릉에 관해 전해 오는 이야기입니다.

> 숙종 임금이 미행 중 수원성 고개 아래 냇가를 지나고 있었다. 그런데 허름한 시골총각이 관을 옆에 놓고 슬피 울면서 물이 나오는 냇가에다 묘 자리를 파고 있었다. 아무리 가난하고 무식해도 그렇지 물이 나는 곳에 묘를 쓰다니… 이상히 여긴 임금은 무슨 연고인가 싶어 총각에게로 다가갔다.
>
> "이보게 총각! 이렇게 물이 솟아나고 있는데 어찌 여기다 어머니 묘를 쓰려고 하는가?"
>
> "저도 영문을 잘 모르겠습니다. 오늘 아침에 어머님이 돌아가셨는데 갈 처사라는 노인이 불쌍하다고 하면서 이 자리에 묘를 꼭 쓰라고 일러 주었습니다. 그분은 꽤 유명한 지관인데 저 언덕 오막살이에 살고 있습니다."
>
> 눈물을 훔치며 곤혹스런 모습으로 묘를 파는 총각을 보자 숙종 임금도 기가 찼지만 갈 처사라는 지관이 괘씸하기까지 했다. 그래서 임금은 지필묵을 꺼내어 몇 자 적었다.
>
> "이 서찰을 수원부로 가져가서 부사에게 보이게. 수문장들이 성문

을 가로 막거든 이걸 보여 주면 되네.”

총각은 의아하긴 마찬가지이지만 물속에 묘를 쓰는 것보다 순종하는 게 나으리라 여기고 급하게 수원부로 갔다.

“수원부사는 이 사람에게 쌀 삼백 가마를 하사하고 좋은 터를 정해서 묘를 쓸 수 있도록 급히 조치하라!”

수원부가 발칵 뒤집히는 것을 보고야 총각도 알게 되었다.

“아니 그분이 상감마마였다니!”

문제는 숙종 임금이다. 괘씸한 갈 처사라는 자를 단단히 혼을 내주려고 언덕 너머로 찾아갔다. 그리고 오두막 앞에서 큰 소리로 호통을 쳤다.

“나는 한양 사는 선비인데 오늘 아침 저 아래 냇가에 묘를 쓰라고 한 자가 당신이요?”

“그렇소!”

“자리를 좀 볼 줄 안다는 양반이 물이 솟아나는 냇가에 묘를 쓰라니 세상에 어찌 그럴 수가 있단 말이요?”

그런데 갈 처사가 도리어 큰 소릴 지른다.

“선비란 양반이 ‘개 코도 모르면서’ 떠들고 있어! 그 땅이 얼마나 좋은 명당인 줄 알기나 하고 떠들어?”

기가 막힌 숙종도 참을 수가 없었다.

“어떻게 저기가 명당이란 말이요?”

“모르면 가만이나 있지! 저기는 시체가 들어가기도 전에 임금이 찾아와서 재산을 내리고 명당을 하사할 어머어마한 자리요. 개코도 모르면서 소리를 지르고 있지.”

숙종의 얼굴은 그만 새파랗게 질려버렸다. 시체가 들어가기도 전에 쌀 3백 가마를 받았으며 명당으로 옮겨 장사를 지낼 상황이 아닌가! 숙종은 얼마나 놀랐던지 자신도 모르게 목소리가 공손해 졌다.

“영감님이 그렇게 잘 알면 저 고래 등 같은 집에서 살지 않고 왜 이런 산마루 오두막에서 산단 말이오?"

"이 양반이 진짜로 개 코도 모르면 가만이나 있을 것이지! 남을 속이고 도둑질해서 기와집 가져봐야 무슨 소용이 있어. 여기는 바로 임금이 찾아올 자리여! 나랏님이 찾아올 명당이란 말일세."

숙종은 그만 정신을 잃을 정도였다. 그리하여 결국 갈 처사가 잡아 준 숙종의 왕릉이 지금 서울의 서북쪽 서오능에 자리한 "명능"이 되었다는 이야기다. 그 후 숙종은 갈 처사에게 3천 냥을 하사하였으나 그는 노자로 30냥만 받아들고 홀연히 떠나갔다는 이야기가 전해오고 있다.

조금 배웠다고, 권세가 있다고, 뭘 좀 안다고 설치다가는 도리어 임금이라도 납작 엎드리지 않을 수 없다는 이 이야기를 통해 아무것도 모르면서 교만하게 건방을 떠는 우리들의 모습을 발견합니다. 그래서 바울은 은총을 받았다면 받은 만큼 겸허한 삶을 살아야 함을 강조하면서 고린도교회 교인들과 너무 다른 자신들의 삶과 고통을 이야기하고 있는 것입니다.

묵상의 잔에 담긴 말씀

형제들아 내가 너희를 위하여 이 일에 나와 아볼로
를 들어서 본을 보였으니 이는 너희로 하여금 기록된
말씀 밖으로 넘어가지 말라 한 것을 우리에게서 배워
서로 대적하여 교만한 마음을 가지지 말게 하려 함이라

고전 4:6

〈삶〉으로 이어 주는 Q&A

1. 선교와 교회의 일은 하나님의 사업입니다. "기록된 말
   씀 밖으로 넘어가지 말라."는 권면의 의미를 되새기며
   주의 일을 내 생각과 내 고집으로 행한 적이 없는지 생
   각해 봅시다.

2. 그리스도인들은 사업을 시작할 때, 새집에 이사할 때,
   학교에 입학할 때 등 특별한 일을 시작하기 전에 반드
   시 예배를 드립니다. 예배와 기도로 시작하는 이유를
   생각해 봅시다.

묵상의 잔에
담긴 쪽지

"

"

자신의 생각을 자유롭게 적어 보세요!

12장. 하나님의 나라

¹⁴내가 너희를 부끄럽게 하려고 이것을 쓰는 것이 아니라 오직 너희를 내 사랑하는 자녀 같이 권하려 하는 것이라 ¹⁵그리스도 안에서 일만 스승이 있으되 아버지는 많지 아니하니 그리스도 예수 안에서 내가 복음으로써 너희를 낳았음이라 ¹⁶그러므로 내가 너희에게 권하노니 너희는 나를 본받는 자가 되라 ¹⁷이로 말미암아 내가 주 안에서 내 사랑하고 신실한 아들 디모데를 너희에게 보내었으니 그가 너희로 하여금 그리스도 예수 안에서 나의 행사 곧 내가 각처 각 교회에서 가르치는 것을 생각나게 하리라 ¹⁸어떤 이들은 내가 너희에게 나아가지 아니할 것 같이 스스로 교만하여졌으나 ¹⁹주께서 허락하시면 내가 너희에게 속히 나아가서 교만한 자들의 말이 아니라 오직 그 능력을 알아보겠으니 ²⁰하나님의 나라는 말에 있지 아니하고 오직 능력에 있음이라 ²¹너희가 무엇을 원하느냐 내가 매를 가지고 너희에게 나아가랴 사랑과 온유한 마음으로 나아가랴

고린도전서 4:14-21

예수님은 자신의 공생애를 시작하시며 '하나님 나라'를 말씀하셨습니다.

> 때가 찼고 하나님의 나라가 가까이 왔으니 회개하고 복음을 믿으라
> (막 1:15).

> 회개하라 천국이 가까이 왔느니라(마 4:17 하).

하나님 나라는 하나님의 소유이자 하나님이 다스리시는 나라입니다. 그분이 함께하시는 나라입니다. 하나님이 우리 교회를 다스리시면 우리 교회가 천국이 되고, 우리 가정을 다스리시면 우리 집이 곧 하나님의 나라가 됩니다. 고린도교회를 위한 오늘의 가르침은 하나님 나라는 말과 논리가 아니라 능력임을 강조함으로써 고린도교회의 성도들로 하여금 회개하게 하려는 것입니다.

하나님 나라와 세상 나라

교회는 하나님 나라의 모델하우스입니다. 따라서 교회에서 하나님 나라의 모습이 나타나야 합니다. 그런데 고린도교회는 하나님 나라의 모습이 아닌 사단의 유혹에 사로잡힌 세상 나라, 즉 사단 나라의 전형을 보여 주었습니다.

성경에는 '하나님 나라(The Kingdom of God)'에 대한 많은 기록들이 있습니다만, 반면 '사단 나라'라는 기록은 찾아볼 수 없습니다. 그러나 인간에게 죄가 들어 온 이후 이 세상에는 분명히 하나님 나라를 대적하는 사단 나라가 병존하고 있습니다. 예를 들어, 우리가 살고 있는 이 세상에는 질병과 전쟁과 기근과 흉년과 고통이 가득한데, 우리는 그 원인을 죄의 결과와 사단에게서 찾을 수밖에 없습니다. 사단의 장기가 바로 성도들을 괴롭히며, 미혹하고, 참소하며, 넘어뜨리는 것(마 24:24; 벧전 5:8)과 거짓으로 속여 범죄하게 하고, 유혹하며, 시험하는 것(창 3:1-7; 마 4:1; 요 8:44)입니다. 의로운 사람 욥의 이야기를 한 번 보십시오. 욥은 행복하고 평화로운 가정의 가장이었습니다. 그러나 사단은 이러한 욥의 가정을 시기합니다. 그래서 엄청난 시험을 통하여 욥을 괴롭힙니다. 결국 욥은 승리하지만 그가 겪은 엄청난 고통은 말로 다 할 수 없을 지경입니다.

이러한 사단의 나라는 하나님 나라와 공존할 수 없습니다. 그래서 예수님은 귀신이 쫓겨나면 이미 그곳에는 하나님의 나라가 이루어진 것이라고 말씀하셨습니다.

내가 하나님의 성령을 힘입어 귀신을 쫓아내는 것이면 하나님의 나라가 이미 너희에게 임하였느니라(마 12:28).

사단과 그 나라는 결국 하나님으로부터 심판을 받게 됩니다. 멸망의 때가 이르러 심판이 있은 후에 새 하늘과 새 땅이 임하게 될 것이라는 말씀입니다(계 20~21장).

너희를 부끄럽게 하려고 이것을 쓰는 것이 아니라

하나님 나라의 백성은 하나님의 자녀들입니다. 그래서 바울은 고린도교회 성도들에게 권면합니다.

내가 너희를 부끄럽게 하려고 이것을 쓰는 것이 아니라 오직 너희를 내 사랑하는 자녀 같이 권하려 하는 것이라(고전 4:14).

자녀는 부모를 따라야 합니다. 그래서 바울은 고린도교회 성도들에게 자신이 스승이기보다는 영적으로 그들을 낳은 아버지와 같다고 이야기합니다.

그리스도 안에서 일만 스승이 있으되 아버지는 많지 아니하니 그리스도 예수 안에서 내가 복음으로써 너희를 낳았음이라(고전 4:15).

결국 바울이 강조하는 것은 자신이 하나님의 자녀이듯이 자기가 낳은 고린도교회 교인들이 하나님의 자녀가 되도록 "나를 본받는 자(고전 4:16)"가 되라는 것입니다. 디모데는 바울의 믿음의 아들입니다. 바울은 디모데를 "주 안에서 내 사랑하고 신실한 아들(고전 4:17)"이라 소개합니다. 바울은 확신합니다. 이 디모데가 바울을 대신하여 고린도교회로 가게 됩니다. 바울을 대신하여 고린도교회에 온 디모데는 그의 가르치는 모든 것에서 바울의 냄새가 나야합니다.

> 그가 너희로 하여금 그리스도 예수 안에서 나의 행사 곧 내가 각처 각 교회에서 가르치는 것을 생각나게 하리라(고전 4:17).

디모데가 바울의 아들이요 제자이기 때문에 바울에게 가르침을 받았던 것처럼, 바울이 각처 각 교회에서 가르친 것을 고린도교회의 성도들에게 가르치되 이 일을 디모데가 감당하게 될 것이라는 의미입니다. "그가 너희로 하여금", "나의 행사" 곧 바울의 행사를 기억나게 할 것이라는 이야기입니다. 바울이 행한 일은 "각처 각 교회에서 가르치는 것"이었습니다. 그의 가르침은 말이 아니었습니다. 능력이었습니다. 하나님의 나라는 말이 아니라 능력입니다. 그 능력은 가르침대로 행하는 것, 곧 말씀에 순종함으로 나타나는 것입니다.

결국 하나님 나라는 …

하나님이 사람의 몸을 입고 이 땅에 오셨습니다. 바울은 빌립보교회 교인들에게 이러한 성육신을 "오히려 자기를 비워 종의 형체를 가지사 사람들과 같이 되셨고(빌 2:7)"라고 표현합니다. 하나님 나라는 하나님의 나라요 하나님께서 통치하시는 나라인 동시에 하나님께서 '함께하시는 나라'입니다. 예수님께서 사람이 되심은 사람들과 함께하시기 위함입니다. 그런데 바울은 예수님과 전혀 다른 모습, 곧 교만함을 가진 자들에 대하여 고린도교회 교인들에게 경고합니다.

> 어떤 이들은 내가 너희에게 나아가지 아니할 것 같이 스스로 교만하여졌으나(고전 4:18).

바울 자신은 주께서 허락하시면 속히 나아갈 것임을 밝힙니다. 그리고 계속해서 말과 세상의 지혜로 교회를 어지럽히며 교만하게 설치는 그들의 능력을 알아볼 것인데, 하나님의 나라는 이렇게 말만 앞세우는 것이 아니고 오직 능력에 있는 것임을 확인하겠다는 것입니다.

결국 하나님의 나라는 '능력'입니다. 이미 고린도전서 1장에서 확인한 바와 같이 그 능력은 '십자가의 도'입니다. 구원받은 자에게는 이것이 능력입니다. 물론 불신자들의 눈에는 어리석게 보일 것입니다(고전 1:18). 아무리 아름답고 평화로운 곳이라 할지라도 하나님께서 계시지 않으면 하나님의 나라라고 하지 않습니다. 주기도문에서 "나라가 임하게 하옵소서."는 주님의 주인 되심과 그의 다스리심을 구하는 기도입니다. 주님이 내 마음에 오셔서 나의 마음을 다스리시면 내 마음이 바로 천국(그 나라)이 됩니다.

예수님도 니고데모에게 사람이 물과 성령으로 거듭나지 아니하면 하나님 나라를 볼 수 없다고 하셨습니다. 말씀과 성령으로 거듭난 사람은 이미 주님이 그의 마음의 주인이 되셨고, 성령께서 그를 주장하여 다스리시기에 바로 하나님의 사람인 것입니다. 주님 모신 그곳이 천국이 되고, 주님과 동행하는 그곳이 하나님의 나라입니다. 가정도 마찬가지입니다. 교회도 마찬가지입니다. 나라와 민족도 마찬가지입니다. 그래서 선교는 주님의 통치영역이 확산되고 발전되도록 그리스도인들이 겸손하지만 능력 있게 살아내는 삶의 모든 것입니다.

하나님의 나라는 말에 있지 아니하고 오직 능력
에 있음이라

고전 4:20

〈삶〉으로 이어 주는 Q&A

1. 선교의 목적은 바로 "하나님 나라의 건설과 확장"입니
   다. '하나님 나라'는 ① 하나님의 소유라는 개념이지만
   ② 하나님께서 통치하시는 나라이자 ③ 하나님께서 함
   께하시는 나라입니다.

2. 하나님 나라는 말이 아니고 능력이라는 뜻을 위의 세
   가지 개념과 연관시켜 확인해 봅시다.

13장. 음행 문제와 구원의 끈

[1]너희 중에 심지어 음행이 있다 함을 들으니 그런 음행은 이방인 중에서도 없는 것이라 누가 그 아버지의 아내를 취하였다 하는도다 [2]그리하고도 너희가 오히려 교만하여져서 어찌하여 통한히 여기지 아니하고 그 일 행한 자를 너희 중에서 쫓아내지 아니하였느냐 [3]내가 실로 몸으로는 떠나 있으나 영으로는 함께 있어서 거기 있는 것 같이 이런 일 행한 자를 이미 판단하였노라 [4]주 예수의 이름으로 너희가 내 영과 함께 모여서 우리 주 예수의 능력으로 [5]이런 자를 사탄에게 내주었으니 이는 육신은 멸하고 영은 주 예수의 날에 구원을 받게 하려 함이라 [6]너희가 자랑하는 것이 옳지 아니하도다 적은 누룩이 온 덩어리에 퍼지는 것을 알지 못하느냐 [7]너희는 누룩 없는 자인데 새 덩어리가 되기 위하여 묵은 누룩을 내버리라 우리의 유월절 양 곧 그리스도께서 희생되셨느니라 [8]이러므로 우리가 명절을 지키되 묵은 누룩으로도 말고 악하고 악의에 찬 누룩으로도 말고 누룩이 없이 오직 순전함과 진실함의 떡으로 하자

고린도전서 5:1-8

고린도전서 4장에서 교회의
분쟁과 분열의 문제를 교훈한 바울은 5장에서는 음행의 문제를 이야기
합니다. 교회의 거룩함을 유지하기 위하여 성적 타락의 문제에 대한 바
울의 입장은 분명하고 단호합니다. 그러나 이러한 범죄에 대해서 준엄
한 징계를 명령하면서도 바울의 글 속에는 교인들을 사랑하는 아버지의
마음(고전 4:14-15)이 곳곳에 나타납니다. 징계를 이야기하면서도 교인
들의 구원을 언급하는 것은 고린도교인들을 사랑하는 마음이 담겨 있기
때문입니다.

인간의 본성과 음란의 문제

성경은 이성간의 사랑을 결코 범죄시하지 않습니다. 오히려 하나님
께서 허락하신 완전한 관계 가운데 하나입니다. 첫 사람인 아담이 독처
하는 것을 보신 하나님은 "사람이 혼자 사는 것이 좋지 아니하니 내가

그를 위하여 돕는 배필을 지으리라(창 2:18)." 하시고 여자를 만드셨습니다. 그래서 성경에는 그리스 신화에 나오는 어떤 사랑의 이야기보다 진한 남녀 간의 사랑에 대한 이야기들이 등장합니다. 삼손과 들릴라처럼 에로스적인 사랑 이야기가 있는가 하면, 아가서에서처럼 솔로몬과 술람미 여인의 순수한 사랑 이야기도 있습니다.

성경에만 이러한 이야기가 있는 것은 아닙니다. 언젠가 한 교회에서 유치부 어린이들에게 자기 생일에 초대하고 싶은 사람의 이름을 딱 한 명만 적으라고 했더니 하나같이 이성친구의 이름을 적었다고 합니다. 고작 8살도 안된 어린아이들이지만, 이성에 대한 순수한 호감을 갖고 있음을 고스란히 보여 주는 결과라고 여겨집니다. 다시 한번 강조합니다만 이와 같이 이성을 그리워하고 사랑하는 것 그 자체가 잘못은 아닙니다.

그러나 선악과 사건 이후 타락하여 음란함에 물든 인간의 본성은 잘못된 이성관을 갖게 하고 여러 심각한 문제를 일으켜 왔습니다. 이러한 본성을 '음행'이라고 합니다. 이 단어를 헬라어로 표기하면 '포르네이아(πορνεία)'인데, 성적인 음란을 의미하는 영어 단어 포르노(porno)는 바로 여기에서 파생되었습니다. 음행은 질서를 파괴하고 불안감을 조성합니다. 부도덕하며 비윤리적입니다. 가정을 파괴하며, 건전하게 자라야 할 자녀들에게 불신과 불의를 조장합니다. 불건전한 사회 분위기를 조성합니다.

이번 본문 말씀은 "너희 중에 '심지어' 음행이 있다 함을 들으니"로 시작합니다. 여기서 말하는 '심지어(홀로스, ὅλως)'는 우리말로 '실제로' 혹은

'확실히'로 번역되지만, 실제 본문에서는 "도가 지나쳤다."는 뜻입니다. 세상이나 이방인 중에서도 찾아볼 수 없는 이러한 일이 교회 안에서 있을 수 있느냐는 뜻으로 '홀로스'라는 강력한 단어를 썼습니다.

이런 자들은 교회에서 내쫓으라

먼저 고린도전서 5장 1-2절을 확인하시기 바랍니다. 내용을 살펴보면 세상 사람들도 저지르지 아니하는 이런 음행을 저지른 자를 당장 내쫓지 않고 무엇을 하느냐는 책망의 말씀입니다. 바울은 그곳에 있지 않지만(3절 "실로 몸으로는 떠나 있으나") 마음은 그곳에 있는 것과 같아서 이런 일을 행한 자에 대해서는 "이미 (내쫓아야 한다고) 판단하였노라."고 선언합니다. 단호합니다. 더구나 "이런 자를 사탄에게 내주었으니(고전 5:5)"라고 말하는데, 이는 "내쫓는다."는 표현보다 훨씬 더 강합니다.

그 절차에 관해서도 대단히 구체적입니다. 고린도전서 5장 4절을 정리하면 세 구절로 나누어 볼 수 있습니다. 우선 ① "주 예수의 이름으로" ② "너희가 내 영과 함께 모여서"의 두 구절은 '내 마음과 같은 고린도교회 교인들이 함께 모여서 결정하되'라는 의미입니다. 함께 모여서 그렇게 하는 이유는 이만큼 창피스러운 일을 공개적으로 행한다는 것입니다. 그리고 ③ '우리 주 예수의 능력으로'라는 표현을 썼습니다. 이것은 악한 자를 물리치는 가장 강력한 방법을 이야기하는 것입니다. 무엇보다 이렇게 음행하는 자를 물리치는 것은 합법적인 동시에 매우 정당한 행위라는 것을 강조합니다.

개인적인 구원의 끈

사람은 누구나 실수할 수 있습니다. 더구나 인간 자체가 선악과 사건 이후 본성적으로 악하게 되었습니다. 또한 예수 그리스도의 십자가 보혈은 세상 어떤 죄라도 다 말갛게 씻길 수 있는 능력이 있습니다. 그러므로 우리에게는 아직 희망이 있습니다.

음행하는 자를 '출교'하는 것은 교회의 치리에 있어서는 사형선고에 해당합니다. 그런데 바울은 이것을 두고 "이는 육신은 멸하고 영은 주 예수의 날에 구원을 받게 하려 함이라(고전 5:5)."고 표현했습니다. 이 말씀은 정말 해석하기 어려운 구절입니다. 기독교의 구원관은 전인적인 구원입니다. 육신은 형벌을 받아도 영혼은 구원받는다는 해석은 옳지 않습니다. 문장 그대로 해석하면 '육신을 죽여서 영을 구원받게 해야 하는 것'으로 보기 쉽지만, 육신을 죽여도 영이 구원받을 수는 없습니다. 오직 구원은 예수님의 십자가를 통한 믿음으로만 가능합니다. 음행을 저지르지 않는다고 구원받는 것이 아니므로 본문을 문자 그대로 받아들여서는 안 됩니다.

본문의 '육신을 멸하고'라는 말은 육신을 영벌에 처하거나 죽게 하는 것이 아니고, 사탄의 세계인 세상으로 출교를 시키는 것으로 보아야 합니다. 출교라는 형벌로 죄인들을 회개하게 하기 위하여 잠시 육체적인 고통을 겪게 하되 계속 죄를 짓지 않게 하여 심판의 날, '주 예수의 날'에 그 영혼만이라도 구원을 받게 해야 한다(롬 6:6)는 것입니다. 그러므로 치리를 받는 사람은 '권징'의 의도를 잘 분별하여야 하며, 개인적인 회개와 함께 온전한 믿음을 회복하는 일을 게을리 해서는 안 될 것입니다. 어거스틴(Augustine), 칼뱅(Calvin), 베자(Beza)와 같은 이들은 잔인한 형벌이 아니라 이 세상에 있는 '보이는 교회'의 거룩성을 유지하게 하기 위한 출교임을 성도들이 알아야 한다고 이야기합니다.

　이 본문도 징계의 목적이 교회가 누룩이 없는 순전함과 진실함의 떡이 되게 하는 것임을 강조하며(고전 5:8), 예수 그리스도께서 유월절의 양이 되어 희생하신 것도 이를 위한 것임을 선포합니다(고전 5:7). 출교를 받아 쫓겨난 자이든, 남아 있는 자이든 지은 죄는 반드시 회개해야 합니다. 구원은 믿음을 통하여 베푸시는 하나님의 역사입니다. 보이는 교회가 이 영적인 일까지 좌우할 수는 없습니다. 그러므로 권징의 목적은 그 자체가 교인을 '정죄함'이 아니고 구원으로 인도하기 위한 사랑이 전제되어야 합니다. 그래서 바울은 고린도교회 성도들에게는 '스스로 음행하지 않은 자라고 자랑하지 말고' 적은 누룩이 온 교회(온 덩어리)에 퍼지지 않도록 하라고 권면합니다(고전 5:6). 결국 음행한 자들은 보이는 세상 교회로부터 출교를 당하지만, 이 벌이 자신들에게 구원의 끈마저 끊어버리게 하는 것이 아님을 분명히 알아야 합니다.

이러므로 우리가 명절을 지키되 묵은 누룩으로도
말고 악하고 악의에 찬 누룩으로도 말고 누룩이 없이
오직 순전함과 진실함의 떡으로 하자

고전 5:8

〈삶〉으로 이어 주는 Q&A

1. 바른 남녀의 관계는 하나님께서 보시기에도 좋았습니다. 거룩한 절기와 연결되어 있는 교회의 명절은 함께 잔치하는 신앙을 강조합니다. 그렇다면 음행의 문제와 '명절을 지키는 것'은 어떤 관계가 있습니까?

2. 퍼지고 부풀게 하는 누룩을 염려하는 바울의 마음을 깊이 묵상하고 출교를 당한 자의 구원 문제에 대해서 정리해 봅시다.

묵상의 잔에 담긴 쪽지

"

"

자신의 생각을 자유롭게 적어 보세요!

14장. 성도의 구별된 삶

⁹내가 너희에게 쓴 편지에 음행하는 자들을 사귀지 말라 하였거니와 ¹⁰이 말은 이 세상의 음행하는 자들이나 탐하는 자들이나 속여 빼앗는 자들이나 우상 숭배하는 자들을 도무지 사귀지 말라 하는 것이 아니니 만일 그리하려면 너희가 세상 밖으로 나가야 할 것이라 ¹¹이제 내가 너희에게 쓴 것은 만일 어떤 형제라 일컫는 자가 음행하거나 탐욕을 부리거나 우상 숭배를 하거나 모욕하거나 술 취하거나 속여 빼앗거든 사귀지도 말고 그런 자와는 함께 먹지도 말라 함이라 ¹²밖에 있는 사람들을 판단하는 것이야 내게 무슨 상관이 있으리요마는 교회 안에 있는 사람들이야 너희가 판단하지 아니하랴 ¹³밖에 있는 사람들은 하나님이 심판하시려니와 이 악한 사람은 너희 중에서 내쫓으라

고린도전서 5:9-13

이전 장에서 성적 타락의 문제에 대한 바울의 입장은 매우 분명하면서도 단호하다는 사실을 확인하였습니다. 그러나 동시에 이러한 범죄행위에 대해 준엄한 징계를 명령하면서도 한 사람이라도 구원의 끈을 놓칠까 봐 염려하는 바울의 마음도 읽었습니다.

이어지는 이 장의 본문 말씀은 "음행하는 자와 사귀지 말라."고 하면서도 그것이 세상과 등지라는 뜻이 아님을 이야기합니다. 오히려 교회 밖 사람들과 성도들의 삶이 구별되어야 한다는 것입니다.

음행하는 자들과 사귀지 말라

바울은 세상이나 이방인 중에서도 찾아볼 수 없는 '도가 지나친' 음행(πορνεία)의 문제를 거론하면서 처음부터 교회는 세상과 구별된다는 사실을 강조합니다. 동시에 교회의 거룩함을 유지하기 위하여 이와 같은 일을 저지른 사람을 교회에서 내쫓아야 한다고 강조합니다.

특별히 구약성경은 골육지친 간의 성관계를 엄격하게 금하고 있습니다. 엄마나 아빠, 의부모, 자손녀, 이모나 백부모, 숙부모, 자부 등 가족 중 누구의 하체라도 범해서는 안 되며(레 18:6-18), 나아가 짐승이나 동성(남자와 남자, 여자와 여자) 간 교합은 가증한 것이므로 철저하게 금하였습니다(레 18:22-23). 심지어 음행하는 자를 돌로 쳐 죽이라고 했습니다. 신약성경에서도 음행한 자는 하나님 나라에 들어갈 수 없고(고전 6:9), 결혼의 정절은 반드시 지켜야 한다고 강조합니다(히 13:4).

이 음행의 문제에 대해서는 후에 다시 한번 거론합니다만(고전 6:15-20), 아무튼 오늘 본문에서 강조하는 것은 '음행하지 말라.'는 당연한 교훈과 함께 음행한 이들과의 관계에 대한 이야기입니다. 비록 남아 있는 기록이나 근거는 찾을 수 없지만, 고린도교회 성도에게 보낸 다른 편지가 있었을 것으로 생각합니다. 그래서 본문을 보면 "내가 너희에게 쓴 편지에"로 시작하여 "음행하는 자들을 사귀지 말라 하였거니와"라고 하였습니다(고전 5:9). 그런데 그때의 편지에는 "사귀지 말라 하였거니와"라고 하였으나 지금은 "도무지 사귀지 말라 하는 것이 아니니(고전 5:10)"라는 표현을 씁니다. 놓치지 않아야 할 부분입니다. 하지만 그렇다고 이 말이 음행해도 괜찮다는 뜻입니까? 아닙니다. 음행하지 않아야 합니다. 본문이 강조하는 바는 음행 여부를 이야기하는 것이 아니고 '음행하는 자들'과의 관계에 대한 것입니다.

세상 사람들과 사귀지 말라는 말이 아니다

"사귀지 말라 하였거니와(고전 5:9)"에 이어지는 말씀은 "이 말은 … 도무지 사귀지 말라 하는 것이 아니니(고전 5:10)"입니다. 그리고 전개되는 내용은 세상 사람들에 대한 이야기입니다. 세상에는 음행하는 자들로 가득합니다. 정욕에 사로잡혀 육체적 음행을 부끄러움 없이 저지릅니다. 자신의 육체로 저지르는 대표적인 죄가 음행(고전 6:18)입니다. 이 죄는 인간이 가장 범하기 쉬운 죄이기도 하지만 인류의 역사상 끊이지 않고 행해진 죄입니다. 심각한 것은 성 개방 사회가 되면서 현대인들이 여기에 대한 죄책감마저 잃고 말았다는 사실입니다. 오히려 인권을 운운하며 음행을 두둔하니 걱정입니다. 더 나아가 미국 대통령이 전 세계를 다니면서 '인권보호'라는 미명 하에 동성끼리의 음행을 법으로 보장하라고 압력을 넣었다는 소식입니다. 이 이야기는 정말 우리를 슬프게 만듭니다. '동성연애'는 소돔과 고모라가 멸망한 죄목들 가운데 가장 심각한 것이었습니다. 이것은 인권이 아니라 음행의 범죄일 뿐입니다.

또한 '탐하는 것'과 '속여 빼앗는 것'은 물질적이고 경제적인 범죄인데, 욕심(탐하는 것)과 토색(착취와 강탈)은 죄의 시작인 동시에 결국 타인을 괴롭게 하고 자신까지도 죽게 만듭니다(약 1:15). 그러나 세상은 그저 자기만 잘 살면 문제가 없다고 합니다. 자신이 값비싼 독약을 먹고 있는데도 아무런 문제의식을 갖지 못합니다. 그러니 이것이 죄의 문제라는 것을 알 리 만무합니다.

우상 숭배는 하나님께 대한 범죄입니다. 부모를 인정하지 않는 죄와 같으니 이 문제가 얼마나 큰 죄입니까? 십계명의 첫째와 둘째 계명이 모두 우상 숭배를 금지하는 것입니다. 우상 숭배는 창조주를 인정하지 않는 것입니다.

세상에는 이런 자들이 넘쳐납니다. 그래서 바울은 이런 자들과 사귀지 말라고 했던 것입니다. 그런데 다시 "이들과 도무지 사귀지 말라는 것이 아니라."고 합니다. 만약 그렇게 해석하면 극단적으로 이 땅에서 살지 말라는 말과 같다는 것입니다. 즉 그리하면 우리들도 모두 세상 밖으로 나가야 할 것이기 때문입니다.

> 도무지 사귀지 말라 하는 것이 아니니 만일 그리하려면 너희가 세상 밖으로 나가야 할 것이라(고전 5:10).

우리들은 발을 땅에 붙이고 사는 사람들입니다. 부정하고 음란한 세상에서 살고 있습니다. 때문에 세상 사람들이 잘못된 삶을 산다고 해서 그들과 결별하면 안 된다는 것입니다. 세상과 결별하면 우리는 소명을 잃고 그들은 구원받을 기회를 잃게 됩니다. 우리가 구별된 삶을 살아감으로써 그들이 구원을 염원하게 해야 합니다. 세상 사람들은 우리가 사귀지 않아야 할 사람들이 아니라 전도의 대상자들임을 잊어서는 안 될 것입니다.

교회 안에서 음행하는 자를 내쫓으라

결국 바울이 강조하는 것은 '교회 안에서'입니다. 고린도전서 5장 11절 말씀을 근거로 하면 "이제 내가 너희에게 쓴 것은 '만일 형제라 일컫는 자'가 음행하거나"에서 '형제라 일컫는 자'라는 표현에 주목해야 합니다. 이는 참 형제가 아니라는 이야기입니다. '일컫는 자'라는 말은 그렇게 '불리는 자'라는 뜻입니다. 교회 안에도 양과 염소가 있습니다(마 25:33). 즉 참 형제가 아니라 외형상의 형제가 있다는 것인데, 바울이 자기 나름대로 비아냥거리는 형태의 표현을 한 것입니다. 더구나 바로 앞절의 음행, 탐욕, 토색, 우상 숭배 외에도 모욕(후욕: 타인에게 욕설이나 비방으로 모욕을 주는 행위)과 술 취함을 추가하고 있습니다. 욕설과 비방을 음행이나 탐욕과 같은 자리에 두고 있음을 유의할 필요가 있습니다.

핵심 내용은 교회 안에서 그리고 형제로서 이런 자들과 사귀지도 말고 함께 먹지도 말라는 것입니다. 그래서 마지막 절에서 "이 악한 사람은 너희 중에서 내쫓으라(고전 5:13)."고 강하게 명령하고 있는 것입니다.

성도의 삶은 구별되어야 합니다

우리들은 구별된 그리스도인들이지만 세상 사람들과 사귀지 않을 수 없습니다. 밖에 있는 사람들에 대한 판단은 하나님이 하십니다. 더구나 하나님은 심판의 때에 이들을 심판하실 것입니다. 죄를 지었기 때문에 쫓겨난 사람들도 그때에는 회개와 믿음의 여부에 따라 구원받을 수 있지만 그것은 우리들이 관여할 일이 아닙니다. 다만 분명하고 확실한 것은 교회 안에 있는 사람들에 대한 판단과 이에 따른 치리의 행위를 이야기합니다.

개혁자들은 교회의 표지(sign)를 말씀과 성례와 권징으로 보았습니다. 악한 행위와 범죄를 묵인하면 교회다운 교회가 될 수 없습니다. 비록 "주 예수의 날에 구원을 받게(고전 5:5)" 된다고 할지라도 교회는 그 때가 이르기 전부터, 바로 지금부터 세상과 구별되어야 하며, 성도들 역시 세상 사람들과 구별된 거룩한 삶을 살아야 합니다. 출교는 교회의 권징 중 가장 무거운 벌이지만 교회의 순결을 유지하기 위하여 부득이한 것일 뿐만 아니라 출교당하는 자도 회개하여 구원을 받게 하려는 배려인 것입니다.

밖에 있는 사람들을 판단하는 것이야 내게 무슨
상관이 있으리요마는 교회 안에 있는 사람들이야 너희
가 판단하지 아니하랴

고전 5:12

⟨삶⟩으로 이어 주는 Q&A

1. 선교의 대상은 세상입니다. 그러나 '교회다운 교회'는
   거룩해야 합니다. 세상과 성도들의 관계에 대해 생각
   해 봅시다.

2. 성도는 세상 사람들과 구별된 삶을 살아야 합니다. 그
   런데 교회가 세상을 따라가려는 시도가 없지 않습니
   다. 혹시 우리 교회에는 세상의 풍습을 따르고 있는 제
   도나 관습이 없는지 생각해 보고, 이를 개선할 방법에
   대해 정리해 봅시다.

15장. 세상과 하나님의 의

¹너희 중에 누가 다른 이와 더불어 다툼이 있는데 구태여 불의한 자들 앞에서 고발하고 성도 앞에서 하지 아니하느냐 ²성도가 세상을 판단할 것을 너희가 알지 못하느냐 세상도 너희에게 판단을 받겠거든 지극히 작은 일 판단하기를 감당하지 못하겠느냐 ³우리가 천사를 판단할 것을 너희가 알지 못하느냐 그러거든 하물며 세상 일이랴 ⁴그런즉 너희가 세상 사건이 있을 때에 교회에서 경히 여김을 받는 자들을 세우느냐 ⁵내가 너희를 부끄럽게 하려 하여 이 말을 하노니 너희 가운데 그 형제간의 일을 판단할 만한 지혜 있는 자가 이같이 하나도 없느냐 ⁶형제가 형제와 더불어 고발할 뿐더러 믿지 아니하는 자들 앞에서 하느냐 ⁷너희가 피차 고발함으로 너희 가운데 이미 뚜렷한 허물이 있나니 차라리 불의를 당하는 것이 낫지 아니하며 차라리 속는 것이 낫지 아니하냐 ⁸너희는 불의를 행하고 속이는구나 그는 너희 형제로다 ⁹불의한 자가 하나님의 나라를 유업으로 받지 못할 줄을 알지 못하느냐 미혹을 받지 말라 음행하는 자나 우상 숭배하는 자나 간음하는 자나 탐색하는 자나 남색하는 자나 ¹⁰도적이나 탐욕을 부리는 자나 술 취하는 자나 모욕하는 자나 속여 빼앗는 자들은 하나님의 나라를 유업으로 받지 못하리라 ¹¹너희 중에 이와 같은 자들이 있더니 주 예수 그리스도의 이름과 우리 하나님의 성령 안에서 씻음과 거룩함과 의롭다 하심을 받았느니라

고린도전서 6:1–11

              교회 안에서 발생한 문제를 세상 법정으로 끌고 가는 소송은 오늘날에도 심각한 문제 중 하나입니다. 그래서 교단 총회가 열릴 때면 거의 모든 후보들이 하나같이 이 문제를 해결하지 않는 한 교회의 권위 회복은 어렵다는 사실을 지적합니다. 그리고 자신이 총회장이 되면 반드시 이 문제만은 해결할 것이라는 공약까지 내겁니다.

물론 사회의 법도 중요합니다. 그러나 교회는 교회 나름의 법이 있습니다. 교회의 주인은 하나님이십니다. 예수 그리스도의 부활 이후 성령님께서 임하심으로부터 사도들을 포함한 120여 명의 그리스도인들의 기도모임이 교회로 바뀝니다. 그러므로 교회 내의 일은 교회의 시작이자 주인이신 하나님의 법에 의해 교회 안에서 처리되어야 합니다.

예수님은 "세상은 능히 그(성령)를 받지 못하나니 이는 그를 보지도 못하고 알지도 못함이라(요 14:17)."고 선언하셨습니다. 바울도 "육에 속한 사람은 하나님의 성령의 일들을 받지 아니하나니 이는 그것들이 그에게는 어리석게 보임이요, 또 그는 그것들을 알 수도 없나니 그러한 일은 영적으로 분별되기 때문이라(고전 2:14)."고 선포합니다. 이러한 사실을 무시하고 교회의 일을 세상의 법정으로 끌고 가는 것은 성도의 할 바가 아닙니다.

성도들의 지위와 하나님의 의

본문에서는 유난히 '성도'라는 말을 강조합니다. 성도를 풀이하면 거룩한 무리(거룩한 聖, 무리 徒)라는 말입니다. '교회'라는 단어와 같은 의미입니다. '믿는 사람들의 모임'이 교회이기 때문입니다. 이미 몇 차례 이야기한 적이 있습니다만, 믿는 사람들의 직분 중에 가장 중요한 직분이 '성도'라고 했습니다. 목사, 장로, 집사, 권사도 모두 성도가 되어야 합니다. 성도는 천국의 시민권을 가진 하나님 나라의 백성들입니다.

물론 성도들도 이 땅에 살고 있습니다. 즉, 땅의 질서를 무시하지 않아야 합니다. 하지만, 성도로서의 권위와 관계가 있습니다. 다시 말해 세상 나라의 법을 솔선하여 지킴으로써, 그리스도인들이 스스로 분명한 준법정신을 실행함으로써 세상 사람들로부터 존경을 받아야 합니다.

또한 성도들은 하늘나라의 시민권을 가진 천국인으로서 천국의 법을 따라야 합니다. 영적인 윤리와 도덕을 실천하는 그리스도인은 세상 법과 규례에 기대지 않습니다. 오히려 세상 법과 규례를 초월합니다. 따라서 천국 시민인 우리들은 간혹 갈등으로 다툼이 생기거나 죄를 지어도 세상의 법정으로 가기보다는 하나님께서 주시는 지혜를 좇아 해결하여야 합니다.

세계에서 스스로 1등 국민이라고 자처하는 사람들이 있습니다. 바로 미국인들입니다. 최강대국의 국민이기에 세계 어디에서든 미국인 신분만 내세워도 보호받습니다. 그래서 많은 사람들이 미국인을 부러워합니다. 그런데 정작 미국 사람들이 한국에서 죄를 지으면 어떤 일이 벌어집니까? 한국 땅에서 죄를 지었다면 당연히 한국의 법에 따라 재판을 받아야 합니다. 그런데 그들은 미국인의 신분을 내세우곤 합니다. 즉, 한국이 아닌 미국 법정에서 재판받겠다는 것입니다. 어떻게든 벌을 피하기 위해 1등 국민으로서 자존심마저 버리는 것입니다. 솔선수범은커녕 지은 죄에 대한 벌도 피하려고 애씁니다. 그래서 여러 번 한국 사람들이 억울한 일을 당하기도 했습니다.

이처럼 세상 사람들은 죗값을 피하기 위해 법과 규례마저 이용합니다. 하지만 그리스도인인 우리들은 달라야 합니다. 비록 이 땅에 살기 때문에 세상의 법과 규례의 틀 안에서 살지만, 정작 우리를 다스리는 법과 규례는 하나님 나라의 것입니다. 하나님께서 정하신 법과 규례를 좇는 백성이 세상의 법과 규례로부터 자유한 것은 하나님의 법과 규례가 세상보다 더욱 엄격하고 완전하기 때문입니다.

그런데 그리스도인들이 하나님의 법과 규례를 지키기는커녕 교회 안의 문제를 세상 법정으로 들고 갑니다. 본문의 고린도교회 교인들 중 일부가 그랬습니다. 오늘날에도 역시 많은 그리스도인이 세상 법정에 의지하려고 합니다. 마치 죄를 짓고도 반성하지 않는 미국인들처럼, 세상 법정에 기대어 하나님의 법과 규례를 무력화하려고 합니다.

하지만, 교회의 일을 세상으로 들고 나가는 순간 어쩌면 스스로 성도의 지위를 포기하는 것이 될 수 있습니다. 하나님의 의를 인정하지 않는 것이기 때문입니다. 죄와 허물로 가득한 우리들을 위하여 십자가에서 흘리신 예수님의 고귀한 피를 세상의 인간적인 방법으로 설명할 수 없습니다. 우리는 이러한 하나님의 의를 지켜나가야 합니다. 예수 그리스의 사랑은 하나님의 공의를 만족시키셨고 이 사실을 성령님께서 깨닫게 해 주심으로 우리는 이 땅에서도 천국의 복을 누리며 삽니다. 천국의 복을 누리는 천국 시민이 하나님의 의를 포기하는 일은 절대로 없어야 합니다.

세상 사람들을 심판할 권세를 가진 우리들입니다

세상이 교회의 일을 판단하고 간섭하고 나서는 것은 옳지 않습니다. 오히려 본문 말씀은 성도가 세상을 판단하고 심판해야 한다는 사실을 강조합니다. 바울은 "세상도 너희에게 판단을 받겠거든 지극히 작은 일 판단하기를 감당하지 못하겠느냐(고전 6:2)?"고 하면서 심지어 장차 성도들이 천사들까지도 판단하게 될 것이라고 이야기합니다(고전 6:3).

본문에서 주목한 것은 우리의 유익이 아니라 하나님의 의입니다. 그래서 바울은 형제간의 일을 판단할 만한 지혜가 정말 너희 가운데 없단 말인가(고전 6:5)라는 핀잔과 함께 고발도 고발이지만 성도들이 믿지 않는 자들 앞에서 재판을 받아야 하겠느냐(고전 6:6), 차라리 불의를 당하고, 속는 것이 낫지 않겠느냐고 호통하는 것입니다. 한국 교회가 분명히 경청해야 할 말씀입니다.

그러나 안타까운 것은 이러한 바울의 권면과는 달리 교회의 송사에서 지면 세상 법정으로 가는 사람들이 있습니다. 그런데 문제는 세상의 견해와 교회의 법이 다를 경우입니다. 세상 법정에서 이겼다고 교회법을 무시하게 된다면 정말 이것은 작은 일이 아닙니다. 세상의 법은 구속력이 있습니다. 그러나 교회의 법은 스스로 지키지 않으면 문제가 됩니다. 그래서 더더욱 성도들은 불의를 당하거나 속는 일이 있을지언정 교회의 문제를 세상 법정으로 들고 나가는 일이 없어야 합니다.

하나님 나라를 유업으로 받지 못할 자들

바울은 소송의 문제를 언급하는 중에 고린도교회의 교인들 가운데 불의한 자들을 제거하라고 명령합니다. 하나님은 죄를 미워하십니다. 악한 것과 거짓과 불의와 행악 자를 미워하십니다(시 5:5, 31:6, 45:7). 그리스도의 의를 힘입지 않은 자, 곧 불의한 상태로는 하늘나라에 들어갈 수가 없습니다(롬 3:28). 예수 그리스도를 믿노라고 하면서 그에 합당한 삶을 살지 않는 것은 그리스도의 의를 헛되게 하는 것입니다(약 2:14-26).

바울은 송사의 문제를 이야기하다가 별안간 불의한 일들을 열거합니다. 그 이유는 당시 고린도교회 교인들이 스스로 지혜가 있고 확고한 신앙 위에 서 있다고 생각하는 교만 때문에 불의를 행하고 서로 속였기 때문입니다. 그들은 서로 형제라고 부르면서 죄를 범하는 일을 서슴지 않았기 때문에 바울은 자신 앞에 적나라하게 드러난 죄목들을 다시 한번 열거하는 것입니다.

불의한 자가 하나님의 나라를 유업으로 받지 못할 줄을 알지 못하느
냐 미혹을 받지 말라 음행하는 자나 우상 숭배하는 자나 간음하는 자
나 탐색하는 자나 남색하는 자나 도적이나 탐욕을 부리는 자나 술 취
하는 자나 모욕하는 자나 속여 빼앗는 자들은 하나님의 나라를 유업
으로 받지 못하리라(고전 6:9-10).

그러나 바울은 고린도교회 성도들을 사랑합니다. 혹시라도 구원의
길에서 멀어질까 염려하는 마음으로 격려합니다.

너희 중에도 이와 같은 자들이 있더니 주 예수 그리스도의 이름과 우
리 하나님의 성령 안에서 씻음과 거룩함과 의롭다 하심을 받았느니라
(고전 6:11).

성도의 신분을 다시 한번 확인시켜 주고 있지만, 정작 중요한 것은
"너희 중에도 이와 같은 자들이 있더니"라는 말씀입니다. 바울은 절대
로 해서는 안 되는 일들, 즉 하나님의 나라를 유업으로 받지 못한 일들
을 먼저 열거하였습니다. 음행과 우상 숭배, 간음과 색을 탐하는 일들!
무엇보다 '인권'을 운운하며 끊임없이 도전하는 동성애는 정말 심각한
문제라 하지 않을 수 없습니다. 뿌리쳤음에도 불구하고 '날마다' 요셉
을 유혹하는 보디발의 아내처럼(창 39:10) 그리스도인들의 반대에 부딪

혀 그만두는 것처럼 엎드려 있다가도 또다시 고개를 드는 저들입니다. 예수님께서 오셔서 심판하는 그날까지 포기하지 않을 것 같습니다. 그러나 돌아서게 해야 합니다. 도적들도, 탐욕을 부리거나 술 취하는 자들도, 모욕하고 속여 빼앗는 자들까지도 주 예수 그리스도의 이름과 우리 하나님의 성령 안에서 죄씻음과 거룩함과 의롭다 하심을 받을 수 있도록 해야 합니다. 그래서 바울도 고린도교회 성도들로 하여금 자신들의 과거를 생각하고 더욱 구원의 길로 나아갈 수 있도록 격려합니다.

형제가 형제와 더불어 고발할 뿐더러 믿지 아니
하는 자들 앞에서 하느냐 너희가 피차 고발함으로 너희
가운데 이미 뚜렷한 허물이 있나니 차라리 불의를 당하
는 것이 낫지 아니하며 차라리 속는 것이 낫지 아니하냐

고전 6:6-7

〈삶〉으로 이어 주는 Q&A

1. 세상 법정에서 이기면 자신의 명예가 회복되었다고 할
수는 있습니다. 그런데 그로 인해 하나님의 영광을 가
리게 된다면 우리는 어떻게 해야 합니까? 나의 억울함
을 해결하기 위하여 교회의 법을 어기는 것이 옳은 일
입니까?

2. 종인 요셉은 주인인 보디발의 아내가 저지른 불법에 대
해 항의하거나 변명하지 않습니다. 죽을 수 있는 감옥
에 갇혔지만, 묵묵히 순종합니다. 그 이유가 무엇이라
고 생각합니까?

66

자신의 생각을 자유롭게 적어 보세요!

99

16장. 너희 몸으로 하나님께 영광을

[12]모든 것이 내게 가하나 다 유익한 것이 아니요 모든 것이 내게 가하나 내가 무엇에든지 얽매이지 아니하리라 [13]음식은 배를 위하여 있고 배는 음식을 위하여 있으나 하나님은 이것 저것을 다 폐하시리라 몸은 음란을 위하여 있지 않고 오직 주를 위하여 있으며 주는 몸을 위하여 계시느니라 [14]하나님이 주를 다시 살리셨고 또한 그의 권능으로 우리를 다시 살리시리라 [15]너희 몸이 그리스도의 지체인 줄을 알지 못하느냐 내가 그리스도의 지체를 가지고 창녀의 지체를 만들겠느냐 결코 그럴 수 없느니라 [16]창녀와 합하는 자는 그와 한 몸인 줄을 알지 못하느냐 일렀으되 둘이 한 육체가 된다 하셨나니 [17]주와 합하는 자는 한 영이니라 [18]음행을 피하라 사람이 범하는 죄마다 몸 밖에 있거니와 음행하는 자는 자기 몸에 죄를 범하느니라 [19]너희 몸은 너희가 하나님께로부터 받은 바 너희 가운데 계신 성령의 전인 줄을 알지 못하느냐 너희는 너희 자신의 것이 아니라 [20]값으로 산 것이 되었으니 그런즉 너희 몸으로 하나님께 영광을 돌리라

고린도전서 6:12-20

우리가 왜 이 땅에 살고 있으며, 무엇을 위해 세상에서 살고 있는가 하는 것은 참으로 중요한 질문입니다. "우리가 어떻게 살아야 잘 사는 것이며 종국에 우리 인생이 가야 하는 곳은 어디인가?" 역사가 기록된 이래 수많은 철학과 종교와 과학이 몸부림치며 이 문제를 붙들고 흔들었지만 성경만큼 경쾌한 대답을 주지 못했습니다. 그래서 『소요리문답』은 그 첫 번째 문답부터 성경을 요약하며 분명하게 인생의 목적을 기술합니다.

> 문1: 사람의 제일 되는 목적이 무엇입니까?
> 답 : 사람의 제일 되는 목적은 하나님을 영화롭게 하는 것과 영원토록 그를 즐거워하는 것입니다.

모든 만물은 하나님의 뜻(목적)에 따라야 합니다

모든 만물은 하나님의 피조물입니다.

만물이 그로 말미암아 지은 바 되었으니 지은 것이 하나도 그가 없이
는 된 것이 없느니라(요 1:3).

히브리서 기자도 '믿음으로' 모든 세계가 "하나님의 말씀으로 지어진
줄 안다."고 고백합니다(히 11:3). 사람도 마찬가지입니다. 하나님께서
인간을 그의 형상대로 지으셨고, 정말 기뻐하셨습니다. 의(Righteousness)
와 진리(Truth)와 거룩(Holiness)함으로 지으시고(엡 4:24) 많은 특권을 주
셨습니다. 생육하고 번성하여 땅에 충만하라고 하셨고, 땅을 정복하여
다스리라고 하셨습니다(창 1:28). 피조물 중에서도 사람이 으뜸이라 하
여 우리 조상들도 인간을 만물의 영장이라고 했습니다. 해와 달과 별들
과 바다와 육지와 산과 들과 나무와 모든 동물 가운데 인간이 최고의 존
재입니다. 그래서 본문에서도 "모든 것이 가(可)하다."라고 선언합니다.
물론 바울은 모든 것이 다 유익한 것은 아님을 분명히 합니다(고전 6:12).
모든 것이 다 허용될 수 있는 '자유'를 가졌지만 목적에 위배되는 것은
결코 옳지 않다는 말씀입니다. 음식은 배를 위하여 배는 음식을 위하여
있지만, 이러한 것들은 다 폐하는 것들에 속합니다.

하나님은 이것 저것을 다 폐하시리라(고전 6:13).

그날이 오면 "다시는 주리지도 아니하며 목마르지도 아니하게(계
7:16)" 되기 때문입니다. 그러므로 우리의 몸이 음란을 위한 것이 아니고
주를 위한 것임을 알아야 합니다. 주님이 우리 인간을 구속하시되 영혼

만이 아니라 우리의 육체까지도 거룩한 것으로 구별하신 것입니다. 그래서 바울은 우리의 "몸은 음란을 위하여 있지 않고 오직 주를 위하여 있으며 주는 몸을 위하여 계시느니라(고전 6:13)."고 선포하고 있습니다.

그렇습니다. 우리들의 육신은 버려질 몸이 아닙니다. 그래서 바울은 로마의 성도들에게 "너희 안에 거하시는 그의 영으로 말미암아 너희 죽을 몸도 살리시리라(롬 8:11)."고 선언하며, 성령 안에서 우리들도 우리 몸의 속량을 기다린다는(롬 8:23) 사실을 강조합니다. 성도의 몸은 버려질 육신이 아니기 때문에 우리는 우리의 몸을 "하나님이 기뻐하시는 거룩한 산 제물로 드리는(롬 12:1)" 삶을 살아야 합니다.

> 그런즉 너희가 먹든지 마시든지 무엇을 하든지 다 하나님의 영광을 위하여 하라(고전 10:31).

> 이는 만물이 주에게서 나오고 주로 말미암아 주에게로 돌아감이라 그에게 영광이 세세에 있을지어다 아멘(롬 11:36).

우리의 몸, 즉 우리의 육신 성전도 마찬가지입니다

이미 바울은 성도의 육신이 주님 안에서 어떠한 의미를 갖는지를 이야기했습니다.

> 너희는 너희가 하나님의 성전인 것과 하나님의 성령이 너희 안에 계

시는 것을 알지 못하느냐(고전 3:16).

그는 이번 본문에서도 주님의 부활을 언급합니다. 고린도전서 6장 14절 말씀입니다. 하나님께서는 십자가 위에서 죽으신 예수님을 다시 살리십니다. 3일 만에 다시 사신 우리 주님의 부활은 육체적인 부활입니다. 그런데 이 구절에서 강조하는 선언의 핵심은 "또한 그의 권능으로 우리를 다시 살리시리라."는 것입니다. 굳이 성도들의 영광스러운 몸의 부활을 언급하는 것은 하나님께 영광을 돌려야 할 그 육신(몸)을 결코 음란의 도구로 삼아서는 안 되기 때문입니다.

> 너희 몸이 그리스도의 지체인 줄을 알지 못하느냐 내가 그리스도의 지체를 가지고 창녀의 지체를 만들겠느냐 결코 그럴 수 없느니라
> (고전 6:15).

교회는 예수님을 머리로 하는 우리 주님의 몸입니다. 따라서 성도들 각자는 예수 그리스도의 지체들입니다. 그러므로 모든 지체는 머리이신 그리스도의 영광과 그의 뜻대로 쓰임을 받아야 합니다. 따라서 성도의 몸을 음란한 데에 내어줄 수가 없습니다. 더구나 돌 감람나무이던 우리가 참 감람나무에 접붙임이 되어 참 감람나무의 열매를 맺어야 하는데, 도리어 불의를 행한다는 것은 있을 수 없는 일입니다.

그러므로 고린도전서 6장 15절 말미에 "결코 그럴 수 없느니라."라는 선포나 "창녀와 합하는 자는 그와 한 몸(고전 6:16)"이라는 선언은 '음행

을 피하라'는 명령이 단순히 도덕적 명령에 그치지 않고 그리스도와의 신령한 영적 결합에 치명적인 영향이 미치지 않도록 경계하라는 실제적이고 절대적인 신앙의 명령임을 다시 한번 강조하는 것입니다.

그런즉 너희 몸으로 하나님께 영광을 …

성경은 그리스도와 성도의 관계를 남녀의 결혼관계, 즉 신랑과 신부로 비유하고 있습니다(계 21:2, 9). 예수 그리스도를 구주로 믿고 자기의 구주가 되심을 고백하는 순간 성도들은 그리스도와 연합하여 하나가 됩니다. 이러한 영적 결합을 통하여 마치 신부와 신랑이 서로 닮아가는 것처럼, 식성이 닮아가고 생각과 삶의 방식이 닮아가는 것처럼, 그리스도인들의 삶은 신령한 모습으로 변화되어 갑니다. 이러한 입장에서 본다면 음행은 다른 육체적인 범죄 이상의 문제가 있는 것입니다.

사람이 범하는 죄마다 몸 밖에 있거니와 음행하는 자는 자기 몸에 죄를 범하느니라(고전 6:18).

결론은 분명합니다. 본문 말씀을 그대로 옮겨 놓습니다.

너희 몸은 너희가 하나님께로부터 받은 바 너희 가운데 계신 성령의 전인 줄을 알지 못하느냐 너희는 너희 자신의 것이 아니라 값으로 산 것이 되었으니 그런즉 너희 몸으로 하나님께 영광을 돌리라

(고전 6:19-20).

'내 안에 계신 성령님!', '성령님을 모시고 사는 성전으로서의 성도!', 성령님이 내주하시는 성전인 우리의 몸을 통하여 하나님께 영광을 돌리는 것은 모든 성도들의 마땅한 본분입니다. 그러므로 우리들은 하나님을 영화롭게 하며 영원토록 그를 즐거워해야 합니다. '오직 영광을 하나님께(*Soli Deo Gratia*, 唯主榮光)!' 돌리며 살아야 합니다. 믿음으로, 말씀으로, 언제나 하나님을 의지하되 동행함으로 하나님을 기쁘시게 하는 성도들이 되시기 바랍니다.

너희 몸은 너희가 하나님께로부터 받은 바 너희 가
운데 계신 성령의 전인 줄을 알지 못하느냐 너희는 너
희 자신의 것이 아니라 값으로 산 것이 되었으니 그런
즉 너희 몸으로 하나님께 영광을 돌리라

고전 6:19-20

〈삶〉으로 이어 주는 Q&A

1. 영적인 것만 거룩한 것이 아닙니다. 성도들의 육신을
   바로 '성령의 전'이라 불렀습니다. 성전의 개념이 무엇
   인지 확인한 다음 성도들의 몸이 왜 성전인지 생각해
   봅시다.

2. 예수님도(마 26:65; 막 14:64), 바울도(행 21:19) 모두 '성
   전모독죄'라는 오해를 받아 고난을 받았습니다. 우리
   몸으로 지은 죄가 왜 성전모독이 되는지 알아봅시다.

17장. 그리스도인의 가정 윤리

¹너희가 쓴 문제에 대하여 말하면 남자가 여자를 가까이 아니함이 좋으나 ²음행을 피하기 위하여 남자마다 자기 아내를 두고 여자마다 자기 남편을 두라 ³남편은 그 아내에 대한 의무를 다하고 아내도 그 남편에게 그렇게 할지라 ⁴아내는 자기 몸을 주장하지 못하고 오직 그 남편이 하며 남편도 그와 같이 자기 몸을 주장하지 못하고 오직 그 아내가 하나니 ⁵서로 분방하지 말라 다만 기도할 틈을 얻기 위하여 합의상 얼마 동안은 하되 다시 합하라 이는 너희가 절제 못함으로 말미암아 사탄이 너희를 시험하지 못하게 하려 함이라 ⁶그러나 내가 이 말을 함은 허락이요 명령은 아니니라 ⁷나는 모든 사람이 나와 같기를 원하노라 그러나 각각 하나님께 받은 자기의 은사가 있으니 이 사람은 이러하고 저 사람은 저러하니라

고린도전서 7:1-7

바울은 고린도교회의 문제 중 하나가 결혼에 대한 것임을 지적합니다. 그러나 바울은 두 번이나 이러한 자신의 입장이 주님께서 직접 주신 명령(commandment)이 아니라 자기 스스로의 생각이며 권면(concession)임을 밝힙니다. 물론 우리들에게 있어서는 성경에 기록된 하나님의 말씀이지만, 당시 혼자 살고 있었던 바울의 입장에서는 결혼에 대해 하나님의 절대적인 명령이라고 말할 수 없었을 지도 모릅니다. 오히려 그리스도인의 가정윤리로서, 각각 받은 다른 은사의 관점에서 윤리적 판단을 할 것을 요구하는 것이 최선이었을 것입니다.

때문에 바울은 자신처럼 홀로 지내기를 원하면서도 "각각 하나님께 받은 자기의 은사가 있으니 이 사람은 이러하고 저 사람은 저러하니라 (고전 7:7)."고 합니다. 심지어 지난 고린도전서 6장에서 다룬 고린도교회의 분쟁과 음행 문제를 상기시키면서, (너희가 쓴 말에 대하여는) "남자가 여자를 가까이 아니함이 좋으나 음행을 피하기 위하여 남자마다 자기 아내를 두고 여자마다 자기 남편을 두라(고전 7:1-2)."고 명령합니다.

성경에서 말하는 결혼이 주는 유익

신구약 성경에 기록된 결혼의 유익함을 정리하면 다음과 같습니다.[1]

자손의 계대를 이어감	…생육하고 번성하여…충만하라	창 1:27-28
돕는 배필	내가 그를 위해 돕는 배필을 지으리라	창 2:18
위로자	이삭이 리브가를 인도하여…위로를…	창 24:67
물질적인 부요함	현숙한 자의 남편은… 산업이 핍절하지 아니하겠으며	잠 31:11
심리적 안정감	남편에게 선을 행하고 악을 행하지 아니하느니라	잠 31:11-12
아름다운 결실	두 사람이 한 사람보다 나음은 그들이 수고함으로 좋은 상을…	전 4:9-12
즐거운 인생	두 사람이 함께 누우면 따뜻하거니와	전 4:11-12
도덕과 질서	음행을 피하기 위하여…	고전 7:1-9
하나님의 사역	아굴라와 브리스가처럼	고전 16:19
하나님의 뜻을 이룸	이 비밀이 크도다(32절)	엡 5:22-33

복음주의가정상담학회에서 발표한 내용 중 하나님께서 가정을 허락하신 목적을 네 가지로 요약하면 다음과 같이 정리할 수 있습니다.[2]

---

1 평신도를 위한 주제이기 때문에 도표에 제시된 핵심성경구절들은 『톰슨 II 성경』의 주해와 성서교재간행사의 『그랜드 종합주석』을 참고.
2 한재희 외, 『복음주의 가정상담학』 (서울: 기독교문서선교회, 2006), pp.11-26 요약.

첫째, 하나님의 형상을 드러내기 위함: 둘이 합하여 한 육체가 되는 비밀(엡 5:31-32)과 하나님이 자기 형상대로 남자와 여자를 창조하심(창 1:27)

둘째, 생육하고 번성하며, 세상에 대한 관리를 위탁하기 위함: 생육과 번성의 모판으로서의 가정이 되게 하셔서 피조물을 관리하고 위탁하게 하심(창 1:28)

셋째, 동반자로서 서로의 완성을 위함: 여전히 연약한 인간이지만 동반자로서 서로의 인생에 받침대가 되어 주는 존재로서 결혼이라는 제도를 허락하심(창 2:18)

넷째, 온전한 성적 기쁨을 누리게 하기 위함: 단순히 육체적인 욕구가 아닌 전인적인 결합의 기쁨을 주시기 위하여 결혼을 허락하심(고전 7:3-5).

서로 분방하지 말라 다만 …

'부부는 한 몸이다.' 이 말은 단순한 육체적인 결합을 말하는 것이 아니라 전인적인 일치를 의미합니다. 부부관계가 전인격적으로 하나가 되는 것이기에 성적 관계를 무시하고 영적인 것만을 주장하는 것 역시 동의하지 않습니다. 또한 결혼을 단순히 음행을 피하기 위한 도구로나 자손을 생산하기 위한 수단으로도 여기지 않습니다.

본문에서 분방하다는 말은 물리적으로 각방을 사용하는 것이나 부부 간 성적 관계의 거부만을 의미하는 것이 아닙니다. 본래 분방하다는 말의 헬라어는 '아포스테레오(ἀποστερέω)'입니다. 이는 '속이다', '도둑질하다'라는 뜻입니다. 따라서 본문에서 사용된 '분방'은 배우자의 권리(고전 7:3-4)를 부인하거나 그 인격적 권한까지도 도둑질하는 것을 의미합니다. 즉 바울이 주장하는 바는 이유 여하를 떠나서 남편이나 아내 중 어느 한 사람의 일방적 결정으로 별거하는 것은 상대방의 권리를 무시하는 것이라는 사실입니다.

그러나 '다만' 예외가 있습니다. 합의하면 가능합니다. 하지만 조건이 있습니다. '기도할 틈을 얻기 위해서'입니다. 물론 이 말은 기도할 때라고 해서 무조건 부부생활을 중단하라는 것이 아니고 특별한 목적 아래 기도에 몰두할 필요가 있을 때를 말하며, '다시 합하라'는 말은 정상적인 부부생활의 중요성을 다시 한번 확인한 것입니다. 또한 인간의 성적 욕구는 본능이기 전에 음행으로 이어질 수 있는 연약한 부분이기 때문에 별거기간이 길어지면 사단이 끼어들어 부도덕한 방법으로 성적인 만족을 얻도록 유혹할 가능성이 있음을 경고한 것입니다.

명령은 아니지만 나와 같기를 …

바울은 이러한 자신의 주장이 허락이요 권면[3]이며, 명령은 아니라는 사실을 밝힙니다. 즉, ① 결혼 문제(고전 7:2) ② 분방에 대한 권면과 ③ 독신생활(고전 7:7) 등인데 이것은 어느 하나만 두고 한 말일 수도 있고,

---

3 옛 번역본은 권도(勸道)로 표기하고 있다.

셋을 다 이야기했다고 볼 수도 있습니다. 바울은 할 수만 있다면 "모든 사람이 나와 같기를 원하노라."고 선포합니다. 바울처럼 모든 사람이 독신이기를 바란다는 내용입니다. 바울은 결혼을 반대하지 않습니다. 그러나 주의 재림이 임박했다고 믿고 있기 때문에 자신의 의견을 이렇게 진술한 것입니다. 그래서 바울은 최종적으로 결혼에 대하여 "사람들마다 각각 하나님께 받은 은사가 있으니 이 사람은 이러하고 저 사람은 저러하니라."라고 선언합니다.

여러분들은 어디에 속합니까? 이미 남편과 아내가 있는 분들은 착실한 부부가 될 것을 명령하고 있습니다. 그러나 과거가 어떠하든 바울은 현재는 독신(single)입니다. 그러므로 이 권면은 현재 각자의 입장에서 자신의 은사를 확인하여 적용해야 하는 것입니다.

음행을 피하기 위하여 남자마다 자기 아내를 두
고 여자마다 자기 남편을 두라 남편은 그 아내에 대한
의무를 다하고 아내도 그 남편에게 그렇게 할지라

고전 7:2-3

〈삶〉으로 이어 주는 Q&A

1. 일반적으로 결혼은 하나님의 창조질서에 순종하는 행
   위로 봅니다. 나의 관점에서 결혼이 주는 유익이 있다
   면 어떤 것이 있습니까?

2. 바울이 독신을 강조하는 몇 가지 이유가 있습니다. 첫
   째, 윤리적 측면에서 둘째, 종말론적인 상황에서 셋째,
   은사론적인 입장에서 설명합니다. 이 부분에 대한 자
   신의 생각을 정리해 봅시다.

묵상의 잔에 담긴 쪽지

"

자신의 생각을 자유롭게 적어 보세요!

"

18장. 부르심을 받은 그대로

⁸내가 결혼하지 아니한 자들과 과부들에게 이르노니 나와 같이 그냥 지내는 것이 좋으니라 ⁹만일 절제할 수 없거든 결혼하라 정욕이 불 같이 타는 것보다 결혼하는 것이 나으니라 ¹⁰결혼한 자들에게 내가 명하노니 (명하는 자는 내가 아니요 주시라) 여자는 남편에게서 갈라서지 말고 ¹¹(만일 갈라섰으면 그대로 지내든지 다시 그 남편과 화합하든지 하라) 남편도 아내를 버리지 말라 ¹²그 나머지 사람들에게 내가 말하노니 (이는 주의 명령이 아니라) 만일 어떤 형제에게 믿지 아니하는 아내가 있어 남편과 함께 살기를 좋아하거든 그를 버리지 말며 ¹³어떤 여자에게 믿지 아니하는 남편이 있어 아내와 함께 살기를 좋아하거든 그 남편을 버리지 말라 ¹⁴믿지 아니하는 남편이 아내로 말미암아 거룩하게 되고 믿지 아니하는 아내가 남편으로 말미암아 거룩하게 되나니 그렇지 아니하면 너희 자녀도 깨끗하지 못하니라 그러나 이제 거룩하니라 ¹⁵혹 믿지 아니하는 자가 갈리거든 갈리게 하라 형제나 자매나 이런 일에 구애될 것이 없느니라 그러나 하나님은 화평 중에서 너희를 부르셨느니라 ¹⁶아내 된 자여 네가 남편을 구원할는지 어찌 알 수 있으며 남편 된 자여 네가 네 아내를 구원할는지 어찌 알 수 있으리요 ¹⁷오직 주께서 각 사람에게 나눠 주신 대로 하나님이 각 사람을 부르신 그대로 행하라 내가 모든 교회에서 이와 같이 명하노라 ¹⁸할례자로서 부르심을 받은 자가 있느냐 무할례자가 되지 말며 무할례자로 부르심을 받은 자가 있느냐 할례를 받지 말라 ¹⁹할례 받는 것도 아무 것도 아니요 할례 받지 아니하는 것도 아무 것도 아니로되 오직 하나님의 계명을 지킬 따름이니라 ²⁰각 사람은 부르심을 받은 그 부르심 그대로 지내라 ²¹네가 종으로 있을 때에 부르심을 받았느냐 염려하지 말라 그러나 네가 자유롭게 될 수 있거든 그것을 이용하라 ²²주 안에서 부르심을 받은 자는 종이라도 주께 속한 자유인이요 또 그와 같이 자유인으로 있을 때에 부르심을 받은 자는 그리스도의 종이니라 ²³너희는 값으로 사신 것이니 사람들의 종이 되지 말라 ²⁴형제들아 너희는 각각 부르심을 받은 그대로 하나님과 함께 거하라

고린도전서 7:8~24

결혼을 통해 가정을 이루는 것은 하나님의 창조질서의 보존이나 하나님의 역사의 운행과 섭리와도 관계가 있습니다. 그러므로 그리스도인에게 결혼은 남자와 여자의 사랑의 결실이라는 의미 이상의 특별함을 가집니다. 그래서 바울 역시 결혼을 하라고 명령합니다. 그런데 한편으로 바울은 복음과 종말을 강조하는 입장에서 독신을 더욱 강조하기도 합니다. 물론 이것이 바울의 권도(勸導)로 바울의 의견을 피력한 것일 뿐이지만, 생각해 볼 것이 많습니다. 바울이 왜 혼란스럽게 결혼과 독신을 모두 말하고 있을까요? 바울이 그렇게 주장한 것을 이해하기 위해서는 이러한 권면에서 반복되는 구절들을 살펴보아야 합니다.

> 오직 주께서 각 사람에게 나눠 주신 대로 하나님이 각 사람을 부르신 그대로 행하라(고전 7:17).

각 사람은 부르심을 받은 그 부르심 그대로 지내라(고전 7:20).

형제들아 너희는 각각 부르심을 받은 그대로 하나님과 함께 거하라 (고전 7:24).

나와 같이 그냥 지내는 것이 좋으니라

유대인으로서 산헤드린공회원이기도 했던 바울은 분명히 결혼 경력이 있었을 것입니다.[1] 그러나 현재의 바울은 분명한 독신입니다. 사별인지 헤어진 것인지는 알 수 없으나 본문은 "결혼하지 아니한 자들과 과부들에게 이르노니(고전 7:8)", "처녀에 대하여는 … 내 생각에는 이것이 좋으니(고전 7:25)"라고 하며 "그냥 지내는 것이 좋으니라."고 선포합니다. 고린도전서 7장 전체를 근거로 바울의 독신에 대한 견해를 정리하면 다음의 표와 같습니다.

하나님의 은사	모든 사람이 나와 같기를 원하노라 그러나 각각 하나님께 받은 자기의 은사가 있으니	고전 7:7
좋은 편의 선택	그냥 지내는 것이 좋으니라 그냥 지내는 것이 더욱 복이 있으리로다	고전 7:8 고전 7:40

---

1   유대의 법은 결혼한 사람이요 자녀를 가진 아버지만이 산헤드린 회원이 될 수 있다고 못박고 있습니다(Talmud Sanhedrin 36b, Soncino ed., vol. 1, 229). 사도 바울이 엄격한 바리새인이었던 것을 기억한다면, 바울은 유대인의 신성한 의무인 결혼을 무시하지 않았을 뿐 아니라, 산헤드린 회원이었기 때문에 자녀도 있었다는 사실을 알 수 있습니다(Mishnah Yebamoth 6. 6, Sonciano ed. of the Talmud, vol. 1, 411).

절제할 수 있다면	절제할 수 없거든 결혼하라 정욕이 불 같이 타는 것보다 결혼하는 것이 나으니라	고전 7:9
환난의 날의 신앙 무장	임박한 환난으로 말미암아 사람이 그냥 지내는 것이 좋으니라	고전 7:26
현재의 결혼이 중요함	네가 아내에게 매였느냐? 놓이기를 구하지 말며…	고전 7:27
상대방의 뜻	…자기 뜻대로 할 권리가 있어서 그 약혼녀를 그대로 두기로 하여도 잘하는 것	고전 7:37
더 나은 선택	결혼하지 아니하는 자는 더 잘하는 것 그냥 지내는 것이 더욱 복이 있으리로다	고전 7:38 고전 7:40

그리스도인의 이혼 문제

분명히 본문은 결혼을 하라고 이야기합니다. 특히 인간의 본능이기도 한 정욕의 문제 때문에라도 결혼을 해야 한다고 말합니다. 하지만, "그냥 지내는 것이 좋으니라(고전 7:8).", "결혼하는 자도 잘하거니와 결혼하지 아니하는 자는 더 잘하는 것이니라(고전 7:38).", "그러나 내 뜻에는 그냥 지내는 것이 더욱 복이 있으리로다(고전 7:40)."라는 등의 말씀들은 무게중심이 어디로 치우쳐 있는지 잘 설명해 주고 있습니다.

그러나 바울은 현재의 상황을 중요하게 생각합니다. 그래서 결혼한 자들에게 교훈합니다. 이 명령은 바울의 생각이 아니고 주님의 명령이라고 밝힙니다(고전 7:10). 그는 "여자는 남편에게서 갈라서지 말고 (만일 갈라섰으면 그대로 지내든지 다시 그 남편과 화합하든지 하라) 남편도 아내를 버리지 말라(고전 7:1-11)."고 합니다. 간단한 명령이지만 가정윤리에 있어서 매우 중요한 가르침입니다. 바울은 아내나 남편을 귀히 여기지 아니하면 기도가 막힌다고까지 이야기한 적이 있습니다(벧전 3:7).
아내나 남편을 귀하게 여기시기 바랍니다.

배우자가 불신자인 경우에 대해서도 바울은 교훈을 줍니다. 다만, 주
님의 명령이 아니고 자신의 생각임을 전제하면서 설명합니다. 신자인
경우에는 이혼이 불가하지만 불신자의 경우에는 상황이 다릅니다. 물론
그리스도인으로서 먼저 결혼을 파기해서는 안 됩니다. 그리스도인인 남
편이 아내를 버려서도 안 되며(고전 7:12), 아내가 남편을 버려서도 안 됩
니다(고전 7:13). 그러나 "믿지 아니하는 자가 갈리거든 갈리게 하라."는
것입니다. 더구나 이 일에 구애될 것이 없다고 이야기합니다(고전 7:15).

하나님은 화평 중에 우리들을 성도로 부르셨습니다. 다시 말해 믿는
아내로 말미암아 불신자인 남편이 구원받을 수도 있고, 믿는 남편으로
말미암아 아내가 구원받을 수 있음을 놓쳐서는 안 됩니다(고전 7:16). 그
러므로 부부는 함부로 헤어질 수 없습니다.

각 사람은 부르심을 받은 그대로

사람마다 은사가 다르다는 것이 이번 본문 말씀의 결론입니다. 독신
으로 살든 결혼을 하든, 주의 재림이 임박한 오늘의 현실을 생각하면,
사람들마다 각각 "하나님께 받은 자기의 은사가 있으니 이 사람은 이러
하고 저 사람은 저러하니라(고전 7:7)."고 이미 선언하였습니다.

본문은 "각 사람이 부르심을 받은 그대로"를 이야기합니다. 현실적으
로 주어진 상황을 강조하는 말씀입니다. 이미 결혼한 사람이 하나님의

뜻을 운운한다거나 바울의 주장을 핑계해서는 안 됩니다. "부르심을 받은 그대로!"가 중요합니다. 우리들의 삶의 목적이 분명해야 합니다.

결혼한 사람이라면 그에게 주어진 책임과 의무가 있습니다. 그리스도인이 자신의 책임을 회피하거나 의무를 등한히 하는 것은 결코 덕스럽지도 못하거니와 윤리적으로도 용납될 수 없습니다. 독신으로 사는 것이 더 유익하다는 것도 사실은 하나님의 영광을 위한 것이어야 합니다. 생색을 내기 위한 것이거나 자신의 목적을 위한 핑계거리로 독신을 이야기해서는 안 됩니다.

우리는 부르심을 '소명'이라고 합니다. 부르심을 받은 자는 부르심에 합당한 삶을 살아야 합니다. 모든 일을 겸손과 온유로, 오래 참음과 사랑으로, 평안의 매는 줄로, 성령님이 하나 되게 하신 것을 가정을 통해서도 힘써 지켜야만 하는(엡 4:1-3) 것입니다.

너희는 값으로 사신 것이니 사람들의 종이 되지
말라 형제들아 너희는 각각 부르심을 받은 그대로 하나
님과 함께 거하라

고전 7:23-24

〈삶〉으로 이어 주는 Q&A

1. 바리새인들이 "모세는 이혼 증서를 주어서 (아내를) 버리
   라 명하였나이까?"라고 하자, 예수님은 "너희 마음의 완
   악함 때문에 아내 버림을 허락하였거니와 본래는 그렇지
   아니하니라(마 19:7-8)."고 하셨습니다. 이미 결혼한 사람
   이라면 하나님께서 가정을 허락하신 본래의 목적이 무엇
   입니까?

2. 오늘의 말씀에 근거하여 내가 교회에 덕을 세우기 위하여
   할 수 있는 일이 무엇인지를 열거해 봅시다.

"

"

자신의 생각을 자유롭게 적어 보세요!

19장. 주님을 기쁘시게 하라

²⁵처녀에 대하여는 내가 주께 받은 계명이 없으되 주의 자비하심을 받아서 충성스러운 자가 된 내가 의견을 말하노니 ²⁶내 생각에는 이것이 좋으니 곧 임박한 환난으로 말미암아 사람이 그냥 지내는 것이 좋으니라 ²⁷네가 아내에게 매였느냐 놓이기를 구하지 말며 아내에게서 놓였느냐 아내를 구하지 말라 ²⁸그러나 장가 가도 죄 짓는 것이 아니요 처녀가 시집 가도 죄 짓는 것이 아니로되 이런 이들은 육신에 고난이 있으리니 나는 너희를 아끼노라 ²⁹형제들아 내가 이 말을 하노니 그 때가 단축하여진 고로 이 후부터 아내 있는 자들은 없는 자 같이 하며 ³⁰우는 자들은 울지 않는 자 같이 하며 기쁜 자들은 기쁘지 않은 자 같이 하며 매매하는 자들은 없는 자 같이 하며 ³¹세상 물건을 쓰는 자들은 다 쓰지 못하는 자 같이 하라 이 세상의 외형은 지나감이니라 ³²너희가 염려 없기를 원하노라 장가 가지 않은 자는 주의 일을 염려하여 어찌하여야 주를 기쁘시게 할까 하되 ³³장가 간 자는 세상 일을 염려하여 어찌하여야 아내를 기쁘게 할까 하여 ³⁴마음이 갈라지며 시집 가지 않은 자와 처녀는 주의 일을 염려하여 몸과 영을 다 거룩하게 하려 하되 시집 간 자는 세상 일을 염려하여 어찌하여야 남편을 기쁘게 할까 하느니라 ³⁵내가 이것을 말함은 너희의 유익을 위함이요 너희에게 올무를 놓으려 함이 아니니 오직 너희로 하여금 이치에 합당하게 하여 흐트러짐이 없이 주를 섬기게 하려 함이라 ³⁶그러므로 만일 누가 자기의 약혼녀에 대한 행동이 합당하지 못한 줄로 생각할 때에 그 약혼녀의 혼기도 지나고 그같이 할 필요가 있거든 원하는 대로 하라 그것은 죄 짓는 것이 아니니 그들로 결혼하게 하라 ³⁷그러나 그가 마음을 정하고 또 부득이한 일도 없고 자기 뜻대로 할 권리가 있어서 그 약혼녀를 그대로 두기로 하여도 잘하는 것이니라 ³⁸그러므로 결혼하는 자도 잘하거니와 결혼하지 아니하는 자는 더 잘하는 것이니라 ³⁹아내는 그 남편이 살아 있는 동안에 매여 있다가 남편이 죽으면 자유로워 자기 뜻대로 시집 갈 것이나 주 안에서만 할 것이니라 ⁴⁰그러나 내 뜻에는 그냥 지내는 것이 더욱 복이 있으리로다 나도 또한 하나님의 영을 받은 줄로 생각하노라

고린도전서 7:25-40

바울은 고린도전서 7장에서 마지막까지 독신을 강조합니다. 그러나 바울은 이러한 독신생활이 금욕주의자로서 결혼제도 자체를 부인하거나 결혼을 죄로 보는 것이 결코 아님을 분명히 합니다. 동시에 독신생활이 좋다고 자랑하는 것도 아닙니다. 목적이 분명합니다. 그것은 바로 하나님을 기쁘시게 하는 데 유리하다는 것입니다. 본문 말씀을 다음과 같이 네 부분으로 나눌 수 있습니다.

첫째, 처녀들에게 독신을 권합니다(25-28절).

둘째, 종말의 때에는 장차 도래할 하나님의 나라에 집중해야 합니다 (29-31절).

셋째, 독신이 유익한 점을 소개합니다(32-35절).

넷째, 처녀를 자녀로 둔 부모들에게 권면한 다음(36-38절), 마지막으로 홀로 된 이들에게 다시 권면합니다(39-40절).

그는 시대적인 상황을 강조합니다. 즉, 임박한 환난을 피하기 위해서입니다. 그리고 결혼하면 아내는 남편을, 남편은 아내를 기쁘게 해야 하는데, 그 와중에 배우자에게 마음을 빼앗길 수밖에 없으므로 주님만 기쁘시게 할 수 없기 때문이라는 것입니다.

결혼하는 것도 정말 잘하는 것입니다

결혼하는 자도 잘하거니와(고전 7:38 상).

계속 독신 이야기를 하다 보면 독신이 옳은 것처럼 보입니다. 바울에게는 분명한 결혼관이 있습니다. 고린도전서 7장 전체에 걸쳐 분명하게 나타납니다. 바울이 말하는 바른 결혼관을 도표로 정리하면 다음과 같습니다.

결혼의 이유	음행을 피하기 위하여 자신의 신앙 순결을 위해	고전 7:2
결혼의 의무	피차간에 서로의 의무를 다하라. 임의로 분방하지 말라.	고전 7:3-5
결혼의 상대	가능하면 성도들끼리 결혼하라.	고전 7:10-16
이혼에 대하여	이혼보다는 화평한 방법을 택하라.	고전 7:10-16
불신 배우자	이미 결혼한 경우에는 억지로 이혼하지 말라. 불신 배우자가 회심함으로 신앙을 갖게 하라.	고전 7:12-15 고전 7:14-16
결혼 생활은?	자녀들에게 모범이 됨으로 본받게 생활하라. 결혼으로 신앙적인 의무를 소홀히 하지 말라.	고전 7:14 고전 7:32-35
결혼의 강제성	타인의 강요에 의한 결혼을 하지 말라. 자신의 뜻 안에서 결혼을 하되 주안에서 하라.	고전 7:36-38 고전 7:39

자칫 문자대로 해석하면 결혼 문제에 대하여 오해할 수 있습니다. 때문에 결혼하지 않는 것이 더 좋다는 바울의 견해가 "너희가 쓴 문제에 대하여 말하면(고전 7:1)"이라는 단서를 전제로 한 것임을 잊지 않아야 합니다. 하나님의 창조질서에 따라 남자와 여자는 결혼하여 가정을 이뤄야 합니다. 부부가 연합하여 생육하고 번성하여 땅에 충만해야 합니다(창 1:27-28).

또한 고린도전서 7장에 나타난 바울의 결혼관은 고린도교회의 비윤리적인 상황과 연관이 있는 가르침들입니다. 그래서 "음행을 피하기 위하여 결혼하라(고전 7:2).", "남편과 아내의 의무를 다하라(고전 7:3-4).", "분방하지 말라(고전 7:5)."는 등의 교훈을 제시한 것입니다. 이 가르침들은 당시 혼란을 겪고 있던 고린도교회 성도들을 위한 것이었지만, 오늘날에도 반드시 기억되어야 할 바람직한 기독교 결혼관입니다.

독신의 유익한 점

초대교회 당시에는 그리스도의 재림이 임박하였다는 종말사상이 팽배해 있었습니다. 바울도 예수 그리스도의 재림 전에 예고된 대환난이 곧 있게 되리라고 믿었습니다. 그래서 대환난의 시기가 닥쳤을 때 결혼한 사람들이 가족을 돌봐야 하는 책임으로 그만큼 더 큰 어려움이 있을 것이라고 생각한 것입니다. 이것이 바울이 독신을 강조한 첫 번째 이유이자 유익입니다.

두 번째의 유익은 모든 일을 그리스도에게 집중시킬 수 있다는 것입니다. 세상에 연연하지 않고 주님의 일에만 전념함으로써 주님을 기쁘시게 할 수 있기 때문입니다.

세 번째로 바울은 "이 세상의 외형은 지나감이니라(고전 7:31)."고 하면서 하나님 나라와의 관계에서 독신의 유익을 언급합니다. 흐트러짐이 없이 그리스도의 재림을 준비할 수 있기 때문입니다. 일례로 결혼한 사람들이 갖는 가장 큰 염려 가운데 하나가 바로 배우자를 향한 염려입니다. 그래서 바울은 "장가 간 자는 세상일을 염려하여 어찌하여야 아내를 기쁘게 할까(고전 7:33)?" 해야 하고, "시집 간 자는 세상일을 염려하여 어찌하여야 남편을 기쁘게 할까 하느니라(고전 7:34 하)."고 살짝 비꼬듯 교훈하고 있습니다. 즉, 이런 염려와 수고를 하지 않기 때문에 독신이 유익하다고 한 것입니다. 그렇지만 바울은 이러한 염려가 결혼을 막기 위한 올무가 아님을 다시 한번 강조합니다. 오히려 "오직 너희로 하여금 이치에 합당하게 하여 흐트러짐이 없이 주를 섬기게 하려 함이라(고전 7:35)."는 교훈처럼, 결혼을 하던 하지 않던 간에 하나님께서 주시는 이치에 합당한 각자의 삶을 선택하기를 권고한 것입니다.

종말과 하나님 나라

예수님에게 사두개인들이 찾아와 묻습니다. "사람이 자식이 없이 죽어서 그 동생이 형수에게 장가 들어 상속자를 세우려 하였는데 이 일이 일곱째까지 계속되면 죽은 후 그 여자는 누구의 아내가 되느냐?"는 것이었습니다. 예수님은 "부활 때에는 장가도 아니 가고 시집도 아니 가고 하늘에 있는 천사들과 같으니라(마 22:30)."고 대답하셨습니다. 하나님 나라는 시집가고 장가가는 곳이 아닙니다. "다시 죽을 수도 없나니 이는 천사와 동등이요 부활의 자녀로서 하나님의 자녀임이라(눅 20:36)." 천국은 모든 관계가 완성되어 오직 신랑 되신 예수님과 함께 모든 성도들은 동일한 지위를 갖습니다.

> 그러므로 결혼하는 자도 잘하거니와 결혼하지 아니하는 자는 더 잘하는 것이니라(고전 7:38).

결혼을 하였거나 하지 않았다고 해서 신분의 차이가 있는 것이 아니라는 사실을 밝히면서 바울은 재혼에 관하여 자신의 생각을 이야기합니다. 당시 결혼한 여성은 남편이 살아 있을 때 남편에게 매이지만 남편이 죽으면 자유롭게 됩니다. 그래서 남편이 죽은 후라면 재가할 수 있었습니다. 그런데 바울은 재가하려면 주 안에서만 가라고 권면합니다(고전 7:39). 더불어 그럴 때라도 재혼하기보다는 독신으로 지내면 더욱 복이 있다고(고전 7:40) 강조합니다. 바울은 왜 재가보다 독신으로 지내는 것이 좋다고 했을까요? 저는 바울이 재혼을 '정욕'의 문제로 해석했기 때문이라고 봅니다. 오늘날에도 가장 골치 아픈 문제들의 다수가 '정욕'에서 비롯됩니다. '정욕'은 이 땅에서 '결혼'이 주는 관계의 완성을 망칠 뿐만 아니라, 우리 주님과의 연합이라는 궁극적인 관계의 완성도 망가뜨

립니다. 그래서 바울도 역설적으로 결혼을 해야 하는 이유 가운데 하나가 바로 '정욕'이라고(고전 7:9) 한 것인지도 모릅니다.

사실 결혼은 하나님이 이 땅에서 인간에게 허락하신 가장 완벽한 관계의 완성입니다. 하나님은 결혼을 통해 생육하고 번성하라고 하셨습니다. 그러므로 특별한 경우를 제외하면 모든 인간은 결혼을 통해 생육하고 번성케 해야 합니다. 이러한 하나님의 뜻을 너무 잘 아는 바울이 독신을 강조하는 이유는 아마도 그의 종말론적 시대관에 큰 영향을 받은 탓으로 보입니다. 바울은 계속해서 임박한 종말과 연관을 지어 독신이 더 좋은 이유를 설명합니다. 그는 우주적인 종말이 곧 이를 것이라고 생각한 듯합니다. 그래서 "내 생각에는 이것이 좋으니 곧 임박한 환난으로 말미암아 사람이 그냥 지내는 것이 좋으니라(고전 7:26)."고 표현하고 있습니다.

아내와 남편이 있는 사람들과는 달리 독신자들은 어떻게 하면 주님을 기쁘시게 할 수 있을까만 생각하면 되기 때문에 더 좋다는 것입니다. 바울은 계속해서 임박한 종말과 연관을 지어 독신이 더 좋은 이유를 설명합니다. "내 생각에는 이것이 좋으니 곧 임박한 환난으로 말미암아 사람이 그냥 지내는 것이 좋으니라(고전 7:26)."는 표현은 '우주적인 종말론'을 염두에 두고 한 말입니다. 그러나 70년이든 80년이든 이 땅에서 살다가 요단강을 건너야 하는 '개인적인 종말'과 함께 이 땅에 살아가면서 반드시 죽어야 사는 '육신적인 종말'의 가장 큰 방해꾼은 '정욕'일 것입니다. 그래서 바울도 결혼을 해야 하는 이유 가운데 하나를 '정욕' 때문이라고 (고전 7:9) 한 것인지도 모릅니다.

내가 이것을 말함은 너희의 유익을 위함이요 너희에게 올무를 놓으려 함이 아니니 오직 너희로 하여금 이치에 합당하게 하여 흐트러짐이 없이 주를 섬기게 하려 함이라

고전 7:35

〈삶〉으로 이어 주는 Q&A

1. 독신이든 기혼이든 그리스도인은 '하나님께 영광을 돌리는 일'이 더 중요합니다. 독신자와 기혼자 중 하나님께 영광을 돌리는 데 유리한 쪽은 어디입니까?

2. 결혼 여부와 상관없이 현재의 자리가 중요합니다. 주님이 기쁘시도록 섬기기 위한 나의 계획과 생각을 정리해 봅시다.

20장. 형제를 실족하지 않게 하라

[1]우상의 제물에 대하여는 우리가 다 지식이 있는 줄을 아나 지식은 교만하게 하며 사랑은 덕을 세우나니 [2]만일 누구든지 무엇을 아는 줄로 생각하면 아직도 마땅히 알 것을 알지 못하는 것이요 [3]또 누구든지 하나님을 사랑하면 그 사람은 하나님도 알아 주시느니라 [4]그러므로 우상의 제물을 먹는 일에 대하여는 우리가 우상은 세상에 아무 것도 아니며 또한 하나님은 한 분밖에 없는 줄 아노라 [5]비록 하늘에나 땅에나 신이라 불리는 자가 있어 많은 신과 많은 주가 있으나 [6]그러나 우리에게는 한 하나님 곧 아버지가 계시니 만물이 그에게서 났고 우리도 그를 위하여 있고 또한 한 주 예수 그리스도께서 계시니 만물이 그로 말미암고 우리도 그로 말미암아 있느니라 [7]그러나 이 지식은 모든 사람에게 있는 것은 아니므로 어떤 이들은 지금까지 우상에 대한 습관이 있어 우상의 제물로 알고 먹는 고로 그들의 양심이 약하여지고 더러워지느니라 [8]음식은 우리를 하나님 앞에 내세우지 못하나니 우리가 먹지 않는다고 해서 더 못사는 것도 아니고 먹는다고 해서 더 잘사는 것도 아니니라 [9]그런즉 너희의 자유가 믿음이 약한 자들에게 걸려 넘어지게 하는 것이 되지 않도록 조심하라 [10]지식 있는 네가 우상의 집에 앉아 먹는 것을 누구든지 보면 그 믿음이 약한 자들의 양심이 담력을 얻어 우상의 제물을 먹게 되지 않겠느냐 [11]그러면 네 지식으로 그 믿음이 약한 자가 멸망하나니 그는 그리스도께서 위하여 죽으신 형제라 [12]이같이 너희가 형제에게 죄를 지어 그 약한 양심을 상하게 하는 것이 곧 그리스도에게 죄를 짓는 것이니라 [13]그러므로 만일 음식이 내 형제를 실족하게 한다면 나는 영원히 고기를 먹지 아니하여 내 형제를 실족하지 않게 하리라

고린도전서 8:1-13

이 본문의 주제는 우상에게 드려진 제물에 관한 문제입니다. 당시 고린도교회는 우상에게 드린 제물을 먹어도 되느냐는 문제로 상당한 혼란에 빠지게 되었습니다.

고린도는 그리스의 아가야 지방의 수도로 우상 숭배가 상당히 만연되어 있었습니다. 대부분의 대중집회가 모두 신전을 중심으로 이루어졌을 뿐만 아니라 고린도 사람들의 생활 자체가 신전 중심의 우상 제사로 되어 있었습니다. 그래서 엄청난 제물들이 제사장들에게 주어졌으며, 이 제물의 대부분이 다시 시장으로 공급되면서 일반 고기와 우상의 제물이었던 고기를 구별하기 어려웠던 것입니다.

그래서 본문 마지막 절에도 바울은 "만일 음식이 내 형제를 실족하게 한다면 나는 영원히 고기를 먹지 아니하여(고전 8:13)"라는 표현으로 우상의 제물과 고기를 동일시하고 있는 것입니다. 분명한 것은 바울은 이 문제를 우상의 제물 자체에 두기보다는 하나님과의 관계에서 그리고 이웃과의 관계에서 풀어 가고 있다는 사실입니다.

지식은 교만하게 하나 사랑은 덕을 세웁니다

우상의 제물에 대하여는 우리가 다 지식이 있는 줄을 아나
(고전 8:1 상).

바울은 우상의 제물에 대하여 누구나 나름대로 자기 입장을 가지고 있다고 인정합니다. 그들이 가진 나름의 지식들을 존중한 것입니다. 그렇지만 더 중요한 것은 '사랑'이라는 것을 강조합니다. 그래서 바울은 지식의 한계를 지적합니다.

누구든지 무엇을 아는 줄로 생각하면 아직도 마땅히 알 것을 알지 못하는 것이요(고전 8:2).

하나님에 대하여 또한 우상의 제물에 대하여 많이 알고 있는 듯 보이지만 사실은 부분적으로 알고 있을 뿐이라는 이야기입니다. 대체로 잘 안다고 착각하는 지식이 교리적인 범위를 넘지 못한다는 것입니다. 그러나 하나님에 대한 사랑은 하나님을 알게 하며, 하나님을 사랑하면 하나님도 그 사람을 알아주신다는 것입니다. 사도 요한도 이와 같은 맥락에서 교훈한 적이 있습니다.

사랑하는 자들아 우리가 서로 사랑하자 사랑은 하나님께 속한 것이니 사랑하는 자마다 하나님으로부터 나서 하나님을 알고 사랑하지 아니

하는 자는 하나님을 알지 못하나니 이는 하나님은 사랑이심이라
(요일 4:7-8).

베드로도 같은 권면을 합니다. 믿음이 먼저입니다. 믿음이 없이 행하는 어떤 덕목도 유익이 없습니다. 그 다음은 덕을 세우는 삶이어야 합니다. 세상에서도 지략이 뛰어난 장수(智將)나 용감한 장군(勇將)보다 덕장(德將)을 우선으로 여기는 것은 아무리 많은 것을 갖추었다 하더라도 덕망이 없으면 껍데기에 불과하기 때문입니다. 이러한 기초 위에 지식과 절제와 인내와 경건을 더해 가야 합니다. 그러나 그 마지막은 사랑입니다. 이 모든 것의 최종 목적은 결국 사랑이어야 하기 때문입니다.

그러므로 너희가 더욱 힘써 너희 믿음에 덕을, 덕에 지식을, 지식에 절제를, 절제에 인내를, 인내에 경건을, 경건에 형제 우애를, 형제 우애에 사랑을 더하라(벧후 1:5-7).

바울의 우상 제물과 음식에 대한 견해는 로마서에서도 읽을 수 있습니다. 로마서 14장에서 음식 문제로 믿음이 연약한 자들을 비판하거나 비방하지 말라고 교훈한 바울은, 로마서 15장에서 이러한 문제는 오히려 믿음이 강한 우리들이 감당해야 할 역할이므로 "믿음이 강한 우리는 마땅히 믿음이 약한 자의 약점을 담당하고 자기를 기쁘게 하지 아니할 것이라 우리 각 사람이 이웃을 기쁘게 하되 선을 이루고 덕을 세우도록 할지니라(롬 15:1-2)."라고 함으로써 '건덕생활(健德生活)'이 얼마나 중요

한가를 교훈하고 있습니다.

우상과 우상 제물

고린도교회 교인들에게 있어서 우상이나 우상 제물은 매우 심각한 문제였습니다. 그래서 바울은 고린도전서 10장에서 우상 숭배에 대한 문제를 다시 한번 거론합니다. 그러나 본문 8장에서도 "우상은 세상에 아무 것도 아니며 또한 하나님 한 분밖에 없는 줄 아노라(고전 8:4)."고 선언하면서 "비록 하늘에나 땅에나 신이라 불리는 자가 있어 많은 신과 많은 주가 있으나 그러나 우리에게는 한 하나님 곧 아버지가 계시니(고전 8:5-6)"라고 설명합니다.

이 말씀은 우상 자체가 아무것도 아니기 때문에 우상 앞에 드려진 제물도 아무것도 아니라는 이야기입니다. 종종 질문을 받는 구절이 "많은 신과 많은 주가 있어"라는 문구입니다. 이것은 실제로 많은 신과 주가 있다는 것이 아니라 그 앞에 나오는 "비록 하늘에나 땅에나 신이라 불리는 자가 있어"에서 보듯이 옛날 번역본대로 "신이라 칭하는 자들이 있어"라는 구절을 염두에 두어야 합니다. 실제로 존재하는 것이 아니라 '칭하고 있지만', '불리고 있지만'이라는 뜻입니다. 물론 그 배후에는 사탄이라는 존재가 있고, 그것이 고린도의 경우 제우스나 바다의 포세이돈이라는 이름으로 불리고 있지만 오직 한 하나님, 한 주 예수 그리스도를 믿는 우리들에게는 아무것도 아니라는 것입니다.

그래서 바울은 "음식은 우리를 하나님 앞에 내세우지 못하나니 우리가 먹지 않는다고 해서 더 못사는 것도 아니고 먹는다고 해서 더 잘사는 것도 아니니라(고전 8:8)."고 설명한 것입니다. 로마서를 통해서 바울의 생각을 좀 더 분명하게 확인할 수 있습니다. 바울은 "음식으로 말미암아 하나님의 사업을 무너지게 하지 말라 만물이 다 깨끗하되 거리낌으로 먹는 사람에게는 악한 것이라(롬 14:20)."라고 주장했습니다. 그러면서 "의심하고 먹는다든지 믿음으로 하지 않는 게 죄"라는 것입니다(롬 14:23). 그래서 바울은 본문에서도 우상 제물을 먹느냐 마느냐 하는 문제를 이야기하면서 한 분이신 하나님에 대한 믿음을 강조하고 있는 것입니다.

믿음(하나님 사랑) 다음으로는 형제 사랑입니다

바울은 하나님에 대한 지식이나 우상 제물에 대한 견해를 밝히는데, 그에 따르면 우상 제물을 편하게 먹을 수는 있지만 믿음이 약한 형제가 이것을 보고 약한 양심에 상처가 된다면 그것이 바로 그리스도에게 죄를 짓는 일이 된다(고전 8:12)고 주장합니다.

그렇다면 우상 앞에 있었던 음식을 먹어야 된다는 말입니까? 그리 하지 말라는 이야기입니까? 먹어도 되지만, 먹을 수도 있지만, 그 판단의 기준이 지식이 아니라는 것입니다. 양심이나 사랑이 기준이어야 하며, 결과적으로는 덕을 세우는 것이어야 한다는 것입니다. 그래서 바울도 고기를 먹는 것이 실족하게 하는 일이라면 영원히 고기를 먹지 않겠다고 선언한 것입니다(고전 8:13).

묵상의 잔에 담긴 말씀

그런즉 너희의 자유가 믿음이 약한 자들에게 걸려 넘어지게 하는 것이 되지 않도록 조심하라 … 이같이 너희가 형제에게 죄를 지어 그 약한 양심을 상하게 하는 것이 곧 그리스도에게 죄를 짓는 것이니라

고전 8:9-12

〈삶〉으로 이어 주는 Q&A

1. 우상에게 제사한 제물을 먹어도 좋습니까? 찬성과 반대의 입장을 정하고, 그 이유를 말해 봅시다.

2. 바울은 하나님 다음으로 이웃을 생각합니다. '건덕의 삶'이 어떠한 것인지 본문과 로마서 15장 1-3절을 참고하여 정리해 봅시다.

묵상의 잔에 담긴 쪽지

"

"

자신의 생각을 자유롭게 적어 보세요!

이야기 2

문제없는 교회가 없습니다 계 2:1~3:22

교회는 크게 '보이는 교회'와 '보이지 않는 교회'로 구분합니다. 이상적이면서도 완전한 교회는 '보이지 않는 교회(불가견교회)'입니다. 반면 실제로 이 땅에 존재하는 교회들은 모두 '보이는 교회(가견교회)'입니다. '보이는 교회'는 완전하지 않습니다. 늘 '보이지 않는 교회'를 닮기 위하여 노력하고, 완전을 이상으로 추구하며, 거룩해져 가는 교회입니다만, 여전히 많은 문제를 가지고 있습니다. 그래서 언제나 '거룩한 교회'에 대한 논쟁이 그치지 않습니다. 대표적인 교회가 '고린도교회'입니다. 사도 바울은 이와 같은 문제를 안고 있는 고린도교회의 성도들에게 편지를 보냅니다. '거룩한 교회'로 나아가기 위하여 여러 가지 문제점들을 지적합니다. 그리고 격려와 권면으로 훈계합니다.

지역 교회는 반드시 환경적인 영향을 받습니다. 고린도교회는 당시의 시대적인 상황과 아가야 지방의 수도로서 항구도시가 가지고 있는 문화적 배경과 무관하지 않습니다. 그래서 고린도전서를 읽어보면 파당 문제와 음행과 혼인 문제, 그리고 우상 제물과 은사 활용 문제들이 나타납니다. 한때 한국 교회도 이러한 문제로 어려움을 겪었고, 지금도 같은 문제로 어려움을 겪고 있는 교회가 많습니다. 그런데 더욱 심각한 것은 나타나는 종말의 징조로 인한 고통입니다. 적그리스도의 출현과 난리와 난리의 소문, 민족과 민족, 나라가 나라를 대적하되, 처처에 지진과 기근이 일어나고 믿는 사람들이 핍박을 받으며. 가정과 가족의 불화로 인하여 큰 환난을 당하게 될 것이라는 주님의 말씀이 그대로 나타나고 있기 때문입니다(막 3:5-13).

지금은 임박한 종말의 때입니다. 불신자들도 말세라는 말에 쉽게 동의합니다. 말 그대로 말세지말(末世之末)입니다. 성도들과 교회의 지도자들이 비난을 받고 교회가 폄훼를 당하고 있습니다. 종말의 때를 이야기하는 계시록이 지금 한국 교회의 문제점을 고스란히 보여 줍니다.

"하나님의 말씀과 예수를 증언하였음으로 말미암아 밧모라 하는 섬에" 있는 사도 요한이(계 1:9) 오른손에 일곱별을 가지고 일곱 촛대 사이를 거니시는 주님으로부터 음성을 듣습니다(계 1:17-20). 그 음성은 에베소교회, 서머나교회, 버가모교회, 두아디라교회, 사데교회, 빌라델비아교회, 라오디게아교회 등 일곱 교회에 대한 말씀입니다. 본문(계 2:1-3:22)은 이들 교회를 향한 책망과 칭찬입니다. 물론 칭찬만 받는 교회도 있고, 칭찬 없이 책망만 받는 교회도 있습니다. 그런데 더 자세히 보면 문제가 없는 교회가 없습니다. 서머나교회나 빌라델비아교회가 책망을 받지 않고 칭찬만 받았다고 합니다. 그러나 책망받을 일이 없어도 문제는 있습니다. 심지어 서머나교회는 환난과 궁핍을 당하였음에도 장차 더 큰 환난이 기다리고 있습니다(계 2:9-10). 비록 빌라델비아교회가 주님의 말씀을 지키고 이름을 배반하지 않았기에 책망을 받지 않았지만, '작은 능력'이라는 말씀에 유의하시기 바랍니다(계 3:8). 더구나 이 말씀들은 당시 소아시아의 일곱 교회에 국한된 이야기가 아니라는 점이 중요합니다. 틀림없는 오늘의 한국 교회에 대한 말씀입니다.

한국 교회는 자랑이 많은 교회입니다. 한국 교회는 어려운 환경 가운데서도 수고와 인내로 악한 자들을 용납하지 않았습니다(계 2:2). 그래서 가장 짧은 기간에 가장 놀라운 성장을 경험한 교회입니다. 환난과 궁핍 중에도 고난을 두려워하지 아니하고(계 2:9-10) 믿음을 저버리지 아니한 교회입니다(계 2:13). 세계 역사상 백만 명 이상이 장대비를 맞으며 며칠씩이나 광장에서 기도한 교회, 군인부대에서 수백 명, 혹은 수천 명씩 동시에 세례를 받는 교회, 새벽에 기도하지 않는 교회가 없고, 아무리 어렵고 힘들어도 건물보다 교세보다 선교하는 것을 자랑하는 교회가 한국 교회입니다. 정말 작은 능력을 가지고도 큰일을 행하였습니다(계 3:8). "성장하였기 때문에 선교한 교회가 아니라, 선교하므로 성장한 교회가 한국 교회"입니다. 지나간 한국 교회의 역사를 이야기하면 이것이 소아시아 일곱 교회의 칭찬인지, 한국 교회의 자랑인지 구별하기가 어렵습니다.[1] 때문에 한국 교회의 역사를 되돌아보며 부정적인 요소만 짚어내고 자책해서는 안 됩니다. 한국 교회는 분명히 미래지향적이고 긍정적인 면이 많은 교회입니다.

그러나 그럼에도 결코 간과할 수 없는 것은 현존하는 문제점들과 그 결과입니다. 소아시아 일곱 교회의 문제점들이 그대로 한국 교회의 문제점이라는 사실은 매우 충격적입니다. 지금 소아시아 지방에 가 보면 이들 교회가 단 하나도 존재하지 않습니다. 때문에 성지를 순례하는 사람들은 그 당시의 흔적만 바라보고 돌아와야 합니다. 첫 사랑을 버린 결과입니다. 안타까운 것은 우리들도 처음 사랑을 버렸다는 사실입니다(계 2:4). 과거의 그 열정이 어디로 가버렸는지 알 수가 없습니다. 발람과 발락의 교훈을 따르고 행음하되 니골라당의 교훈을 지키는 사람들(계 2:14), 혼합주의와 종교다원주의, 거기에 소돔과 고모라를 방불한 성도덕의 문란과 동성애 문제에 이르기까지 한국 교회의 당면 문제는 결코 작은 문제가 아닙니다. 이세벨이 행음을 용납하고 그 제물을 먹는가 하면(계 3:20-22), 교회는 있는데 죽은 것 같고(계 3:2), 차지도 않고 뜨겁지도 않은 미지근함은 정말 토해 버릴 수밖에 없는 상황에 이르렀다는 점입니다(계 3:15-16). 불의와 죄악에도 침묵합니다. 아니 피해 갑니다. 아

---

1 한국 교회 성장의 긍정적인 측면은 손윤탁, 『땅끝까지 끝날까지』 (서울: 한국장로교출판사, 2013), pp. 151-153을 참조할 것.

무리 제사장이 많고 레위인이 많아도 '강도 만난 한국 교회'를 피해 가면 소용이 없습니다(눅 10:30-36). '교회다운 교회'는 "가서 너도 이와 같이 하라(눅 10:37)." 말씀하시는 주님의 명령에 순종해야 합니다.

해결 방법이 있습니다. 지금도 늦지 않습니다. 귀 있는 자는 성령이 교회들에게 하시는 말씀을 들으라고 하십니다. 말씀대로 순종하여야 합니다. 오늘의 현실을 바로 직시하고 "어디서 떨어졌는지를 생각하고 회개하여 처음 행위를 가져야 합니다(계 2:5)." 열정을 회복하여야 합니다. "네가 죽도록 충성하라(계 2:10)."고 하시며, 욕심을 버리되 "있는 것을 굳게 잡고(계 2:25), 빼앗기지 않게 하라(계 3:11)."고 하십니다. "불로 연단한 금을 사서 부요하게 하고 흰 옷을 사서 입어 벌거벗은 수치를 보이지 않게 하고, 안약을 사서 눈에 발라 보게 하라. ⋯ 열심을 내라 회개하라(계 3:18-19)."

정말 말씀대로 믿고, 말씀대로 살아야 합니다. 입술만의 개혁이 아니라 실제적인 변화와 순종, 그리고 실천의 새 바람이 불어야 합니다.

더 깊은 〈묵상〉으로 가는 Q&A

1. 우리 교회의 자랑과 긍지가 무엇인지를 확인해 봅시다. 긍정적인 생각과 칭찬받을 거리가 문제 해결을 위한 큰 실마리가 되기 때문입니다.

2. 문제가 없는 교회는 없으며, 또한 문제점을 알지 못하면 거룩해질 수 없습니다. 한국 교회의 당면 문제와 우리가 고쳐야 할 점들을 정리해 봅시다.

3. 하나님의 일은 하나님이 하십니다. 그러나 하나님은 사람을 통하여 일하십니다. 문제의 해결 방법을 신앙적인 면과 일반적인 방법으로 나누어 제시해 봅시다.

21장. 바울의 자기 변증

¹내가 자유인이 아니냐 사도가 아니냐 예수 우리 주를 보지 못하였느냐 주 안에서 행한 나의 일이 너희가 아니냐 ²다른 사람들에게는 내가 사도가 아닐지라도 너희에게는 사도이니 나의 사도 됨을 주 안에서 인친 것이 너희라 ³나를 비판하는 자들에게 변명할 것이 이것이니 ⁴우리가 먹고 마실 권리가 없겠느냐 ⁵우리가 다른 사도들과 주의 형제들과 게바와 같이 믿음의 자매 된 아내를 데리고 다닐 권리가 없겠느냐 ⁶어찌 나와 바나바만 일하지 아니할 권리가 없겠느냐 ⁷누가 자기 비용으로 군 복무를 하겠느냐 누가 포도를 심고 그 열매를 먹지 않겠느냐 누가 양 떼를 기르고 그 양 떼의 젖을 먹지 않겠느냐 ⁸내가 사람의 예대로 이것을 말하느냐 율법도 이것을 말하지 아니하느냐 ⁹모세의 율법에 곡식을 밟아 떠는 소에게 망을 씌우지 말라 기록하였으니 하나님께서 어찌 소들을 위하여 염려하심이냐 ¹⁰오로지 우리를 위하여 말씀하심이 아니냐 과연 우리를 위하여 기록된 것이니 밭 가는 자는 소망을 가지고 갈며 곡식 떠는 자는 함께 얻을 소망을 가지고 떠는 것이라 ¹¹우리가 너희에게 신령한 것을 뿌렸은즉 너희의 육적인 것을 거두기로 과하다 하겠느냐 ¹²다른 이들도 너희에게 이런 권리를 가졌거든 하물며 우리일까보냐 그러나 우리가 이 권리를 쓰지 아니하고 범사에 참는 것은 그리스도의 복음에 아무 장애가 없게 하려 함이로다 ¹³성전의 일을 하는 이들은 성전에서 나는 것을 먹으며 제단에서 섬기는 이들은 제단과 함께 나누는 것을 너희가 알지 못하느냐 ¹⁴이와 같이 주께서도 복음 전하는 자들이 복음으로 말미암아 살리라 명하셨느니라 ¹⁵그러나 내가 이것을 하나도 쓰지 아니하였고 또 이 말을 쓰는 것은 내게 이같이 하여 달라는 것이 아니라 내가 차라리 죽을지언정 누구든지 내 자랑하는 것을 헛된 데로 돌리지 못하게 하리라 ¹⁶내가 복음을 전할지라도 자랑할 것이 없음은 내가 부득불 할 일임이라 만일 복음을 전하지 아니하면 내게 화가 있을 것이로다 ¹⁷내가 내 자의로 이것을 행하면 상을 얻으려니와 내가 자의로 아니한다 할지라도 나는 사명을 받았노라

¹⁸그런즉 내 상이 무엇이냐 내가 복음을 전할 때에 값없이 전하고 복음으로 말미암아 내게 있는 권리를 다 쓰지 아니하는 이것이로다 ¹⁹내가 모든 사람에게서 자유로우나 스스로 모든 사람에게 종이 된 것은 더 많은 사람을 얻고자 함이라 ²⁰유대인들에게 내가 유대인과 같이 된 것은 유대인들을 얻고자 함이요 율법 아래에 있는 자들에게는 내가 율법 아래에 있지 아니하나 율법 아래에 있는 자 같이 된 것은 율법 아래에 있는 자들을 얻고자 함이요 ²¹율법 없는 자에게는 내가 하나님께는 율법 없는 자가 아니요 도리어 그리스도의 율법 아래에 있는 자이나 율법 없는 자와 같이 된 것은 율법 없는 자들을 얻고자 함이라 ²²약한 자들에게 내가 약한 자와 같이 된 것은 약한 자들을 얻고자 함이요 내가 여러 사람에게 여러 모습이 된 것은 아무쪼록 몇 사람이라도 구원하고자 함이니 ²³내가 복음을 위하여 모든 것을 행함은 복음에 참여하고자 함이라 ²⁴운동장에서 달음질하는 자들이 다 달릴지라도 오직 상을 받는 사람은 한 사람인 줄을 너희가 알지 못하느냐 너희도 상을 받도록 이와 같이 달음질하라 ²⁵이기기를 다투는 자마다 모든 일에 절제하나니 그들은 썩을 승리자의 관을 얻고자 하되 우리는 썩지 아니할 것을 얻고자 하노라 ²⁶그러므로 나는 달음질하기를 향방 없는 것 같이 아니하고 싸우기를 허공을 치는 것 같이 아니하며 ²⁷내가 내 몸을 쳐 복종하게 함은 내가 남에게 전파한 후에 자신이 도리어 버림을 당할까 두려워함이로다

고린도전서 9:1–27

　　　　　　　역사상 사도 바울보다 더 위대하고 훌륭한 신학자나 목회자, 또 뛰어난 선교사가 없었다는 것이 일반적인 견해입니다. 그런데 오늘날 그렇게 존경받는 바울은 정작 누구보다 큰 고통과 어려움을 겪었고 비난과 공격의 대상이 되어야 했습니다. 물론 그는 그런 어려움에도 불구하고 늘 당당했습니다. 예수 그리스도의 사도로서 스스로에 대한 분명한 확신을 갖고 있었기 때문입니다. 그래서 바울은 고난과 핍박 중에서도 예수 그리스도의 복음을 전하는 일에 전력하였습니다. 이번 본문은 바울의 사도성에 대하여 의문을 제기하는 자들을 향한 바울의 자기변증입니다. 스스로의 자긍심으로 자신을 변호합니다. 우리 옛 어른들도 이와 유사한 교훈을 가지고 있었습니다.

> 인필자모 연후 인모야(人必自侮 然後 人侮也, 자기 스스로를 업신여기는 자는 반드시 다른 사람들에게도 업신여김을 받으리라.)

사람이 자기 스스로 업신여기면 그 후에는 다른 사람도 자기를 업신여긴다는 말입니다. 바꾸어 말하면 자기 스스로에 대한 긍지를 갖지 못하면 남에게 업신여김을 받을 수밖에 없다는 말입니다. 바울도 믿음의 아들인 디모데와 디도에게 같은 교훈을 합니다.

누구든지 네 연소함을 업신여기지 못하게 하고(딤전 4:12 상).

너는 이것을 말하고 권면하며 모든 권위로 책망하여 누구에게서든지 업신여김을 받지 말라(딛 2:15).

나이가 많고 적음에 따라, 키가 크거나 아니면 작다고, 학문이 출중하거나 아니면 그렇지 않다고 남에게 업신여김을 받을 이유가 없습니다. 스스로 자신에 대한 긍지를 지켜야 합니다. 바울은 긍지가 대단했습니다. 이러한 당당함은 교만함과는 다릅니다. 아니 오히려 겸손에 가깝습니다. 열두 제자 중의 한 사람도 아니고, 또 탁발도 하지 않고 자기 직업을 가졌으며, 유대인들 앞에서는 유대인처럼 하다가 이방인들 앞에서는 이방인처럼 사는 사람이라며 변덕쟁이라는 조롱까지 듣게 되지만, 바울은 이러한 비난에 대하여 조목조목 반박하며 자기 자신을 변증하고 있습니다.

내가 자유인이 아니냐? 사도가 아니냐?

바울은 "내가 왜 사도가 아니냐?"고 스스로를 변호합니다. 특별히 바울은 다른 사람들이 자신에게 사도가 아니라고 말할지라도 고린도교회 성도들인 너희가 이 일의 증인이 아니냐고 강변합니다. 바울이 고린도교회의 어려운 문제점들을 지적하고 권면하자 반발하는 사람들이 생겼고, 이에 대하여 자신의 사도직의 정당함을 역설하는 것입니다(고후 12:11-12; 갈 1:15-2:10). 특히 이번 본문에서는 고린도교회가 그의 사역의 열매임을 강조하며, 다른 사도들과 마찬가지로 바울도 사도의 권리가 있음을 이야기합니다.

바울은 자신이 사도와 같다고 하면서도 탁발하지 않았습니다. 직업이 있었습니다. 단호하게 "자유인이 아니냐(고전 9:1)?"고 선포한 그는 "나를 비판하는 자들에게 변명할 것이 이것(고전 9:3)"이라고 하면서 다른 사도들과 비교합니다. 당시 예수님의 제자들은 예수님께서 하신 말씀을 좇아 따로 직업을 갖지 않았습니다.

> 너희 전대에 금이나 은이나 동을 가지지 말고 여행을 위하여 배낭이나 두 벌 옷이나 신이나 지팡이를 가지지 말라 이는 일꾼이 자기의 먹을 것 받는 것이 마땅함이라(마 10:9-10).

바울은 스스로 사도로 여겼기에 베드로처럼 아내를 데리고 다닐 수(고전 9:5) 있었고, 바나바처럼 일을 하지 않을 수도(고전 9:6) 있었습니다.

또한 자기 비용으로 생활하지 않는 군인처럼(고전 9:7), 혹은 성전에서 일하는 자들처럼 성전에서 나는 것을 먹을 수도(고전 9:13) 있었습니다. 하지만 자신이 이 권리를 쓰지 않고 범사에 참는 것은 자유자로서 그리스도의 복음에 아무 장애가 없게 하려는 이유 때문임을 분명히 합니다 (고전 9:12). 자기의 생계, 즉 먹고 살기 위해서 복음을 전한다는 오해를 받지 않겠다는 것입니다.

내가 복음을 전할지라도 … 부득불 할 일임이라

바울은 스스로 사도라고 할 만큼, 그리고 '사도냐?'고 묻는 자들에게 "내가 사도가 아니냐(고전 9:1)?"고 반문할 정도로 복음 전하는 일을 자랑스럽게 생각합니다. 그러나 정작 자신이 자랑할 것은 하나도 없다고 이야기합니다(고전 9:16). 내가 전하지 않으면 안 되기 때문에, "부득불 할 일"을 하기 때문이라고 밝힙니다. 이유는 "만일 복음을 전하지 아니하면 내게 화가 있을 것"이기 때문이라고 설명합니다. 그래서 바울은 이 것은 자의(自意)가 아니라 사명(使命)이라고 설명합니다(고전 9:17). 반드시 해야만 할 일이라는 것입니다.

스스로 자유를 핑계 삼아 주의 일을 거절하는 사람은 분명히 깨달아야 합니다. 상을 받든 못 받든 해야 할 일이 복음 전도입니다. 복음을 전해야 하기 때문에 바울은 자신의 권리를 다 쓰지 않는다고 이야기합니다. 더구나 "내 상이 무엇이냐?"고 반문하며, 자신이 받을 상도 없다고 선포합니다.

내가 모든 사람에게서 자유로우나 스스로 모든 사람에게 종이 된 것은 더 많은 사람을 얻고자 함이라(고전 9:19).

복음 전도를 위하여 모든 사람들에게까지 종이 되었다는 바울의 고백입니다. 종에게는 대가가 없습니다. 상도 없습니다. 그러면서도 바울은 고린도교회의 교인들에게 상을 받는 성도가 되라고 권면합니다. 운동장에서 달음질하는 자들이 다 달릴지라도 오직 상을 받는 사람은 한 명인 고로 너희도 이 상을 받도록 달음질하라고 권면합니다(고전 9:24).

여러 사람에게 여러 모양이 된 것은 …

바울에게 가장 많은 비난의 화살이 쏟아진 것은 '변덕쟁이'라는 이유 때문입니다. 예를 들어 바울은 베드로가 이방인과 함께 먹다가 야고보에게서 온 어떤 이들이 도착하자 자리를 피한 일을 두고 강하게 책망했습니다(갈 2:11-12). 당시 유대인들은 이방인과 함께 식사를 하지도 않았고, 그들에게 성령의 임재도 확신할 수 없다고 여겼습니다. 그리고 그들이 예수님을 믿으려면 할례를 받아야 한다고 주장하는 사람들마저 있었습니다. 베드로가 이러한 유대인의 인습을 따라 몸을 피한 것을 두고 바울은 강하게 비판한 것입니다. 그러면서 할례에 대해서도 그리스도 안에서 아무 유익이 없으며(갈 5:2), 효력이 없다고(갈 5:6)까지 선언합니다. 고린도전서 7장에서도 유사한 구절을 확인할 수 있습니다(고전 7:18-19). 그런데 그러한 바울이 정작 디모데를 데려다가 할례를 행하였습니다(행

16:3). 결국 자신의 주장과 행한 일이 일치되지 않으니까 '변덕쟁이'라는 소리를 듣게 된 것입니다.

그러나 바울은 '변덕'이 아니라 '다양성에 대한 존중'이라고 강변합니다. 다시 말해 유대인들에게 유대인같이 된 것은 유대인들을 얻고자 함이요, 이방인들에게 이방인처럼 된 것도 같은 목적이었다는 것입니다.

> 율법 없는 자에게는 내가 하나님께는 율법 없는 자가 아니요 도리어 그리스도의 율법 아래에 있는 자이나 율법 없는 자와 같이 된 것은 율법 없는 자들을 얻고자 함이라 약한 자들에게 내가 약한 자와 같이 된 것은 약한 자들을 얻고자 함이요 내가 여러 사람에게 여러 모습이 된 것은 아무쪼록 몇 사람이라도 구원하고자 함이니(고전 9:21-22).

복음을 위한 바울의 전략적 변화는 오늘날 다른 문화에 속한 사람들에게 전도하는 데 있어서 꼭 필요한 본보기가 되어줍니다. 비록 당시 반대자들의 눈에는 '이중인격자'로 비춰졌겠지만, 여러 사람에게 여러 모습'으로 다가서는 바울의 변화로부터 이방인들이 예수님을 온전하게 만날 수 있었기 때문입니다.

그러므로 나는 …

> 그러므로 나는 달음질하기를 향방 없는 것 같이 아니하고 싸우기를 허공을 치는 것 같이 아니하며 내가 내 몸을 쳐 복종하게 함은 내가

남에게 전파한 후에 자신이 도리어 버림을 당할까 두려워함이로다
(고전 9:26-27).

바울이 고린도전서 9장에서 내리는 마지막 결론은 운동선수들이 목적을 가지고 경기에 임하는 것처럼 그리스도인들도 그러해야 한다는 것입니다. 그래서 바울도 자기 몸을 쳐서 육신의 욕망과 죄의 본성을 영적인 일에 굴복시킨다는 것입니다. 여기에서 "남에게 전파한 후에 자신이 도리어 버림을 당할까 두려워함"에 대하여 많은 논쟁이 있지만 전통적인 해석은 구원에서 제외된다는 의미보다는 구원을 받는다 할지라도 하나님의 책망을 받을까 두렵다는 것으로 해석합니다. 성도로서의 방종에 대한 엄한 경고입니다.

묵상의 잔에 담긴 말씀

내가 내 몸을 쳐 복종하게 함은 내가 남에게 전파
한 후에 자신이 도리어 버림을 당할까 두려워함이로다

고전 9:27

〈삶〉으로 이어 주는 Q&A

1. 바울에게는 많은 대적자들이 있었습니다. 그의 사도직
   을 부정하는 자들을 향한 바울의 자기 변증을 이번 본
   문 말씀(고전 9:1-27)을 중심으로 정리해 봅시다.

2. 바울의 선교전략에서 "여러 사람에게 여러 모양"은 '선
   교 방법의 융통성'으로 평가를 받습니다. 바울이 궁극
   적으로 추구하는 1념이 무엇이며 이로 인하여 바울이
   당한 고통을 묵상해 봅시다.

22장. 넘어질까 조심하라

¹형제들아 나는 너희가 알지 못하기를 원하지 아니하노니 우리 조상들이 다 구름 아래에 있고 바다 가운데로 지나며 ²모세에게 속하여 다 구름과 바다에서 세례를 받고 ³다 같은 신령한 음식을 먹으며 ⁴다 같은 신령한 음료를 마셨으니 이는 그들을 따르는 신령한 반석으로부터 마셨으매 그 반석은 곧 그리스도시라 ⁵그러나 그들의 다수를 하나님이 기뻐하지 아니하셨으므로 그들이 광야에서 멸망을 받았느니라 ⁶이러한 일은 우리의 본보기가 되어 우리로 하여금 그들이 악을 즐겨 한 것 같이 즐겨 하는 자가 되지 않게 하려 함이니 ⁷그들 가운데 어떤 사람들과 같이 너희는 우상 숭배하는 자가 되지 말라 기록된 바 백성이 앉아서 먹고 마시며 일어나서 뛰논다 함과 같으니라 ⁸그들 중의 어떤 사람들이 음행하다가 하루에 이만 삼천 명이 죽었나니 우리는 그들과 같이 음행하지 말자 ⁹그들 가운데 어떤 사람들이 주를 시험하다가 뱀에게 멸망하였나니 우리는 그들과 같이 시험하지 말자 ¹⁰그들 가운데 어떤 사람들이 원망하다가 멸망시키는 자에게 멸망하였나니 너희는 그들과 같이 원망하지 말라 ¹¹그들에게 일어난 이런 일은 본보기가 되고 또한 말세를 만난 우리를 깨우치기 위하여 기록되었느니라 ¹²그런즉 선 줄로 생각하는 자는 넘어질까 조심하라 ¹³사람이 감당할 시험 밖에는 너희가 당한 것이 없나니 오직 하나님은 미쁘사 너희가 감당하지 못할 시험 당함을 허락하지 아니하시고 시험 당할 즈음에 또한 피할 길을 내사 너희로 능히 감당하게 하시느니라

고린도전서 10:1-13

하나님의 사람인 성도들이 이
세상에서 살아가는 목적은 너무나 분명합니다. 오직 하나님께 영광을
돌리기 위한 삶입니다. 하나님을 영화롭게 하는 삶이어야 합니다. 하나
님이 기뻐하시는 삶을 살되, 이 일을 영원토록 기뻐하고 즐거워하는 것
입니다.

충분히 그럴 만한 이유가 있습니다. 죄 가운데 죽을 수밖에 없는 우
리 인생을 위하여 아들을 보내셔서 우리를 구원하셨고, 이 일로 인하여
우리들은 영생을 얻었으며, 하나님의 자녀가 되는 권세도 누립니다. 바
울은 이스라엘 백성들의 출애굽 역사와 광야 40년의 삶을 가지고 이 일
을 설명하면서 우리의 본보기가 된다고 단언합니다(고전 10:6).

이스라엘은 홍해 가운데를 지났으며(고전 10:1), 그 구름과 바다 가운
데 구원(세례)을 받았습니다(고전 10:2). 신령한 음식(만나)과 신령한 반석
으로부터 신령한 물을 마셨습니다(고전 10:4). 구체적으로 바울은 "그 반
석은 곧 그리스도시라(고전 10:4 하)."는 설명까지 덧붙입니다. 안타깝게

도 이러한 사실을 제대로 받아들이지 않은 다수를 하나님께서 기뻐하지 않으신 고로 광야에서 멸망케 하셨다는 것입니다(고전 10:5). 이 예를 든 후 바울은 그리스도인이 조심해야 할 것들을 설명합니다. 하나님께서 세워 주셨는데 마치 내가 일어선 것처럼 여기지 말고 "선 줄로 생각하는 자는 넘어질까 조심하라(고전 10:12)."고 권고합니다.

일어선 자들에게 철저히 금하는 것은 우상 숭배입니다

고린도 지역은 우상 숭배가 지극히 극심했던 도시입니다. 일반인들은 물론 그리스도인들까지 항상 우상 숭배의 유혹을 받았습니다. 특히 이 도시에서 행해지는 이교도들의 종교 축제는 많은 사람들을 흥분시키기에 충분한 행사였습니다. 우상의 신전에서 열리는 축하 공연이나 연회, 그리고 길거리에서 행해지는 각종 향연은 고린도 지역의 주민들을 들뜨게 만들었습니다. 실제로 행사에 참여하는 그리스도인들도 많았을 것입니다. 마치 금송아지를 만들어 놓고 먹고 뛰놀던 과거의 이스라엘 백성들처럼(출 32:1-6) 말입니다.

하나님께서 싫어하시는 일들이 있습니다. 모양은 각기 다르지만 지금도 마찬가지입니다. 우상의 제단에서 즐거워하고 뛰어 노는 자들이 하나님의 거룩한 공회에 참여한다는 것은 절대 불가능한 일입니다. 우상 숭배는 하나님께서 철저하게 금하시는 일입니다. 넘어지는 일이 없어야 합니다.

그들과 같이 음행하지 않아야 합니다

성경에서 음행은 우상 숭배와 동일한 죄로 간주됩니다. 하나님 외에 다른 신을 섬기는 것이 영적 간음이듯이 자기 아내나 남편 외에 다른 이성에게 음흉한 마음을 품는 것은 큰 죄라는 것입니다.

헬라어로 간음이나 음행을 뜻하는 *피프라스코*(πιπράσχω)라는 말은 본래 '거래한다'는 의미를 가집니다. 즉, 성을 상품화하여 거래하는 것을 뜻하는데, 이른바 '매음(賣淫)'이라는 의미를 가집니다. 당시 고린도에는 주피터(Jupiter, 제우스의 영어식 표기)와 아프로디테(Aphrodite, 미[美]와 성[性]의 여신) 등의 신전이 있었으며, 여기에는 천여 명의 창기들이 있어서 매음으로 생활했다는 기록이 남아 있습니다. 이러한 문화에 젖어 있는 고린도 지역의 교회이기 때문에 성도들이 넘어질까 염려하는 것은 지극히 당연한 것입니다. 그래서 과거에 광야에서 음행의 연고로 2만 3천 명이 죽었던 사건을 교훈으로 삼아 이 일로 넘어지지 않도록 하라고 권면하는 것입니다.

하나님을 시험하는 일이 없어야 합니다

우리 인생에는 여러 시험이 있습니다. 좁은 의미에서는 고3 학생들이 치러야 하는 수능시험이나 각종 면허를 취득하기 위한 시험(test)처럼 일정한 자격요건을 갖추기 위해 치르는 시험도 있고, 넓은 의미에서는 우리가 살면서 겪는 여러 어려운 일들을 대개 시험이라고 표현합니다. 이런 시험들은 우리에게 때로 고통을 주지만, 일단 시험을 이겨내고 나면 얻는 복도 적지 않습니다. 그래서 시험이 오히려 기회라고 하는 사람마저 있습니다.

반면 반드시 피해야 할 시험(temptation)이 있습니다. 이 시험(유혹)은 사단이 하나님의 사람을 넘어뜨리려고 벌이는 모든 궤계로, 성도들은 누구나 여기에 넘어가지 않도록 늘 깨어 있어야 하고, 조심해야 합니다.

그런데 본문 말씀의 시험은 이러한 사단의 궤계보다 더 심각합니다. 즉, 감히 인간이 하나님을 대상으로 시험하고자 하는 방자함을 이르는 말입니다. 시험할 자격도 없는 자들이 가증하게 하나님을 시험하는 것은 불신앙이기도 하지만 하나님의 징벌을 자초하는 교만하기 이를 데 없는 행위입니다.

고린도교회 안에는 하나님의 오래 참으심과 신실하심, 그리고 그의 권능을 시험하려고 하는 자들이 있었습니다. 광야에서 이스라엘 백성들도 하나님을 시험한 적이 있었습니다. 그래서 불 뱀에 물리는 일로 큰 어려움을 겪었습니다. 물론 모세가 만든 구리 뱀을 쳐다 본 자들은 구원함을 받았지만 끝까지 불순종한 자들은 모두 뱀독이 온 몸에 퍼져서 죽고 말았습니다.

하나님은 경배와 찬양과 존귀와 영광을 받으실 분이십니다. 인간에게는 오직 순종해야 할 주권자이시지 시험의 대상이 될 수 없습니다.

원망하지 않아야 합니다

하나님을 기쁘시게 하는 것이 우리 인생의 목적이라고 말씀드렸습니다. 하나님께서 싫어하시는 일을 금해야 합니다. 하나님은 핑계하고 변명하고 남을 탓하는 것을 싫어하십니다.

'원망'은 변명과 핑계와 남을 탓하는 것을 한 데 모아 놓은 불평을 두고 하는 말입니다. 일이 제대로 되지 않는데 그 원인이 자신에게 있지 않다는 생각이 들면 원망이 따르기 마련입니다. 그 대상이 부모일 수도 있고, 윗사람일 수도 있습니다. 환경이나 상황을 탓할 때도 있습니다. 누구나 그럴 수 있는 가능성이 있습니다. 그래서 야고보는 종말시대를 사는 성도들을 향하여 "형제들아 서로 원망하지 말라 그리하여야 심판을 면하리라 보라 심판주가 문 밖에 서 계시니라(약 5:9)."고 교훈합니다.

이 장의 본문은 하나님에 대한 원망을 경고합니다. 멸망시키는 자에게 멸망당하지 않으려면 더욱 그래야 합니다. 적극적인 표현으로 이야기하면 원망이 아닌 감사하는 삶을 살아야 한다는 말씀입니다.

성도들도 시험을 당할 때가 있습니다. 그러므로 …

그러나 성도들도 부득이 넘어질 때가 있고 시험 당할 때가 있습니다. 특히 본문 마지막 말씀 구절은 마음의 중심이 믿음으로 바로 서 있고 넘어질까 조심하는 중에라도 시험을 당하는 자가 있다면 하나님께서 피하게 하시고 감당케 하신다는 희망적인 메시지를 던져 줍니다.

사람이 감당할 시험 밖에는 너희가 당한 것이 없나니 오직 하나님은 미쁘사 너희가 감당하지 못할 시험 당함을 허락하지 아니하시고 시험 당할 즈음에 또한 피할 길을 내사 너희로 능히 감당하게 하시느니라 (고전 10:13).

당할 수 없는 시험은 없습니다. 오리혀 기회로 삼는 지혜도 필요합니다. 동양의 교훈 중에도 군자는 길을 가다가 가로 놓인 돌을 보면 "누가 여기에 디딤돌을 갖다 두었구나!"하고 긍정적인 마음으로 지나가지만 소인배는 "누가 여기다가 거침돌을 두었느냐?"고 원망한다는 말을 기억할 필요가 있습니다. 시험은 능히 감당할 수 있다는 긍정적인 마음 정도가 아니라 오히려 깨어 기도함으로써 더 큰 하나님의 능력을 체험하는 기회로 삼아야 합니다.

묵상의 잔에 담긴 말씀

그런즉 선 줄로 생각하는 자는 넘어질까 조심하라

고전 10:12

〈삶〉으로 이어 주는 Q&A

1. 하나님께서 싫어하신 일들을 열거해 보고, 나에게 해당되는 일들을 확인해 봅시다.

2. 시험을 당하는 이유와 이를 극복하는 방법을 알아 본 후 특별히 본문과 야고보서 1장 2-4절을 묵상함으로 시험이 주는 유익이 무엇인지를 확인해 봅시다.

23장. 하나님의 영광을 위하여

¹⁴그런즉 내 사랑하는 자들아 우상 숭배하는 일을 피하라 ¹⁵나는 지혜 있는 자들에게 말함과 같이 하노니 너희는 내가 이르는 말을 스스로 판단하라 ¹⁶우리가 축복하는 바 축복의 잔은 그리스도의 피에 참여함이 아니며 우리가 떼는 떡은 그리스도의 몸에 참여함이 아니냐 ¹⁷떡이 하나요 많은 우리가 한 몸이니 이는 우리가 다 한 떡에 참여함이라 ¹⁸육신을 따라 난 이스라엘을 보라 제물을 먹는 자들이 제단에 참여하는 자들이 아니냐 ¹⁹그런즉 내가 무엇을 말하느냐 우상의 제물은 무엇이며 우상은 무엇이냐 ²⁰무릇 이방인이 제사하는 것은 귀신에게 하는 것이요 하나님께 제사하는 것이 아니니 나는 너희가 귀신과 교제하는 자가 되기를 원하지 아니하노라 ²¹너희가 주의 잔과 귀신의 잔을 겸하여 마시지 못하고 주의 식탁과 귀신의 식탁에 겸하여 참여하지 못하리라 ²²그러면 우리가 주를 노여워하시게 하겠느냐 우리가 주보다 강한 자냐 ²³모든 것이 가하나 모든 것이 유익한 것은 아니요 모든 것이 가하나 모든 것이 덕을 세우는 것은 아니니 ²⁴누구든지 자기의 유익을 구하지 말고 남의 유익을 구하라 ²⁵무릇 시장에서 파는 것은 양심을 위하여 묻지 말고 먹으라 ²⁶이는 땅과 거기 충만한 것이 주의 것임이라 ²⁷불신자 중 누가 너희를 청할 때에 너희가 가고자 하거든 너희 앞에 차려 놓은 것은 무엇이든지 양심을 위하여 묻지 말고 먹으라 ²⁸누가 너희에게 이것이 제물이라 말하거든 알게 한 자와 그 양심을 위하여 먹지 말라 ²⁹내가 말한 양심은 너희의 것이 아니요 남의 것이니 어찌하여 내 자유가 남의 양심으로 말미암아 판단을 받으리요 ³⁰만일 내가 감사함으로 참여하면 어찌하여 내가 감사하는 것에 대하여 비방을 받으리요 ³¹그런즉 너희가 먹든지 마시든지 무엇을 하든지 다 하나님의 영광을 위하여 하라 ³²유대인에게나 헬라인에게나 하나님의 교회에나 거치는 자가 되지 말고 ³³나와 같이 모든 일에 모든 사람을 기쁘게 하여 자신의 유익을 구하지 아니하고 많은 사람의 유익을 구하여 그들로 구원을 받게 하라

고린도전서 10:14-33

이미 고린도전서 8장에서 우
상의 제물에 대해 논한 바 있습니다. 고린도전서 10장에서 다시 우상과
제물의 문제를 거론하는 것은 이에 대한 결론이라고 볼 수 있습니다. 바
울은 우상은 아무것도 아니며 제물로 드려졌던 음식에 대해서도 자유하
다고 선언하지만, 동시에 성도들의 모든 행위와 음식의 문제는 남을 생
각하는 마음과 하나님의 영광을 위한 것이라고 결론을 짓습니다.

모든 것이 가하나 모든 것이 유익한 것은 아니요 모든 것이 가하나 모
든 것이 덕을 세우는 것은 아니니 누구든지 자기의 유익을 구하지 말
고 남의 유익을 구하라(고전 10:23-24).

그런즉 너희가 먹든지 마시든지 무엇을 하든지 다 하나님의 영광을
위하여 하라(고전 10:31).

우상의 제단에 참여하는 자에 대한 경고

우상 숭배가 극심했던 고린도 지역에서 우상의 제물이 다시 상품이 되어 나오는데, 이것을 구별하는 것은 쉬운 일이 아니었습니다. 그래서 바울은 먼저 우상의 제물을 먹는 일에 대해서는 양심의 문제로 이야기 하며(고전 8:7-10) 크게 문제를 삼지 않았습니다. 그러나 이와 같이 우상의 제물을 단순한 음식의 문제로 알고 먹는 것과 우상의 제의에 참여하여 그 제물을 취하는 것은 전적으로 다릅니다. 반드시 구별되어야 합니다. 이방 종교들의 제의에 참여하는 일은 명백한 우상 숭배이기 때문입니다.

모든 그리스도인들은 성찬식에 참여합니다.

> 우리가 축복하는 바 축복의 잔은 그리스도의 피에 참여함이 아니며 우리가 떼는 떡은 그리스도의 몸에 참여함이 아니냐 떡이 하나요 많은 우리가 한 몸이니 이는 우리가 다 한 떡에 참여함이라
>
> (고전 10:16-17).

구약시대의 이스라엘도 마찬가지입니다. 구약시대의 이스라엘 백성들은 성전의 제사의식에 참여했습니다. 그리고 그 제물을 먹고 취하는 것을 하나님께 경배하며 교제하는 것으로 여겼습니다(고전 10:18). 때문에 주님의 식탁에서 거룩한 성찬에 참여한 우리들이 귀신에게 제사하는 이방인들의 제의에 참여하고 그 떡을 떼는 것은 주의 잔과 귀신의 잔을,

주의 식탁과 귀신의 식탁을 겸하여 섬기는 일이라는 것입니다. 만약 이렇게 한다면 어떻게 주님께서 노하지 아니하시겠느냐는 것입니다(고전 10:22).

모든 것이 가하나 다 유익한 것이 아니다

사도 바울은 음식의 문제에 관한 한 다시 한번 양심의 문제로 논의합니다.

> 무릇 시장에서 파는 것은 양심을 위하여 묻지 말고 먹으라
> (고전 10:25).

시장에서 파는 것을 구태여 지적한 이유는 바로 앞에서 지적한 우상의 제물과 분별하기 위한 것입니다.

> 불신자 중 누가 너희를 청할 때에 너희가 가고자 하거든 너희 앞에 차려 놓은 것은 무엇이든지 양심을 위하여 묻지 말고 먹으라
> (고전 10:27).

그런데 문제가 있습니다.

> 누가 너희에게 이것이 제물이라 말하거든 알게 한 자와 그 양심을 위

하여 먹지 말라(고전 10:28).

결국 이 문제의 판별 기준이 무엇입니까? 이 음식이 우상의 제물이냐 아니냐가 판별 기준이 아니라는 것입니다. 그래서 바울은 지금 내가 너희에게 말하는 양심이라는 것은 남의 것이며, 그 판단은 나의 자유라고 이야기합니다(고전 10:29). 내 자유로운 판단으로 상대방의 양심에 저촉이 되지 않는다면 감사함으로 참여할 수 있다는 이야기입니다. 그래서 바울은 이 사실을 설명하기 전에 우리들은 주 안에서 자유로운 사람들이라 모든 것이 다 가하지만, 그래도 남을 생각하면 유익한 것이 아니라는 것입니다.

그러므로 모든 성도들은 '덕을 세우는 삶(建德生活)'을 살아야 하는데, 이것은 곧 자신의 유익이 아니라 남의 유익을 구해야 함을 강조합니다(고전 10:23-24).

무엇이든 하나님의 영광을 위하여

이 말씀은 단순히 음식 문제나 우상을 멀리하는 일에만 해당되는 것이 아니고 모든 그리스도인의 생활헌장이라 할 수 있습니다. 장로교의 표어는 "오직 하나님께 영광(Soli Deo Gloria, 唯主榮光)!"입니다. 그리스도인은 자유롭습니다. 그러나 무엇을 하든지 어떤 경우에라도 하나님의 영광만을 위하여 살아야 한다는 것입니다.

보디발의 아내로부터 참소를 당하여 억울하게 죄를 뒤집어쓰고 감옥에 간 요셉이 끝까지 주인 보디발의 명예를 생각하여 침묵한 것처럼, 모든 그리스도인들은 자신의 안락이나 편의보다는 하나님의 영광을 먼저 생각할 수 있어야 합니다.

그의 영광을 위한 소극적 측면과 적극적인 측면

바울은 '하나님의 영광'을 위한 삶을 이야기하면서 한 걸음 더 나아갑니다. 먼저 그의 영광을 위하여 성도들이 하지 않아야 할 소극적인 면을 이야기합니다.

> 유대인에게나 헬라인에게나 하나님의 교회에나 거치는 자가 되지 말고(고전 10:32).

남에게 싫은 소리조차 한 적 없어서 어떤 다툼 없이 조용히 교회만 다닌다는 사람들은 자신을 범죄자로 여기지 않습니다. 틀린 말은 아닙니다. 하지만, 바울의 주장은 그 정도에 머물러서는 안 된다는 것입니다. 바울은 무의식 가운데 복음을 전하는 데 방해가 되거나 거치는 자가 되지 않도록 힘쓰라고 권고합니다. 스스로 생각할 때는 한 점 부끄러움이 없는 삶을 살고 있을지 모르지만, 어쩌면 타인을 힘들게 하여 죄를 짓게 하거나 실족하게 하는 일이 있을 수 있다는 것입니다. 만약 그렇다면 스스로 돌이켜야 합니다.

그래서 사도 바울은 로마서에서도 덕을 세우는 삶에 대하여 강조하고 있습니다. 무엇보다 로마서 1장에서 11장까지 믿음으로 구원을 얻게 된다고 선언한 후 12장에서 "그러므로 형제들아 내가 하나님의 모든 자비하심으로 너희를 권하노니"로 시작하여 성도들의 삶과 행위에 대한 교훈을 시작합니다. 특히 주목해야 할 구절은 다음과 같습니다.

> 믿음이 강한 우리는 마땅히 믿음이 약한 자의 약점을 담당하고 자기를 기쁘게 하지 아니할 것이라 우리 각 사람이 이웃을 기쁘게 하되 선을 이루고 덕을 세우도록 할지니라(롬 15:1-2).

나보다 남을 먼저 생각하고 배려하는 것이 중요합니다. 이것은 인류애적인 요소가 아니라 그 사람을 창조한 하나님의 영광을 위하여 우리가 가져야 할 바 적극적인 면을 강조한 것입니다.

> 나와 같이 모든 일에 모든 사람을 기쁘게 하여 자신의 유익을 구하지 아니하고 많은 사람의 유익을 구하여 그들로 구원을 받게 하라
> (고전 10:33).

이렇게 타인을 배려함으로써 하나님께 가장 큰 영광을 돌리는 방법이 곧 그 사람을 구원받게 하는 일이라면 더욱 적극적으로 실천해야 하지 않겠습니까? 그렇습니다. 그래서 바울은 복음 전도에 방해가 되는 일은 결코 하나님께 영광을 돌리는 일이 아니라는 점을 또한 분명하게 밝히고 있습니다.

묵상의 잔에 담긴 말씀

그런즉 너희가 먹든지 마시든지 무엇을 하든지 다
하나님의 영광을 위하여 하라

고전 10:31

〈삶〉으로 이어 주는 Q&A

1. 성도들에게는 모든 것이 다 가합니다. 그러나 모든 것
   이 다 유익하지 않습니다. 그 이유를 설명해 봅시다.

2. 그리스도의 삶은 오직 영광을 하나님께 돌리는 데에 있
   습니다. 이웃에게 덕을 끼치지 못하게 되면 하나님의
   영광을 가리게 됩니다. 바울은 그 구체적인 예를 들어
   서 설명합니다. 그 내용이 무엇인지 다시 한번 확인합
   시다.

24장. 그리스도를 본받는 자

[1]내가 그리스도를 본받는 자가 된 것 같이 너희는 나를 본받는 자가 되라

고린도전서 11:1

이 본문은 고린도전서 11장의 첫 절이지만 사실은 고린도전서 10장의 끝부분에 해당한다고 할 수 있습니다. 왜냐하면 2절부터는 내용상 전혀 다른 논의가 이루어지고 있고, 10장의 마지막 33절의 시작 역시 '나와 같이'라고 한 데서 11장 1절이 10장의 결론에 해당한다고 볼 수 있는 것입니다. 아무튼, 10장에서 우상 숭배의 문제와 제물의 문제를 거론하면서도 음식 문제에 대한 자유의 선언과 모든 것을 남의 유익과 하나님의 영광을 위해 하라고 교훈한 바울은 이러한 일들에 대하여 자신이 바로 모범이라고 주장합니다.

이미 언급한 적이 있습니다만, 바울은 기독교 역사상 가장 훌륭한 선교사이자 목회자였고 또한 학자였습니다. 즉, 이러한 요소만 점검해 봐도 그는 충분히 본받을 점이 많은 사람입니다. 뿐만 아니라 인간 바울로서도 우리에게 시사해 주는 바가 큰 사람입니다. 그런 바울이 스스로 예수 그리스도를 본받았다라고 자부하는 것입니다. 또한 자신이 그리스도를 본받은 것 같이 성도들에게 자신을 본받으라고 강하게 요청합니다.

따라서 바울의 바울 됨을 확인해 보는 것은 그의 남다른 삶을 조명하고, 그의 요청대로 그에게서 본받을 만한 점들이 무엇인지를 밝히기 위해서 입니다.

바울(사울)의 출생과 신분

바울은 기독교의 요람이라고 할 수 있는 유대교의 배경을 가지고 자랍니다. 길리기아 다소에서 출생하여 예루살렘에서 자란 그는 가말리엘 문하에서 전통적인 유대교의 교육, 즉 엄격한 율법을 공부했습니다. 학자들은 바울의 누이가 일찍 예루살렘으로 출가했기 때문에 누나의 도움으로 가말리엘 문하에 들어간 것으로 추정합니다. 당시 바울의 나이는 여섯 번째 생일 이후이며, 양친이 로마 시민권 소유자임을 감안하면 집안의 사회적 지위도 좋았던 것으로 보입니다.

> 그들이 히브리인이냐 나도 그러하며 그들이 이스라엘인이냐 나도 그러하며 그들이 아브라함 후손이냐 나도 그러하며(고후 11:22).

> 나는 팔일 만에 할례를 받고 이스라엘 족속이요 베냐민 지파요 히브리인 중의 히브리인이요 율법으로는 바리새인이요 열심으로는 교회를 박해하고 율법의 의로는 흠이 없는 자라(빌 3:5-6).

바울의 외모에 대한 관심도 적지 않습니다. 벗겨진 머리에 매부리코였으며, 그의 양 눈썹은 붙어 있었고, 안짱다리여서 걷고 있는 그를 멀리서 보면 사람인지 천사인지 구분하기 어려웠다고 합니다. 즉, 외모는 그리 출중한 인물은 아니었던 것 같습니다. 그러나 한경직 목사의 표현처럼, "바울은 비록 육신의 키는 작았을는지 모르지만 그의 영적 키는 모든 사람들보다 월등히 컸다."고 할 수 있습니다. 그밖에도 바울은 로마 시민권자였고, 다소 언변은 부족할지라도 헬라어에 능했으며, 성격은 매우 급했고, 희귀 질병으로 고통을 겪기도 했습니다.

특이한 것은 그의 본래 직업입니다. 로마 시민인 동시에 유대인으로서 산헤드린공회원이라는 신분까지 가지고 있었으나, 당시로서는 천한 직업인 천막제조업이 그의 생업이었습니다.

삶의 변화(사울의 바울 됨)와 사역

바울이 성경에 처음으로 등장하는 것은 스데반에게 돌을 던지는 일에 찬성하는 장면에서 입니다(행 8:1). 적극적으로 교회를 박해함으로써 교회를 없애려고 했던(갈 1:13) 그가 결정적인 삶의 변화를 맞게 된 것은 다메섹으로 가는 노상에서 예수님을 대면한 이후입니다.

주님을 만난 그 순간에 거룩한 사명이 주어졌으나 그 후 그는 7년(혹은 9년)간 숨겨진 삶을 삽니다. 이른바 '바울의 침묵시간'이라고 알려진 이 시기에 그는 다메섹에서 3년 동안 전도했고, 아라비아, 예루살렘, 다시스, 길리기아의 시골 지역 등을 거쳐 결국 안디옥에 이르게 됩니다. 이러한 바울의 모습을 통하여 우리들도 사역을 위한 훈련과 준비 기간의 필요성을 깨닫게 됩니다.

바나바의 도움으로 안디옥교회의 교사가 된 그의 소명은 '이방인의 사도'라는 것입니다. 가는 곳마다 회당에서 설교한 것으로 보아 동족인 유대인을 포기한 것은 아닙니다. 주님이 직접 아나니아에게 들려준 음성도 "이 사람은 내 이름을 이방인과 임금들과 이스라엘 자손들에게 전하기 위하여 택한 나의 그릇이라(행 9:15)."는 말씀이었으며, 바울 스스로도 자신을 이방인들을 위한 사도요, 그리스도의 일꾼이라고 소개합니다(행 26:17, 23; 롬 1:13, 11:13, 15:16).

바리새인으로서 지극히 큰 자(사울)였던 그가 이방인을 섬기는 지극히 작은 자(바울)가 되었습니다. 그래서 그는 모진 고난과 고통을 당하면서도 예수 그리스도의 십자가와 부활만을 전하는 신실한 주의 종이 되었고, 이러한 삶을 통해서 당당하게 "내가 그리스도를 본받는 자가 된 것같이 너희는 나를 본받는 자가 되라(고전 11:1)."고 외칠 수 있었던 것입니다.

바울의 신앙과 신학

바울은 그의 선교사역의 경험을 통하여 철저하게 십자가와 부활의 신학을 이야기합니다. 그러나 그의 신앙의 요약은 '엔 크리스토스(그리스도 안에)'의 삶입니다. '예수님 안에서'라고 하지 않고 구태여 '그리스도 안'을 강조한 것은 시공에 얽매이지 않는 영적 관계와 부활하신 주님과 언제 어디서나 동행하는 삶을 강조하기 위한 것이라고 합니다. 바울은 시

종일관 그의 편지에서 교회도, 그리스도인들도, '그리스도 안에 있어야' 그리스도인다운 그리스도인, 교회다운 교회가 된다고 교훈하고 있습니다. 그래서 바울의 사역을 정리하면 예수 중심, 십자가 중심, 교회 중심의 사역이라고 할 수 있으며, 그는 언제나 "예수는 그리스도다."라는 복음을 가르쳤습니다. 즉, 그의 교리의 중심주제는 "믿음으로 의롭게 됨(以信得義, Justification by faith)"이었습니다.

이와 같이 하나님과 사람 사이의 관계회복을 위한 그리스도의 사역을 강조한 그의 신학을 '화해의 신학'이라고 부르고 있습니다. 지면 관계상 바울신학의 중심 용어를 가장 간단하게 정리하면 역시 '믿음과 소망과 사랑'[1]이라 할 수 있으며(고전 13:13), 그리스도를 닮은 그의 삶은 항상 기뻐하였으며, 쉬지 않고 기도하되, 범사에 감사하는 삶이라고 할 수 있을 것입니다(살전 5:16-18).

---

1 ① 믿음: 바울의 기독론과 구원론, ② 소망: 바울의 종말론, ③ 사랑: 바울의 신론과 윤리

내가 그리스도를 본받는 자가 된 것 같이 너희는
나를 본받는 자가 되라

고전 11:1

〈삶〉으로 이어 주는 Q&A

1. 바울의 생애를 정리해 보고 우리가 본받아야 할 점이
   무엇인지를 확인해 봅시다.

2. 우리들도 바울처럼 나를 본받는 자가 되라고 할 수 있
   어야 하나 누구나 부정적인 요소들 때문에 머뭇거릴 수
   밖에 없습니다. 긍정적인 관점에서 나를 본받는 자가
   되라고 할 수 있는 요건이 있다면 구체적으로 어떤 것
   들이 있습니까? 정리해 봅시다.

묵상의 잔에 담긴 쪽지

"

자신의 생각을 자유롭게 적어 보세요!

"

25장. 교회의 질서

²너희가 모든 일에 나를 기억하고 또 내가 너희에게 전하여 준 대로 그 전통을 너희가 지키므로 너희를 칭찬하노라 ³그러나 나는 너희가 알기를 원하노니 각 남자의 머리는 그리스도요 여자의 머리는 남자요 그리스도의 머리는 하나님이시라 ⁴무릇 남자로서 머리에 무엇을 쓰고 기도나 예언을 하는 자는 그 머리를 욕되게 하는 것이요 ⁵무릇 여자로서 머리에 쓴 것을 벗고 기도나 예언을 하는 자는 그 머리를 욕되게 하는 것이니 이는 머리를 민 것과 다름이 없음이라 ⁶만일 여자가 머리를 가리지 않거든 깎을 것이요 만일 깎거나 미는 것이 여자에게 부끄러움이 되거든 가릴지니라 ⁷남자는 하나님의 형상과 영광이니 그 머리를 마땅히 가리지 않거니와 여자는 남자의 영광이니라 ⁸남자가 여자에게서 난 것이 아니요 여자가 남자에게서 났으며 ⁹또 남자가 여자를 위하여 지음을 받지 아니하고 여자가 남자를 위하여 지음을 받은 것이니 ¹⁰그러므로 여자는 천사들로 말미암아 권세 아래에 있는 표를 그 머리 위에 둘지니라 ¹¹그러나 주 안에는 남자 없이 여자만 있지 않고 여자 없이 남자만 있지 아니하니라 ¹²이는 여자가 남자에게서 난 것 같이 남자도 여자로 말미암아 났음이라 그리고 모든 것은 하나님에게서 났느니라 ¹³너희는 스스로 판단하라 여자가 머리를 가리지 않고 하나님께 기도하는 것이 마땅하냐 ¹⁴만일 남자에게 긴 머리가 있으면 자기에게 부끄러움이 되는 것을 본성이 너희에게 가르치지 아니하느냐 ¹⁵만일 여자가 긴 머리가 있으면 자기에게 영광이 되나니 긴 머리는 가리는 것을 대신하여 주셨기 때문이니라 ¹⁶논쟁하려는 생각을 가진 자가 있을지라도 우리에게나 하나님의 모든 교회에는 이런 관례가 없느니라

고린도전서 11:2-16

오늘날 우리들이 드리는 예배에서는 여성들이 머리에 수건을 쓰지 않습니다. 오히려 머리를 기르고 있으므로 수건을 쓸 필요가 없다고 가르칩니다. 그러나 가톨릭에서는 여성들이 머리에 수건을 쓰고 예배를 드립니다. 여자가 예배를 드릴 때 머리에 예배포를 써야 하는지의 여부는 신구교 간에 오늘날까지도 논란이 계속되고 있습니다. 왜냐하면 본문에서 볼 수 있듯이 바울은 분명히 수건을 쓸 것을 강조하기 때문입니다.

> 무릇 남자로서 머리에 무엇을 쓰고 기도나 예언을 하는 자는 그 머리를 욕되게 하는 것이요 무릇 여자로서 머리에 쓴 것을 벗고 기도나 예언을 하는 자는 그 머리를 욕되게 하는 것이니 이는 머리를 민 것과 다름이 없음이라(고전 11:4-5).

남자의 머리는 그리스도시기 때문에 예배를 드리는 남자가 머리에 수건을 쓰는 것은 옳지 않지만, 여자는 남자에게 예배를 드리는 것이 아니기 때문에 머리에 반드시 수건을 쓰고 기도해야 한다는 것입니다. 만일 여자가 머리를 가리지 않으려면 머리를 깎거나 밀어야 하며, 깎지도 밀지도 않으면서 머리를 가리지 않는 것은 그의 머리인 남편을 욕되게 하는 것이라고 이야기합니다. 하지만 오늘날 교회에서 이 말씀을 문자적으로 그대로 받아들이는 사람들은 거의 없습니다. 그래서 신구교 간의 논쟁이 생겼습니다. 따라서 이러한 성경구절의 문자적 해석에 대한 분명한 설명이 필요합니다.

본문에서 핵심이 되는 용어는 고린도전서 11장 2절에 제시된 "내가 너희에게 전하여 준 대로" '그 전통을!'이라는 표현입니다. 오늘의 주된 논의 주제는 복음이 아니고 전통이며 문화입니다. 삶의 자리에서 지켜야 할 질서라는 이야기입니다. 수건으로 머리를 가리는 문제는 근본적으로 불변하는 복음 문제나 시대와 지역을 초월하는 구원의 문제가 아니라는 것이 본문에 대한 일반적인 해석입니다.

예배의 대상은 하나님, 예배의 방법은 문화와 질서!

『웨스트민스터 신앙고백』은 예배 대상에 대하여 "예배는 성부, 성자, 성령이신 하나님께 드려야 한다. 또한 그에게만 드려야 한다(제21장 제2항)."고 규정합니다. 그리고 방법에 있어서도 인위적인 것을 금합니다.

[총회 헌법, 예배와 예식, 제1장 1-2-2]

이 예배는 어떤 경우도 인간 중심으로 드릴 수 없고 오직 삼위일체 하나님만이 중심이 되고 대상이 되어야 한다.

경건과 질서는 거룩하신 하나님 앞에서 예배를 드리는 자로서 가져야 할 가장 기본적인 자세입니다. 사도 바울의 시대에는 헬라와 근동 지방 여인들이 외출하거나 공적인 모임에 참가할 때면 반드시 베일로 얼굴을 가리게 했습니다. 즉, 예배시간에 여인들이 수건을 사용하는 것은 당시의 문화적 배경과 깊은 관계를 가진 사회질서의 문제로 볼 수 있습니다.

그런데 고린도교회의 성도들 중 일부가 복음으로 얻게 된 자유를 주장하며 예배 중에 수건을 벗어버리는 일이 발생한 것입니다. 더 큰 논란을 야기하게 된 것은 교회가 아닌 세상에서도 수건을 벗어던지는 여인들이 있었는데, 이 부류의 여성들이 가진 배경이나 성향이 문제였습니다. 물론 복음과 전혀 관계가 없는 사람들이긴 하지만 얼굴에 베일을 가리지 않고 다니는 여인들 대부분이 매춘을 하는 여성들이거나 제도와 풍습에 대하여 반발을 하는 여인들이었기 때문입니다.

수건을 벗고 다니는 여인들에 대한 선입견

더 이상 전통적인 관습이나 풍습에 속박당하지 않겠다는 여인들! 그들은 시대마다 찢어진 청바지나 히피와 누드 등으로 대표되는 청년문화가 사회적으로 문제되었을 때 교회 내에서 호응했던 청년들과 비견됩니다. 물론 이러한 차림으로 예배에 참여할 수도 있고, 상황에 따라 이해할 수도 있었겠지만 엄격한 의미에서 이렇게 예배에 참여하는 그 자체를 바른 자세라고 이야기할 수 없었을 것입니다. 그래서 그때마다 교회가 나서서 청년들을 계도해 왔습니다. 물론 피치 못할 사정이나 예배시간에 쫓겨 부득이한 경우도 있겠지만 바울과 같은 교사의 입장에서 이러한 문제가 있었다는 내용을 접수한 이상 그냥 넘어갈 수 없었을 것입니다.

더구나 교회에서 예배하는 여인들의 몸차림이 머리에 수건은 고사하고 자기의 얼굴을 드러내 놓고 길거리에 다니면서 남자들을 유혹하는 창기들이나 성적으로 문란하고 방탕한 여인들의 복장과 동일하다면, 이것은 결코 작은 문제가 아니었을 것입니다. 뿐만 아니라 불신자들이 수건과 베일을 벗고 예배드리는 모습을 보았다면 얼마나 큰 오해를 불러일으켰을지 생각만 해도 아찔합니다. 당시에는 성찬식 이야기만 듣고도 애기들을 잡아먹고 피를 마시는 사람들이라고 오해하던 시절이 아니었습니까?

또 바울이 질서의 문제를 이야기하면서 남자의 이야기를 하는 이유는 당시의 여성들 중에는 현실을 무시하고 여성우위를 주장하는 사람들이 있었기 때문입니다. 그래서 남자들처럼 수건을 쓰지 않아도 된다는 여성우월주의자들의 무리한 행동이 교회를 무질서하게 하는 경우도 있었습니다. 그래서 바울은 창조의 질서를 강조하고(고전 11:3-10), 인간의 자연적인 본성(고전 11:13-15)을 강조하며 여인들은 머리에 반드시 수건을 쓰는 것이 옳다고 가르치고 있는 것입니다.

교회의 질서를 위한 문화와 전통

이 장의 본문은 결코 남성우월주의가 옳다고 주장하는 것이 아닙니다. 다만 사회적인 배경이나 문화적인 상황을 무시하면 안 된다는 것과 남자와 여자는 모두 하나님께 속한 존재임을 설명하고 있을 뿐입니다.

> 그러나 주 안에는 남자 없이 여자만 있지 않고 여자 없이 남자만 있지
> 아니하니라 이는 여자가 남자에게서 난 것 같이 남자도 여자로 말미
> 암아 났음이라 그리고 모든 것은 하나님에게서 났느니라
> (고전 11:11-12).

바울의 가르침에서 우리가 깨달아야 할 중요한 교훈은 성도가 성경적인 가치관을 포기하고 세상을 따르는 것도 절대 불가하지만, 세상을 등지고 사는 것도 매우 위험한 것이라는 사실입니다. 즉, 사회의 문화와 전통 그리고 관습도 하나님께서 세상을 위하여 허락하신 일반적인 계시입니다. 복음이나 구원과 무관한 개인적인 가치관을 갖는 것도 분명 그 사람의 자유이며 정당한 자기주장일 수 있지만, 그러나 그것이 공공의 유익이나 교회 공동체에 좋지 못한 영향을 끼친다면 당연히 포기해야 합니다.

하나님의 영광을 위하여 세상에서 덕을 세우는 삶을 살아야 하는 것도 모두 성도의 당연한 의무이기 때문입니다. 그래서 바울은 여인들의 수건 문제를 통하여 전통적인 예배질서를 이야기하고 있는 것입니다.

묵상의 잔에 담긴 말씀

너희가 모든 일에 나를 기억하고 또 내가 너희에
게 전하여 준 대로 그 전통을 너희가 지키므로 너희를
칭찬하노라

고전 11:2

〈삶〉으로 이어 주는 Q&A

1. 전통과 신앙에 대한 자신의 입장을 정리해 봅시다. 세
상 전통 중에서 배워야 할 것들이 있다면 무엇이며, 반
대로 기독교 전통 중에서 버려야 할 것들이 있다면 무
엇입니까? 정리해 봅시다.

2. 전통을 이어받는 것도 중요하지만 우리들은 또 하나의
전통을 만들어 가는 사람들입니다. 우리 교회의 전통
들 가운데 다음 세대가 계속 지켜 주었으면 하는 것들
이 있다면 적어 봅시다.

묵상의 잔에
담긴 쪽지

"

"

자신의 생각을 자유롭게 적어 보세요!

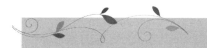

26장. 성만찬의 참여 자세

[17]내가 명하는 이 일에 너희를 칭찬하지 아니하나니 이는 너희의 모임이 유익이 못되고 도리어 해로움이라 [18]먼저 너희가 교회에 모일 때에 너희 중에 분쟁이 있다 함을 듣고 어느 정도 믿거니와 [19]너희 중에 파당이 있어야 너희 중에 옳다 인정함을 받은 자들이 나타나게 되리라 [20]그런즉 너희가 함께 모여서 주의 만찬을 먹을 수 없으니 [21]이는 먹을 때에 각각 자기의 만찬을 먼저 갖다 먹으므로 어떤 사람은 시장하고 어떤 사람은 취함이라 [22]너희가 먹고 마실 집이 없느냐 너희가 하나님의 교회를 업신여기고 빈궁한 자들을 부끄럽게 하느냐 내가 너희에게 무슨 말을 하랴 너희를 칭찬하랴 이것으로 칭찬하지 않노라 [23]내가 너희에게 전한 것은 주께 받은 것이니 곧 주 예수께서 잡히시던 밤에 떡을 가지사 [24]축사하시고 떼어 이르시되 이것은 너희를 위하는 내 몸이니 이것을 행하여 나를 기념하라 하시고 [25]식후에 또한 그와 같이 잔을 가지고 이르시되 이 잔은 내 피로 세운 새 언약이니 이것을 행하여 마실 때마다 나를 기념하라 하셨으니 [26]너희가 이 떡을 먹으며 이 잔을 마실 때마다 주의 죽으심을 그가 오실 때까지 전하는 것이니라 [27]그러므로 누구든지 주의 떡이나 잔을 합당하지 않게 먹고 마시는 자는 주의 몸과 피에 대하여 죄를 짓는 것이니라 [28]사람이 자기를 살피고 그 후에야 이 떡을 먹고 이 잔을 마실지니 [29]주의 몸을 분별하지 못하고 먹고 마시는 자는 자기의 죄를 먹고 마시는 것이니라 [30]그러므로 너희 중에 약한 자와 병든 자가 많고 잠자는 자도 적지 아니하니 [31]우리가 우리를 살폈으면 판단을 받지 아니하려니와 [32]우리가 판단을 받는 것은 주께 징계를 받는 것이니 이는 우리로 세상과 함께 정죄함을 받지 않게 하려 하심이라 [33]그런즉 내 형제들아 먹으러 모일 때에 서로 기다리라 [34]만일 누구든지 시장하거든 집에서 먹을지니 이는 너희의 모임이 판단 받는 모임이 되지 않게 하려 함이라 그밖의 일들은 내가 언제든지 갈 때에 바로잡으리라

고린도전서 11:17-34

성만찬은 주님께서 세우신 거룩한 예식입니다. 잡히시기 전날 밤에 주님은 자신의 몸과 피에 의한 성찬식을 제정하심으로써 자신의 교회에서 세상 끝날까지 온 성도들의 하나 됨을 고백하며 지키게 한 예식이 성만찬입니다. 그러나 당시의 성찬식은 말 그대로 만찬이었으며 공동식사였습니다. 무엇보다 성만찬의 중요한 의미는 '그리스도 안에서의 하나 됨'입니다. 그런데 고린도교회에서는 분쟁과 파당이 심하였습니다. 그래서 바울은 "이 일에 너희를 칭찬하지 아니하나니 이는 너희의 모임이 유익이 못되고 도리어 해로움이라(고전 11:17)." 하였으며, 교회 안에 다소 분쟁이 있고 파당이 있어야 옳다 인정함을 받는 사람들이 구별되는 것은 사실이나(고전 11:18, 19) 한 공동체임을 고백하는 예식에 함께 참여하여 주의 만찬을 먹을 수는 없노라고(고전 11:20) 단정한 것입니다.

더구나 한 마음으로 참여함으로 일체감을 형성하고 교회로서의 공동체를 이루어야 할 이들이 각각 먼저 갖다 먹는 사람이 있는가 하면 어떤 사람은 먹지 못해서 시장하고, 어떤 이는 과함으로 취하는 일도 있었습니다(고전 11:21). 그래서 바울은 단호하게 "그런즉 너희가 함께 모여서 주의 만찬을 먹을 수 없으니(고전 11:20)", "주의 떡이나 잔을 합당하지 않게 먹고 마심으로 주의 몸과 피를 범하는 죄(고전 11:27)"를 짓지 않도록 하기 위해서라도 강한 책망과 함께 바른 성찬의 의미를 가르쳐야 한다고 여겼던 것입니다.

> 너희가 먹고 마실 집이 없느냐 너희가 하나님의 교회를 업신여기고 빈궁한 자들을 부끄럽게 하느냐 내가 너희에게 무슨 말을 하랴 너희를 칭찬하랴 이것으로 칭찬하지 않노라(고전 11:22).

성찬식의 제정(마 26:17-29)

성찬식 제정은 예수님이 제자들에게 배반당하시던 날 밤, 무교절 첫날로서 유월절 음식을 나누는 자리에서 비롯됩니다. "내가 고난을 받기 전에 너희와 함께 유월절 음식 먹기를 원하고 원하였노라(눅 22:15)."고 말씀하시고 자신의 살과 피가 유월절 어린양의 예표임을 밝히십니다. 유대인들은 유월절과 '어린 양'의 관계를 일찍부터 잘 압니다. 이스라엘 민족이 애굽에서 노예로 살고 있을 때 하나님은 그들을 구출할 계획을 가지시고 모세를 통해 유월절 규례를 제정해 주셨습니다. 초태생의 죽음이라는 재앙을 피할 수 있는 유일한 길을 이스라엘에게 가르쳐 주셨던 것입니다.

너희는 나가서 너희의 가족대로 어린 양을 택하여 유월절 양으로 잡고 우슬초 묶음을 가져다가 그릇에 담은 피에 적셔서 그 피를 문 인방과 좌우 설주에 뿌리고 아침까지 한 사람도 자기 집 문 밖에 나가지 말라 여호와께서 애굽 사람들에게 재앙을 내리려고 지나가실 때에 문 인방과 좌우 문설주의 피를 보시면 여호와께서 그 문을 넘으시고 멸하는 자에게 너희 집에 들어가서 너희를 치시 못하게 하실 것임이니라(출 12:21-23).

결국 한 마리의 어린양이 희생되어야만 그 피값으로 죽음을 면할 수 있었습니다. 그래서 바울도 "내가 너희에게 전한 것은 주께 받은 것이니"라고 선언합니다(고전 11:23). 성찬식 제정의 구체적인 내용을 복음서에서도 확인할 수 있습니다. 주 예수께서 잡히시던 밤에 먼저 떡을 가지고 축사하셨습니다.

받아서 먹으라 이것은 내 몸이니라(마 26:26).

그리고 제자들에게 나누어 주셨습니다. 식후에 또 잔을 가지고 사례하신 후 저희들에게 주셨습니다.

너희가 다 이것을 마시라 이것은 죄 사함을 얻게 하려고 많은 사람을 위하여 흘리는 바 나의 피 곧 언약의 피니라(마 26:27-28).

바로 그날 밤 예수님은 유다의 배신으로 무리에게 끌려가 고난과 고통을 당하시고 십자가를 짊어짐으로 모든 인류를 위한 희생의 양이 되신 것입니다. 그래서 예수 그리스도의 십자가와 죽음이 진짜 성만찬의 시작이라고 보는 이들도 있지만, 보편적으로 성만찬은 잡히시던 전날 밤, 즉 마가의 다락방에서 제자들과 나눈 만찬을 의미합니다. 물론 역사적으로 보면 하나님께서 이스라엘 민족의 출애굽 과정에서 유월절 음식과 어린양의 희생과 피를 통하여 이 예식을 제정하셨다고 해도 과언이 아닙니다.

비록 바울이 고린도교회 성도들에게 "내가 너희에게 전한 것"이라고 강조하지만 애찬과 성만찬은 고린도교회뿐만 아니라 다른 여러 지역에서도 행하여 왔습니다. 이것이 교회의 예전으로 공식 규정된 것은 A.D. 220년에 열린 카르타고공회에서인데, 이후 공식적으로 성만찬 전의 애찬을 금하고, 만찬(저녁)이 아닌 아침에 드려지는 예식으로 제정된 것으로 보고 있습니다.

성찬의 의미

> 내 살은 참된 양식이요 내 피는 참된 음료로다 내 살을 먹고 내 피를 마시는 자는 내 안에 거하고 나도 그의 안에 거하나니(요 6:55-56).

성만찬의 형식적 내용은 떡과 포도주이지만 내포된 참된 내용은 예수님의 살과 피를 먹고 마시는 것입니다. 그렇게 함으로써 주 안에 있는 성도들이 주님의 죽으심에 동참하게 되며, 주님과 하나가 되며, 주님과 영적 교제를 이루어 나가는 것입니다.

물론 우리는 화체설을 부정합니다. 화체설이란 구교에서 말하는 성찬의 교리로, 사제가 축사하거나 혹은 다른 방법을 통해서 떡과 포도주의 실체가 그리스도의 살과 피의 실체로 변하게 된다는 주장입니다. 그러나 이는 성경과 맞지 않을 뿐만 아니라 상식과 이성에도 모순이 됩니다. 화체설은 성례전의 본질을 왜곡시키고 여러 가지 미신과 우상 숭배의 원인이 되어왔습니다. 떡과 포도주에 절을 하거나 높이 들어올리기도 하고, 동경하는 마음으로 들고 다니거나 정상적이 아닌 목적으로 보관하는 일은 예전의 본질에서 벗어난 것이며, 동시에 그리스도께서 성찬식을 제정하신 목적에도 어긋나는 것입니다.

그래서 개혁자들은 성경 말씀에 근거한 성찬예식의 의미를 강조하고 있는 것입니다(고전 11:23-26). 본문은 분명히 이를 '기념하라'고 했으며, 주님 오실 때까지 그의 죽으심을 전파해야 한다는 것입니다. 그래서 개혁교회에서는 '기념설'이라는 사실을 강조합니다. 그러나 성찬식은 '행위로 하는 설교'일 뿐만 아니라 주의 영, 곧 성령께서 함께 하신다는 것을 강조함으로써 기념설을 채택하면서 '영재설(靈在說)'을 이야기합니다. 다음은 '기념설'을 강조하는 개혁교회인 '대한예수교장로회(PCK)' 총회가 제102회 총회 중에 '요리문답개정연구위원회'에서 보고한 내용으로, 신학적인 '영재설'을 설명하고 있음을 볼 수 있습니다.

성찬 시 떡과 포도주는 그리스도의 살과 피로 변화되는 것이 아니며, 떡과 포도주에 그리스도의 살과 피가 실재하는 것도 아닙니다(요 6:53-57, 63). 부활하신 그리스도는 하나님의 보좌 우편에 계시며, 그리스도의 영인 성령님께서 성찬의 떡과 포도주에 임하실 뿐만 아니라 성찬에 참여한 신자들의 마음속에 임하심으로 그리스도께서 그 떡과 포도주에 실재하심과 똑같은 효력을 갖습니다. 우리는 성령님의 역사 속에서 믿음으로 참여하며, 감사함으로 생명의 떡과 포도주를 받게 됩니다.[1]

『웨스민스터 신앙고백』(제29장 "주의 만찬에 관하여")에서도 믿음으로 참여하는 이 예식은 "세속적으로나 육체적으로가 아니라 영적으로 십자가에 달리신 그리스도를 받아들이고, 그에게 양육을 받는다."는 것과 "또한 그의 죽음이 가지고 있는 모든 은사를 받는다."는 점을 강조하면서, 이 예전은 살과 피가 의미하는 그대로(고전 10:16) 신자들의 믿음에 대하여 현실적이면서도 영적인 것임을 분명히 합니다. 주의 성찬에 참여하는 것은 주님의 피와 살을 기념하여 취함으로써 받는 은혜도 크지만 영적으로 생명의 양식을 취한다는 중요한 의미를 가지고 있는 것입니다.

성찬에 참여하는 자세

은혜로운 성찬이라고 해서 아무나 이 예식에 참여할 수 있는 것은 아

---

1 『21세기 대한예수교장로회 교리문답』 V. "예배와 성례전에 대하여", 문64. '성찬은 무엇입니까?'

닙니다. 가령 영적으로 무지하고 사악한 사람들이 이 외적인 요소에 참여한다고 해서 이 예식이 상징하는 것들을 모두 받을 수 있는 것이 아니기 때문입니다.

> 그러므로 누구든지 주의 떡이나 잔을 합당하지 않게 먹고 마시는 자는 주의 몸과 피에 대하여 죄를 짓는 것이니라 사람이 자기를 살피고 그 후에야 이 떡을 먹고 이 잔을 마실지니 주의 몸을 분별하지 못하고 먹고 마시는 자는 자기의 죄를 먹고 마시는 것이니라
>
> (고전 11:27-29).

무가치하게 이 성찬을 대하면 그는 주의 살과 피에 대한 책임을 지게 되므로, 주의 몸을 분별하지 못하는 사람은 이 예식에 참여하는 것을 금하고 있습니다. 그래서 교회는 자기의 죄를 먹고 마시지 않도록 최소한의 장치를 마련하였는데, 그것이 바로 세례교인이나 입교인 이상으로 규정한 것입니다. 성찬은 육체나 정욕으로 참여하는 것이 아니라 믿음으로 참여하는 것이어야 합니다. 교회에 처음 나온 분들 중에는 간혹 세례교인들만 성찬에 참여하는데 대하여 오해하는 분들이 있습니다. 심지어 어떤 분들은 "조그만 떡 한 조각가지고 왜 사람을 차별합니까?"라며 항의하기도 합니다. 기존 교인들은 작은 해프닝으로 여기실지도 모르지만, 초신자들은 섭섭하기 이루 말할 수 없는 일일 수 있습니다. 그러므로 먼저 믿으신 분들이나 성찬의 의미를 잘 아시는 분들은 이런 초신자들이 잘 알아들을 수 있도록 친절히 설명해 주셔야 합니다. 그리고 이

성찬 시간에는 비록 떡과 포도주를 취하지 않더라도 마음으로 함께 동참하는 것이 중요하다는 사실도 잊지 않고 가르쳐 주어야 합니다.

주님의 몸을 분별할 줄 아는 지각과 주님을 양식으로 삼는 믿음 그리고 회개와 사랑과 복종할 각오가 되어 있는지 항상 살핀 후에 이 예식에 참여해야 한다는 사실을 기존 성도들도 반드시 숙지해야 합니다. 대개 교회에서는 늦어도 일주일 전에 성찬예식이 있음을 알립니다. 부당하게 참여하여 자기에게 돌아올 정죄를 먹고 마실까 염려되기 때문입니다.

애찬에 대한 바울의 부탁도 중요합니다

성만찬의 질서와는 다르게 당시 초대교회에는 성도들의 교제를 목적으로 하는 애찬(love-feast)이 있었을 것으로 추정합니다. 이는 성찬(Eucharist)과는 구별됩니다. 그래서 바울은 애찬에 있어서 성도간의 교제보다는 먹는 일에 더 치우친다거나(고전 11:21), 부자들과 가난한 자의 차별(고전 11:21-22), 어려운 사람들(당시 종들은 제 시간 참여가 어려웠다.)이 도착하기 전에 먹는 일(고전 11:33) 등이 없도록 간곡히 부탁합니다.

내 형제들아 먹으러 모일 때에 서로 기다리라(고전 11:33).

만일 누구든지 시장하거든 집에서 먹을지니 이는 너희의 모임이 판단 받는 모임이 되지 않게 하려 함이라 그밖의 일들은 내가 언제든지 갈 때에 바로잡으리라(고전 11:34).

묵상의 잔에 담긴 말씀

내가 너희에게 전한 것은 주께 받은 것이니 곧 주 예수께서 잡히시던 밤에 떡을 가지사 축사하시고 떼어 이르시되 이것은 너희를 위하는 내 몸이니 이것을 행하여 나를 기념하라 하시고 식후에 또한 그와 같이 잔을 가지시고 이르시되 이 잔은 내 피로 세운 새 언약이니 이것을 행하여 마실 때마다 나를 기념하라 하셨으니

고전 11:23-25

〈삶〉으로 이어 주는 Q&A

1. 천주교에서는 매주마다 성찬예식을 행합니다. 그런데 기독교에서는 대개 1년에 몇 차례 정도만 이 예식을 행합니다. 이에 따라 개혁자들이 아이의 목욕물을 버리면서 아기까지 버렸다는 비평을 받고 있습니다. 그러면 성찬예식이 왜 중요합니까?

2. 성찬식에 참여하는 마음가짐이 중요합니다. "누구든지 주의 떡이나 잔을 합당하지 않게 먹고 마시는 자는 주의 몸과 피에 대하여 죄를 짓는 것이니라(고전 11:27)."는 말씀의 의미가 무엇인지 생각해 봅시다.

27장. 성령님의 선물

¹형제들아 신령한 것에 대하여 나는 너희가 알지 못하기를 원하지 아니하노니 ²너희도 알거니와 너희가 이방인으로 있을 때에 말 못하는 우상에게로 끄는 그대로 끌려갔느니라 ³그러므로 내가 너희에게 알리노니 하나님의 영으로 말하는 자는 누구든지 예수를 저주할 자라 하지 아니하고 또 성령으로 아니하고는 누구든지 예수를 주시라 할 수 없느니라 ⁴은사는 여러 가지나 성령은 같고 ⁵직분은 여러 가지나 주는 같으며 ⁶또 사역은 여러 가지나 모든 것을 모든 사람 가운데서 이루시는 하나님은 같으니 ⁷각 사람에게 성령을 나타내심은 유익하게 하려 하심이라 ⁸어떤 사람에게는 성령으로 말미암아 지혜의 말씀을, 어떤 사람에게는 같은 성령을 따라 지식의 말씀을, ⁹다른 사람에게는 같은 성령으로 믿음을, 어떤 사람에게는 한 성령으로 병 고치는 은사를, ¹⁰어떤 사람에게는 능력 행함을, 어떤 사람에게는 예언함을, 어떤 사람에게는 영들 분별함을, 다른 사람에게는 각종 방언 말함을, 어떤 사람에게는 방언들 통역함을 주시나니 ¹¹이 모든 일은 같은 한 성령이 행하사 그의 뜻대로 각 사람에게 나누어 주시는 것이니라

고린도전서 12:1-11

예수님은 제자들에게 성령님을 '또 다른 보혜사'로 표현하셨습니다. '보혜사'라는 말은 우리말로 '도움을 주시는 분(Helper)', '위로해 주시는 분(Comforter)', '상담자(Counselor)' 등의 뜻을 가지고 있습니다. 보혜사 성령님께서 행하시는 가장 큰 사역은 죄로 인하여 죽을 수밖에 없는 우리들을 그의 구속사역에 효력 있게 동참시키시는 것입니다. 이와 같은 성령님의 사역에 대해서 은혜를 받지 못하신 분들은 자신에게 해당하는 이야기조차 알아듣지 못하지만, 성령의 특별한 은혜를 입은 자들은 세미한 바람 소리에도 하나님의 음성을 분별해 낼 수 있습니다. 성경은 기록될 당시에나 지금이나 동일하게 우리에게 들려주시는 하나님의 말씀인데, 정작 성경을 읽고 또 읽어도 그것이 자신에게 말씀하시는 하나님의 음성이라는 사실을 알지 못한다면 이것보다 안타까운 일도 없을 것입니다.

예수님께서 아무리 중요한 사역을 감당하셨다 할지라도, 그분과 우리들의 관계를 제대로 알지 못하면 우리에게 아무런 유익이 없습니다.

그런데 그리스도의 직분과 사역을 우리들에게 적용시키시는 분이 바로 성령님이십니다. 그래서 바울은 본문을 통하여 우리들로 하여금 예수님을 그리스도로 고백하게 하는 성령님의 구속사역을 먼저 소개합니다.

성령님께서는 예수님을 우리의 주(그리스도)로 고백하게 하십니다

예수님을 그리스도요 주로 고백할 수 있는 것은 성령님의 특별한 도움 덕분입니다.

> 그러므로 내가 너희에게 알리노니 하나님의 영으로 말하는 자는 누구든지 예수를 저주할 자라 하지 아니하고 또 성령으로 아니하고는 누구든지 예수를 주시라 할 수 없느니라(고전 12:3).

성령님은 2천 년 전에 피 흘려 돌아가신 예수님을 현재의 나에게 적용시켜 믿음을 가질 수 있도록 해 주십니다. 그래서 예수님도 '주는 그리스도시요, 살아 계신 하나님의 아들'이라 고백하는 베드로에게 "바요나 시몬아 네가 복이 있도다 이를 네게 알게 한 이는 혈육이 아니요 하늘에 계신 내 아버지시니라(마 16:17)."고 말씀하셨고, 밤중에 찾아온 관원 니고데모에게도 "사람이 물과 성령으로 나지 아니하면 하나님의 나라에 들어갈 수 없느니라(요 3:5)."고 하신 것입니다.

그렇다면 성령님께서 예수 그리스도의 구속 사역을 우리에게 어떤 방법으로 적용시키실까요?『소요리문답』30번에서 이 사실을 찾아볼 수 있습니다.

> 문30: 성령께서 그리스도께서 값 주고 사신 구속을 어떻게 우리에게 적용하십니까?
>
> 답 : 성령께서 그리스도께서 값 주고 사신 구속을 우리에게 적용하심은 우리 안에 믿음을 일으키시고 또 우리를 효과적으로 불러 그리스도와 하나가 되게 하심으로써 하십니다.

성령님께서 그리스도의 구속을 우리에게 적용하시기 위해 먼저 우리 마음속에 믿음을 일으키십니다. 구원은 믿음으로 말미암습니다. 그러나 이 믿음은 하나님의 선물입니다.

> 너희는 그 은혜에 의하여 믿음으로 말미암아 구원을 받았으니 이것은 너희에게서 난 것이 아니요 하나님의 선물이라(엡 2:8).

둘째, 하나님은 성령님을 통하여 우리들을 효과적으로 부르십니다. 어떤 이들은 모태에서부터 부르심을 받습니다. 어떤 이들은 유년시절에, 또 어떤 이들은 청년의 때에 혹은 장년의 때에 부르심을 받습니다. 저마다 나름대로 특별한 방법으로 부르심을 받습니다. 순탄하게 부르심에 응하는 사람들도 있지만 간혹 이 부르심을 거역하다가 만신창이가 된 다음에야 무릎을 꿇는 사람들도 있습니다. 성령님은 우리들을 부르기 위하여 끊임없이 탄식하시고 기도하시며, 격려하시고 책망하시며 우리들을 독려하십니다.

셋째, 성령님은 우리를 그리스도와 연합하여 하나가 되게 하십니다.

이는 그로 말미암아 우리 둘이 한 성령 안에서 아버지께 나아감을 얻
게 하려 하심이라 그러므로 이제부터 너희는 외인도 아니요 나그네도
아니요 오직 성도들과 동일한 시민이요 하나님의 권속이라
(엡 2:18-19).

그리스도와 하나 된 자는 하나님께서 모든 일을 책임지시고 이루어주
시며, 영광을 받으십니다.

너희가 내 안에 거하고 내 말이 너희 안에 거하면 무엇이든지 원하는
대로 구하라 그리하면 이루리라 너희가 열매를 많이 맺으면 내 아버
지께서 영광을 받으실 것이요 너희는 내 제자가 되리라(요 15:7-8).

그러나 본문의 주된 논의는 성령님의 은사에 대한 이야기입니다

은사(χαρισμα)는 선물(gift)입니다. 달라고 해서 받는 것은 선물이 아닙
니다. 어린아이들은 부모에게 선물을 달라고 조르기도 하지만 장성한
사람들은 그럴 수가 없습니다. 그러므로 무조건 달라고 조르기보다는

사모하는 것이 옳습니다(고전 12:31). 간절히 바라는 마음, 즉 사모하는 마음을 하나님이 먼저 아십니다.

특히 은사라는 말은 은혜(χαρις)와 비슷해 보이지만, 실제로는 은혜보다 훨씬 한정적입니다. 즉, 은사는 은혜 중의 하나로 각종 직무나 이에 따른 재능, 능력 등을 말합니다. 은사는 다양합니다. 그리고 사람마다 다를 수 있습니다. 본문에도 "각 사람에게 성령을 나타내심은 유익하게 하려 하심이라." 하였고(고전 12:7), 또 구체적으로 열거하는 중에 '어떤 사람은'이라는 표현을 반복적으로 사용합니다(고전 12:8-10). 그래서 최근 신학계에 "은사론"이라는 분야까지 생겼습니다. 그러나 그 기원(한 성령님)이나 목적(교회일치)에 있어서는 통일성을 갖습니다. 성경은 은사를 활용할 때는 질서가 있어야 함을 강조합니다(고전 14장). 분명한 것은 주님의 일에 부르심을 받은 사람은 자신의 힘이 아니라 주님께서 주시는 은사로 사역을 감당해야 한다는 사실입니다. 그래야 제대로 주님의 일을 할 수 있습니다. 따라서 반드시 은사를 받아야만 합니다.

그런데 본문에 나타난 다양한 은사들을 보면서 우리는 누구나 한 가지 이상의 은사는 다 받았다는 사실을 깨닫게 됩니다. 단 한 가지 은사도 받지 않은 사람은 아무도 없습니다. 또한 한꺼번에 모든 은사를 다 받은 사람도 없습니다. 우리들의 사역은 주님의 일입니다. 주님의 일은 주님이 하십니다. 주의 일을 하는 우리들은 은사를 받아야만 그 직분을 감당할 수 있습니다. 오늘 본문에 나타난 은사들은 분류하면 다음과 같습니다.

지적 능력에 관한 은사(2종)	특별한 신앙의 힘에 따른 은사(5종)	방언에 관한 은사(2종)
지혜의 말씀 지식의 말씀	믿음, 병 고침, 능력 행함, 예언, 영 분별	방언을 말함 방언을 통역함

신약성경 전체에서 은사에 관하여 언급하고 있는 본문을 소개하면 다음과 같습니다.

1. 로마서 12장 6-8절: 예언, 섬김, 가르침, 위로, 구제, 다스림, 긍휼을 베풂
2. 고린도전서 12장 4-11, 28절: 사도, 선지자, 교사, 능력, 병 고침, 서로 도움, 다스림, 각종 방언
3. 에베소서 4장 7-12절: 사도, 선지자, 복음 전하는 자, 목사, 교사.

중요한 것은 더욱 더 큰 은사를 사모하는 것입니다

거듭 강조합니다. **성도라면 당연히 한 가지 이상의 은사를 다 받았습니다.** 그러므로 받은 은사에 대하여 감사하면서 이를 활용해야 합니다. 항상 성령 충만하고 성령의 열매를 맺기 위해 자신의 은사를 사용해야 합니다. 뿐만 아니라 그것을 위해 더욱 더 큰 은사를 사모해야만 합니다 (고전 12:31). 더 큰 은사를 사모함으로써 하나님께서 우리에게 더 큰 은사를 허락하시고 또 그 은사를 사용할 수 있도록 우리를 인도하실 것을 간구해야 합니다.

은사는 여러 가지나 성령은 같고 직분은 여러 가지나 주는 같으며 또 사역은 여러 가지나 모든 것을 모든 사람 가운데서 이루시는 하나님은 같으니 각 사람에게 성령을 나타내심은 유익하게 하려 하심이라

고전 12:4-7

〈삶〉으로 이어 주는 Q&A

1. 성령님께서 하시는 사역 가운데 가장 중요한 일이 무엇이라고 생각합니까? 그리고 그 이유는 무엇인지 제시해 봅시다.

2. 왜 하나님께서는 사람마다 다른 은사를 주셨습니까? 전체적으로 교회라는 울타리에 근거를 두고 생각해 봅시다.

28장. 주님의 몸 된 교회와 지체

¹²몸은 하나인데 많은 지체가 있고 몸의 지체가 많으나 한 몸임과 같이 그리스도도 그러하니라 ¹³우리가 유대인이나 헬라인이나 종이나 자유인이나 다 한 성령으로 세례를 받아 한 몸이 되었고 또 다 한 성령을 마시게 하셨느니라 ¹⁴몸은 한 지체뿐만 아니요 여럿이니 ¹⁵만일 발이 이르되 나는 손이 아니니 몸에 붙지 아니하였다 할지라도 이로써 몸에 붙지 아니한 것이 아니요 ¹⁶또 귀가 이르되 나는 눈이 아니니 몸에 붙지 아니하였다 할지라도 이로써 몸에 붙지 아니한 것이 아니니 ¹⁷만일 온 몸이 눈이면 듣는 곳은 어디며 온 몸이 듣는 곳이면 냄새 맡는 곳은 어디냐 ¹⁸그러나 이제 하나님이 그 원하시는 대로 지체를 각각 몸에 두셨으니 ¹⁹만일 다 한 지체뿐이면 몸은 어디냐 ²⁰이제 지체는 많으나 몸은 하나라 ²¹눈이 손더러 내가 너를 쓸 데가 없다 하거나 또한 머리가 발더러 내가 너를 쓸 데가 없다 하지 못하리라 ²²그뿐 아니라 더 약하게 보이는 몸의 지체가 도리어 요긴하고 ²³우리가 몸의 덜 귀히 여기는 그것들을 더욱 귀한 것들로 입혀 주며 우리의 아름답지 못한 지체는 더욱 아름다운 것을 얻느니라 그런즉 ²⁴우리의 아름다운 지체는 그럴 필요가 없느니라 오직 하나님이 몸을 고르게 하여 부족한 지체에게 귀중함을 더하사 ²⁵몸 가운데서 분쟁이 없고 오직 여러 지체가 서로 같이 돌보게 하셨느니라 ²⁶만일 한 지체가 고통을 받으면 모든 지체가 함께 고통을 받고 한 지체가 영광을 얻으면 모든 지체가 함께 즐거워하느니라 ²⁷너희는 그리스도의 몸이요 지체의 각 부분이라 ²⁸하나님이 교회 중에 몇을 세우셨으니 첫째는 사도요 둘째는 선지자요 셋째는 교사요 그 다음은 능력을 행하는 자요 그 다음은 병 고치는 은사와 서로 돕는 것과 다스리는 것과 각종 방언을 말하는 것이라 ²⁹다 사도이겠느냐 다 선지자이겠느냐 다 교사이겠느냐 다 능력을 행하는 자이겠느냐 ³⁰다 병 고치는 은사를 가진 자이겠느냐 다 방언을 말하는 자이겠느냐 다 통역하는 자이겠느냐 ³¹너희는 더욱 큰 은사를 사모하라 내가 또한 가장 좋은 길을 너희에게 보이리라

고린도전서 12:12-31

초대교회는 은혜가 충만하였으나 문제도 있었습니다. 그중 하나가 받은 은혜로 말미암은 것이었습니다. 즉, 저마다 자신이 받은 은사를 강조하다보니 이러한 감격이 오히려 타인의 신앙생활에 나쁜 영향을 미치고 교회가 무질서하게 되는 결과를 초래하기도 했습니다. 고린도교회도 마찬가지였습니다. 그래서 바울은 모든 그리스도인이 한 몸인 교회의 지체임을 강조하며, "오직 하나님이 몸을 고르게 하여 부족한 지체에게 귀중함을 더하사 몸 가운데서 분쟁이 없고 오직 여러 지체가 서로 같이 돌보게 하셨음(고전 12:24-25)"을 교훈하며, "더욱 큰 은사를 사모하라(고전 12:31)."고 주장합니다.

몸은 하나인데 많은 지체가 있습니다

우리가 그리스도 안에서 한 몸이라고 하는 이유는 한 성령으로 세례를 받았기 때문입니다. 즉 우리 모두가 각각 지체가 되었기 때문입니다.

그래서 바울은 이것을 손과 발, 눈과 귀로 설명합니다. 각각 몸에 붙어 있는 위치도 다르지만 하는 역할도 구별이 됩니다. 그래서 반문합니다.

만일 온 몸이 눈이면 듣는 곳은 어디며 온 몸이 듣는 곳이면 냄새 맡는 곳은 어디냐(고전 12:17).

이제 지체는 많으나 몸은 하나라 눈이 손더러 내가 너를 쓸 데가 없다 하거나 또한 머리가 발더러 내가 너를 쓸 데가 없다 하지 못하리라(고전 12:20-21).

바울의 이와 같은 주장과 설명은 은사와 직분, 그중에서도 이미 앞에서 확인한 고린도전서 12장의 전반부 설명과 깊은 관련이 있습니다.

은사는 여러 가지나 성령은 같고 직분은 여러 가지나 주는 같으며 또 사역은 여러 가지나 모든 것을 모든 사람 가운데서 이루시는 하나님은 같으니 각 사람에게 성령을 나타내심은 유익하게 하려 하심이라(고전 12:4-7).

그래서 '어떤 사람에게는…, 어떤 사람에게는…'이라는 표현을 반복하여(고전 12:8-11) 제각기 구별된 은사를 받았음을 확인한 것입니다. 무엇보다 중요한 것은 "더 약하게 보이는 몸의 지체가 도리어 요긴하고, 우리가 몸의 덜 귀히 여기는 그것들을 더욱 귀한 것들로 입혀 주며, 우리의 아름답지 못한 지체는 더욱 아름다운 것을 얻느니라(고전 12:22-23)."는 말씀입니다. 세계 최고의 시계라도 작은 나사 하나가 없으면 작동하지 않습니다. 사람도 마찬가지입니다. 몸속 큰 장기는 당연하고, 손가락 하나만 없어도 많은 것을 할 수 없습니다. 잘 보이지 않거나 중요해 보이지 않는다고 업신여기면 큰 낭패를 당하기가 십상입니다. 때문에 고린도전서 12장 22-23절 말씀은 때에 따라 약하게 보이는 것이 더 요긴하며, 아름답지 않게 보이는 것이 더욱 아름다울 수도 있다는 사실을 강조하는 것입니다.

성도들이 가져야 할 지체 의식

고작 새끼손가락 손톱 밑이 곪아도 잠을 잘 수 없습니다. 고통이 온몸에 미치기 때문입니다. 따로 떼서 내버릴 수는 더욱 없습니다. 예수님을 머리로 하는 교회의 성도들도 마찬가지입니다. 어느 누가 실수를 저질러도 나와 무관하지 않으며, 누군가가 슬픈 일을 겪어도 상관이 없는 것이 아닙니다. 우리 중 지극히 작은 자가 고통을 겪는다고 해도 우리 주님은 우리 모두가 아픈 듯 아파하십니다. 그리고 머리 되신 우리 주님의 고통은 곧 우리의 아픔입니다.

> 만일 한 지체가 고통을 받으면 모든 지체가 함께 고통을 받고 한 지체가 영광을 얻으면 모든 지체가 함께 즐거워하느니라(고전 12:26).

재미있는 사실은 "우는 자들과 함께 울고 웃는 자들과 함께 웃어야" 하는데도 불구하고, 그리스도인들은 대개 함께 우는 일은 곧잘 하면서도 반대로 웃는 자들과 함께 웃는 일에 인색하다는 점입니다. 그리스도인은 다른 사람들의 즐거움에 참여하는 사람이어야 합니다. 우리 옛 속담처럼 "사촌이 논을 사면 배가 아프다."는 말이 그리스도인들에게는 적용되지 않았으면 좋겠습니다.

지체입니다.

가족입니다.

한 몸입니다.

노아가 실수를 저지르자 셈과 야벳은 덮었습니다. 그러나 함은 덮어주기보다는 떠벌리는 일에 여념이 없었다고 합니다. 그 결과 함은 저주를 받는 안타까움이 있었습니다(창 9:20-27). 그리스도인의 지체 의식은 각 교회에 국한된 것이 아닙니다. 전 세계 모든 교회와 관련이 있습니다. 그래서 선교를 이야기할 때 모든 나라, 모든 민족, 모든 교회, 모든 성도들을 강조하는 것입니다.

지체 의식과 교회의 직분

초대교회가 처음 직분자들을 세우는 기사가 사도행전 6장에 나옵니다. 교회지도자들은 교회의 불평과 불만요소들을 제거하기 위하여 몇 가지의 우선순위를 정합니다.

하나님의 말씀을 제쳐 놓고 접대를 일삼는 것이 마땅하지 아니하니
(행 6:2).

우리는 오로지 기도하는 일과 말씀 사역에 힘쓰리라 하니(행 6:4).

말씀과 기도와 전도가 우선이지만 이제 구제와 섬김을 위하여 집사를 선출합니다. 사역을 더 잘 감당하기 위해서, 그리고 교회의 불평과 원망을 해결하기 위하여 직분자들을 세웁니다. 그래서 그들은 지체 의식을 가지고 함께 힘을 모음으로써 교회를 든든하게 세워갑니다(행 6:7).

바울은 목회자인 디모데에게 교회의 지도자로서 갖춰야 할 자격에 대하여 이야기합니다. 교회의 책임을 맡은 감독의 자격에 대해 무려 15가지의 구체적인 내용을 열거합니다(딤전 3:1-7). 집사들도 몸가짐이 단정하고, 언행이 신실하며, 술에 인이 박히지 아니하고, 부당한 이익을 기대하지 않으며, 양심이 깨끗하고, 믿음의 비밀(구원의 확신을 말함)을 가진 자로서 자기 집을 잘 다스리는 사람이어야 합니다. 여자 직분자들은 첫째로 단정함이 요구되고 또한, 남의 단점을 보고 비방하거나 절제력이 없으면 안 됩니다(딤전 3:8-13).

교회론을 다루는 에베소서에도 교회의 직분을 사도와 선지자와 복음 전하는 자와 목사와 교사로 구분하면서, 모든 사람이 같은 직분이 아님을 분명히 합니다(엡 4:11-13).

본문 말씀에서도 "너희는 그리스도의 몸이요 지체의 각 부분이라(고전 12:27)." "하나님이 교회 중에 몇을 세우셨으니 첫째는 사도요 둘째는 선

지자요 셋째는 교사요 그 다음은 능력을 행하는 자요 그 다음은 병 고치는 은사와 서로 돕는 것과 다스리는 것과 각종 방언을 말하는 것이라(고전 12:28)."고 소개합니다.

그러나 우리는 그 다음의 질문에 유의해야 합니다. "다 사도이겠느냐 다 선지자이겠느냐 다 교사이겠느냐 다 능력을 행하는 자이겠느냐 다 병을 고치는 은사를 가진 자이겠느냐 다 방언을 말하는 자이겠느냐 다 통역하는 자이겠느냐(고전 12:29-30)?" 이것은 각각 그 고유한 직분과 은사를 인정하되, 자신의 맡은 직분과 은사에 충실할 것을 권면하는 것입니다. 그러면서도 "너희는 더욱 큰 은사를 사모하라(고전 12:31)."고 명령합니다. 우리의 직분은 은사이자 신령한 은혜입니다.

몸은 하나인데 많은 지체가 있고 몸의 지체가 많
으나 한 몸임과 같이 그리스도도 그러하니라

고전 12:12

〈삶〉으로 이어 주는 Q&A

1. 나는 어떠한 은사를 받았다고 생각합니까? 그리고 그
   은사는 우리 교회에서 어떻게 사용해야 합니까?

2. 받은 은사와 직책은 다르지만 지체 의식을 강조하는 것
   은 한 몸임을 강조하는 말입니다. 그렇다면 직분과 은
   사와는 어떤 관계가 있습니까?

29장. 영원한 사랑

[1]내가 사람의 방언과 천사의 말을 할지라도 사랑이 없으면 소리 나는 구리와 울리는 꽹과리가 되고 [2]내가 예언하는 능력이 있어 모든 비밀과 모든 지식을 알고 또 산을 옮길 만한 모든 믿음이 있을지라도 사랑이 없으면 내가 아무 것도 아니요 [3]내가 내게 있는 모든 것으로 구제하고 또 내 몸을 불사르게 내줄지라도 사랑이 없으면 내게 아무 유익이 없느니라 [4]사랑은 오래 참고 사랑은 온유하며 시기하지 아니하며 사랑은 자랑하지 아니하며 교만하지 아니하며 [5]무례히 행하지 아니하며 자기의 유익을 구하지 아니하며 성내지 아니하며 악한 것을 생각하지 아니하며 [6]불의를 기뻐하지 아니하며 진리와 함께 기뻐하고 [7]모든 것을 참으며 모든 것을 믿으며 모든 것을 바라며 모든 것을 견디느니라 [8]사랑은 언제까지나 떨어지지 아니하되 예언도 폐하고 방언도 그치고 지식도 폐하리라 [9]우리는 부분적으로 알고 부분적으로 예언하니 [10]온전한 것이 올 때에는 부분적으로 하던 것이 폐하리라 [11]내가 어렸을 때에는 말하는 것이 어린아이와 같고 깨닫는 것이 어린아이와 같고 생각하는 것이 어린아이와 같다가 장성한 사람이 되어서는 어린아이의 일을 버렸노라 [12]우리가 지금은 거울로 보는 것 같이 희미하나 그 때에는 얼굴과 얼굴을 대하여 볼 것이요 지금은 내가 부분적으로 아나 그 때에는 주께서 나를 아신 것 같이 내가 온전히 알리라 [13]그런즉 믿음, 소망, 사랑, 이 세 가지는 항상 있을 것인데 그 중의 제일은 사랑이라

고린도전서 13:1-13

세상에 영원한 것이 없지만 하나님은 영원하십니다. 사랑도 그렇습니다. 그렇게 손가락을 걸고 약속하지만 영원한 사랑은 없습니다. 그러나 하나님의 사랑은 영원한 사랑입니다. 더 중요한 것은 하나님의 사랑은 온전한 사랑이라는 것입니다. 간혹 에로스(이성적인 사랑), 필레오(주고받는 사랑), 스톨게(가족으로서의 사랑)를 이야기하면서 사랑에 대해 잘 아는 듯 행동하는 사람도 있지만, 그 모든 것을 다 가져도 하나님의 사랑(아가페)과 비교할 수 없습니다.

하나님은 당신의 형상대로 사람을 지으셨습니다. 물론 선악과 사건 이후 잃어버린 형상이긴 하나 그 형상의 모양(흔적)은 남아 있으며, 더 중요한 것은 그 형상을 온전히 회복할 수 있도록, 오늘 본문에서 사도 바울이 이야기하는 것처럼, 믿음 안에서 '사랑'이라는 거룩한 은사를 선물로 주셨습니다. '사랑'이야말로 우리들이 정말 사모해야 할 '더욱 큰 은사(고전 12:31)'이자 성령의 열매이며(갈 5:22), 궁극적으로는 주님께서 우리들에게 주신 가장 큰 사명(mission)인 것입니다.

우리가 사모해야 할 가장 큰 은사가 사랑인 이유는?

> 내가 사람의 방언과 천사의 말을 할지라도 사랑이 없으면 소리 나는
> 구리와 울리는 꽹과리가 되고(고전 13:1).

우리가 사랑을 가장 사모해야 하는 것은 예언의 능력이 있고 모든 비밀과 지식을 알며 산을 옮길 만한 믿음이 있어도, 사랑이 없으면 아무것도 아니기 때문입니다(고전 13:2). 가진 모든 것으로 구제하고 내 몸까지 불사르게 내준다 할지라도, 사랑이 없으면 무익한 것이기 때문(고전 13:3)입니다.

우리는 '영혼이 없는 설교'라느니, '알맹이가 없는 껍데기', 혹은 '내용 없는 질문'이나, 속어지만 '앙꼬 없는 찐빵'이라는 말도 씁니다. 방언을 해도, 아무리 달콤한 말을 하고 학문이 출중하고 봉사하고 섬기고 충성스럽다고 큰소리 쳐도, 사랑이 없고 진실하지 못하면 아무것도 아닙니다! 결국 '사랑'이 바로 신앙의 핵심이자 알맹이라는 이야기입니다.

그래서 사랑에 대하여 구체적으로 설명합니다

어떤 구구한 이론이나 설명도 사랑에 관하여 이번 본문보다 더 잘 설명할 수가 없습니다.

> 사랑은 오래 참고 사랑은 온유하며 시기하지 아니하며 사랑은 자랑하

지 아니하며 교만하지 아니하며 무례히 행하지 아니하며 자기의 유익을 구하지 아니하며 성내지 아니하며 악한 것을 생각하지 아니하며 불의를 기뻐하지 아니하며 진리와 함께 기뻐하고 모든 것을 참으며 모든 것을 믿으며 모든 것을 바라며 모든 것을 견디느니라

(고전 13:4-7).

무조건 '참아라!'가 아니고, 사랑하기 때문에 참아야 합니다. 흔히 참는다는 것은 "기다리는 것", "용서하는 것"으로 요약되기도 합니다. 사랑한다면 ① 참지 못할 일, ② 기다리지 못할 일, ③ 용서하지 못할 일은 결단코 없을 것입니다. 그래서 주님은 친히 말씀하셨습니다.

일곱 번뿐 아니라 일곱 번을 일흔 번까지라도 할지니라(마 18:22).

"형제가 내게 죄를 범하면 몇 번이나 용서하여 주리이까?"라고 묻는 제자들에게 대답하신 내용입니다. 그리스도인의 참된 모습은 온유(溫柔)함에 있습니다. 온유함이란 부드럽고 겸손하고 상대방을 생각해 주는 사려 깊은 것을 말합니다. 고린도후서에서도 그리스도인의 성품을 이야기하면서 이 표현을 씁니다.

이제 그리스도의 온유와 관용으로 친히 너희를 권하고(고후 10:1).

그리스도인은 온유(gentleness)한 성품을 가져야 합니다. 신사적(gentle)

이어야 한다는 것입니다. 사도행전 17장 11절에 나타난 신사적이라는 표현은 고귀하며(noble), 열려 있으며(opened mind), 멋지다(nice)는 뜻으로 번역되기도 합니다. 사전적으로는 '온유한 사랑'을 "그 사람의 처지에 서서 생각하는 것"으로 풀이합니다만 성경에서는 이 온유함이 더욱 다양하게 사용되었습니다.

> 이 사람 모세는 온유함이 지면의 모든 사람보다 더하더라(민 12:3).

> 또 주께서 주의 구원하는 방패를 내게 주시며 주의 오른손이 나를 붙들고 주의 온유함이 나를 크게 하셨나이다(시 18:35; 삼하 22:36).

> 너희 중에 지혜와 총명이 있는 자가 누구냐 그는 선행으로 말미암아 지혜의 온유함으로 그 행함을 보일지니라(약 3:13).

종교개혁가 존 칼뱅은 온유함을 시기하지 아니하고, 자랑하지 아니하고, 교만하지 아니하고, 무례하지 아니하며, 자기의 유익을 구하지 아니하는 모든 행위를 겸비한 사람이 가지는 속성으로 설명합니다. 그에 따르면 다른 사람들을 나보다 나은 사람으로 인정하고, 자기 스스로를 낮추는 '겸손한 자들'이야 말로 사랑을 삶으로 실천할 수 있는 사람들입니다. 그런 사람들은 성을 낼 일도 없고, 악한 것을 도모할 이유도 없습니다. 불의를 기뻐하지 아니하고, 진리와 함께 기뻐합니다.

이 모든 것을 다시 한번 요약하는 표현이 고린도전서 13장 7절의 말씀입니다. "모든 것을 참으며 모든 것을 믿으며 모든 것을 바라며 모든 것을 견디는 것"입니다. 바로 앞 4-6절의 말씀을 요약하면서 '참는다'는 말과 '견딘다'는 말을 반복합니다. 그만큼 중요하다는 뜻입니다. 모든 것을 믿으며(믿음), 모든 것을 바라는 것이로되(소망) 사랑은 '참고 견디는 것'이 중요하다는 점을 강조하고 있습니다. 이것을 반드시 기억해야 합니다.

영원하고 온전한 사랑이 성취되는 그 때를 바라보며

예언도 폐하는 날이 있습니다. 방언도 그치며, 지식도 폐하는 날이 옵니다. 그러나 사랑은 언제까지나 떨어지지 아니합니다(고전 13:8). 우리가 지금 아무리 사랑을 이야기해도 부분적인 것에 불과합니다. 그러나 이 부분적인 것들도 폐하게 되리라고 설명합니다. 온전한 그날이 오기 때문입니다(고전 13:10). 어린아이가 어른의 일을 다 알 수 없습니다. 장성하고서야 비로소 어린아이의 일을 버릴 수 있습니다. 거울을 보는 것 역시 마찬가지입니다. 당시의 청동거울은 희미하게 얼굴을 비출 수 있었습니다. 얼굴을 마주 대할 때 진짜 모습을 알 수 있습니다(고전 13:11-12). 바울은 이 모든 것이 이루어지는 그때가 있음을 강조합니다.

> 우리가 지금은 거울을 보는 것 같이 희미하나 그 때에는 얼굴과 얼굴을 대하여 볼 것이요 지금은 내가 부분적으로 아나 그 때에는 주께서 나를 아신 것 같이 내가 온전히 알리라(고전 13:12).

온전한 사랑! 그래서 바울은 고린도전서 13장 마지막 절에서 다시 한번 강조합니다. 믿음이나 소망도 중요하지만 그중에 제일이 사랑이라고 이야기합니다.

그런즉 믿음, 소망, 사랑, 이 세 가지는 항상 있을 것
인데 그중의 제일은 사랑이라

고전 13:13

〈삶〉으로 이어 주는 Q&A

1. 사랑의 정의 중 내가 가장 중요하다고 생각하는 실천요
   소는 무엇입니까?

2. 사랑을 실천하는 삶 중에서 나에게 가장 부족한 부분이
   무엇인지 확인하고, 은사 중 가장 큰 사랑의 은사 실천
   을 위해 기도합시다.

30장. 은사 활용: 교회의 덕을 세워라

¹사랑을 추구하며 신령한 것들을 사모하되 특별히 예언을 하려고 하라 ²방언을 말하는 자는 사람에게 하지 아니하고 하나님께 하나니 이는 알아 듣는 자가 없고 영으로 비밀을 말함이라 ³그러나 예언하는 자는 사람에게 말하여 덕을 세우며 권면하며 위로하는 것이요 ⁴방언을 말하는 자는 자기의 덕을 세우고 예언하는 자는 교회의 덕을 세우나니 ⁵나는 너희가 다 방언 말하기를 원하나 특별히 예언하기를 원하노라 만일 방언을 말하는 자가 통역하여 교회의 덕을 세우지 아니하면 예언하는 자만 못하니라 ⁶그런즉 형제들아 내가 너희에게 나아가서 방언으로 말하고 계시나 지식이나 예언이나 가르치는 것으로 말하지 아니하면 너희에게 무엇이 유익하리요 ⁷혹 피리나 거문고와 같이 생명 없는 것이 소리를 낼 때에 그 음의 분별을 나타내지 아니하면 피리 부는 것인지 거문고 타는 것인지 어찌 알게 되리요 ⁸만일 나팔이 분명하지 못한 소리를 내면 누가 전투를 준비하리요 ⁹이와 같이 너희도 혀로써 알아 듣기 쉬운 말을 하지 아니하면 그 말하는 것을 어찌 알리요 이는 허공에다 말하는 것이라 ¹⁰이같이 세상에 소리의 종류가 많으나 뜻 없는 소리는 없나니 ¹¹그러므로 내가 그 소리의 뜻을 알지 못하면 내가 말하는 자에게 외국인이 되고 말하는 자도 내게 외국인이 되리니 ¹²그러므로 너희도 영적인 것을 사모하는 자인즉 교회의 덕을 세우기 위하여 그것이 풍성하기를 구하라 ¹³그러므로 방언을 말하는 자는 통역하기를 기도할지니 ¹⁴내가 만일 방언으로 기도하면 나의 영이 기도하거니와 나의 마음은 열매를 맺지 못하리라 ¹⁵그러면 어떻게 할까 내가 영으로 기도하고 또 마음으로 기도하며 내가 영으로 찬송하고 또 마음으로 찬송하리라 ¹⁶그렇지 아니하면 네가 영으로 축복할 때에 알지 못하는 처지에 있는 자가 네가 무슨 말을 하는지 알지 못하고 네 감사에 어찌 아멘 하리요 ¹⁷너는 감사를 잘하였으나 그러나 다른 사람은 덕 세움을 받지 못하리라 ¹⁸내가 너희 모든 사람보다 방언을 더 말하므로 하나님께 감사하노라 ¹⁹그러나 교회에서 네가 남을 가르치기 위하여 깨달은 마음으로 다섯 마디 말을 하는 것이 일만 마디 방언으로 말하는 것보다 나으니라

고린도전서 14:1-19

하나님께서 주신 은사는 그 자체로 그리스도인들에게 큰 복입니다. 그러나 주신 선물인 은사를 잘못 사용하면 하나님의 영광을 가리게 되고, 교회에도 덕이 되지 못하며, 자신에게도 무익한 결과를 가져오게 됩니다. 그래서 바울은 고린도전서 11장에서 '공적인 예배를 위한 교회의 질서'라는 주제에서 시작하여 14장에 이르기까지 고린도교회 성도들의 은사로 인한 문제들을 지적하며 바른 은사의 활용을 교훈합니다. 뿐만 아니라 무엇보다 더 큰 은사를 사모할 것을 권면한(고전 12:31) 바울은 고린도전서 13장에서 가장 귀한 '사랑의 은사'에 대하여 설명합니다.

본문 말씀은 방언과 예언을 비교하며, 방언의 제한성과 함께 방언보다는 상대적으로 예언이 더 유익하다는 사실을 이야기함으로써 은사의 활용에 대하여 교훈하고 있습니다. 특히 방언과 예언의 은사를 꼬집어 언급하는 이유는 고린도교회의 교인들이 다른 은사들보다 겉으로 보기에 신비스러운 방언의 은사만을 최고로 여기므로 교회에 많은 혼란이 생겼기 때문입니다.

바울은 방언이 영적인 신비성을 지니고 있어서(고전 14:2) 자기의 덕을 세우는 은사이기는 하나(고전 14:4), 예언은 "덕을 세우며 권면하며 위로하는 것(고전 14:3)"이므로 개인이 아니라 교회의 덕을 세우는 것임을 강조합니다(고전 14:4). 그러므로 방언하는 자들도 예언(권면과 위로)하기를 힘쓰며, 스스로 통역함으로써 교회의 덕을 세우도록 하라는 것입니다. 이는 피리나 거문고나 나팔이 제 소리를 분명히 하는 것처럼(고전 14:7-8), 또 "세상에 소리의 종류가 많으나 뜻 없는 소리가 없는 것(고전 14:10)"처럼, 방언도 그 뜻이 분명히 전달되도록 통역을 구함으로써 교회의 덕이 되어야 함을 역설합니다.

여기서 오해하지 않아야 할 것은 바울이 방언을 백해무익(百害無益)한 것으로 간주한 것이 아니라는 사실입니다. 바울이 고린도교회 교인들에게 권면하는 것은 신비스럽게 보이기는 하나 전혀 뜻이 통하지 않는 방언만을 바라지 말고 교회에 덕을 끼치는 은사를 구하라는 것이요, 또한 영으로 축복할 때 은사를 받지 못한 자라고 할지라도 '아멘'으로 응답할 수 있도록 하라는 것입니다(고전 14:16). 그래서 바울 자신도 다른 모든 사람들보다 더 많은 방언을 말할 수 있다는 사실에 하나님께 감사하노라고 선언합니다(고전 14:18).

마지막으로 바울은 교회에서 남을 가르치기 위하여 깨달은 마음으로 다섯 마디를 하는 것이 일만 마디의 방언보다 낫다(고전 14:19)고 충고합니다. 사도행전에서 '방언'은 외국어이거나 지역적 특징을 가진 토착어이지만, 여기서 언급하는 방언은 신비 방언이라고 하며, 이것이야말로 교회의 덕을 위하여 사용되어야 한다는 것입니다. 방언과 예언 외에도 다양한 종류의 은사가 있습니다. 그중에서도 이적과 같은 신비한 은사가 있는가 하면 매우 이성(理性)적인 은사도 있습니다. 그 구체적인 내용들을 구분한 것을 274~275쪽에 있는 "이적적 은사와 비(非)이적적 은사" 표에서 살펴볼 수 있습니다.

실제로 이적적인 은사가 있습니다. 하나님의 은혜로 베풀어지는 '비상 섭리'입니다. 하나님은 자연의 질서와 원칙을 통하여 세상 모든 만물을 섭리하시고 다스리십니다. 그러나 이적이라는 것은 이러한 질서를 초월하여 나타나는 결과입니다. 그만큼 하나님은 당신의 백성들과 교회를 사랑하셔서 이러한 은사를 행하도록 허락하신 것입니다. 따라서 거듭 강조하지만 이러한 은사는 반드시 교회의 덕을 위하여 구해야 합니다. 무조건, 이유도 없이, 때로는 인간적인 욕심으로 이러한 은사들을 구하거나 기적적인 일들을 원하는 것은 하나님의 창조질서나 그의 섭리를 거스르는 것임을 잊어서는 안 됩니다.

이적적인 은사를 체험하였거나 이러한 은사를 받은 성도들은 항상 교회의 덕을 생각해야 합니다. 예수 그리스도의 영광을 구해야 합니다. 하나님의 창조 질서를 기억하고 유익하게 은사를 활용할 줄 알아야 합니다. 선물을 함부로 다루거나 남용한 일도 없어야 하지만 받은 은사를 귀히 여길 줄도 알아야 합니다.

이적적 은사와 비(非)이적적 은사 구분

※ 자료출처: 오성춘, 「하나님의 은사와 성령 자료」 중에서

구분	은사의 종류	관련 성구	내용	비고
이적적 은사	지혜의 말씀	고전 12:8	하나님의 뜻을 직관적으로 분별, 능력 있게 전할 수 있음	오늘날도 나타남
	지식의 말씀	고전 12:8	성경을 논리적으로 연구, 그 이치를 깨닫게 가르침	오늘날도 나타남
	믿음	고전 12:9	온전한 믿음으로 구원에 이르며 그 능력을 드러낼 수 있음	오늘날도 나타남
	병 고침	고전 12:9, 28	각종 병도 치료 이적적으로 치유시킬 수 있는 능력	영구적이나 초대교회 당시 강력했음
	능력 행함	고전 12:10, 28 행 5:12-16	강력하고 광범위한 이적 현상을 동반하는 은사	오늘도 유효하나 옛날 처럼 강하지 못함
	예언	롬 12:6 고전 12:10	성령의 가르치심을 따라 미래에 대한 하나님의 뜻을 가르치며 강론함	신구약 66권으로 순수예언은 종결됨
	영 분별	고전 12:10 행 5:1-11	영적현상을 성령에 의한 것인지 잘못된 것인지 분별함	흔히 투시라는 것은 오늘날 거의 없음
	방언	고전 12:10, 28 행 2:5-13	① 이방나라 언어를 구사함 ② 하나님과 교제차원에서 신비한 언어 구사	①은 한시적 ②는 지금도 나타남
	통역	고전 12:10	교회 유익을 위해 방언을 해석, 통역함	오늘날 찾기 힘든 것으로 해석함

구분	은사의 종류	관련 성구	내용	비고
	사도	고전 12:28 엡 4:11	열두 제자와 바울처럼 교회의 기초를 놓음	비상직무, 시효 종료
	선지자	고전 12:28 엡 4:11	순회 설교자의 직무 예언 선포와 복음의 선포	구약과 초대교회 당시 은사
	교사	고전 12:28 엡 4:11	순회하며 체계적인 말씀을 가르치는 직무	오늘날 신학교 교수 사역과 유사
	복음 전파	엡 4:11	두루 다니며 복음 전파	오늘날 선교사
비(非) 이적적 은사	목사	엡 4:11	각 교회 중심의 사역자	목사의 직으로 변화
	섬기는 자	롬 12:7	교회와 교인을 섬김	안정된 이후 집사직
	가르침	롬 12:8	가르치는 자질과 소명	오늘날 교사로 봄
	구제함	롬 12:8	교회 포함 사회적인 섬김	은혜에 대한 감사
	다스림	롬 12:8 고전 12:28	교회의 운영과 치리	장로, 감독의 은사
	권면, 위로	롬 12:8	개인에게 장려, 권고함	권면의 은사(권사)
	긍휼을 베품	롬 12:8	고통을 함께 나누는 소명과 직무	교회의 가장 큰 미덕 중 하나
	서로 도움	고전 12:28	사랑으로 돕는 은사	교회의 원초적 은사

> 그러므로 너희도 영적인 것을 사모하는 자인즉
> 교회의 덕을 세우기 위하여 그것이 풍성하기를 구하라
>
> 고전 14:12

〈삶〉으로 이어 주는 Q&A

1. 은사의 목적이 무엇이라고 생각합니까? 선물(gift)은 좋은 것이지만 때에 따라서 무익한 경우도 있습니다. 어떤 경우인지 교회 생활을 통하여 확인해 봅시다.

2. 내가 사모하는 은사의 목록을 작성해 봅시다. 그리고 그것이 교회에 어떤 유익이 되는지를 생각해 보고, 덕을 세우는 일이라면 간절히 구하며 기도합시다.

"

"

자신의 생각을 자유롭게 적어 보세요!

31장. 교회의 품격과 질서

²⁰형제들아 지혜에는 아이가 되지 말고 악에는 어린아이가 되라 지혜에는 장성한 사람이 되라 ²¹율법에 기록된 바 주께서 이르시되 내가 다른 방언을 말하는 자와 다른 입술로 이 백성에게 말할지라도 그들이 여전히 듣지 아니하리라 하였으니 ²²그러므로 방언은 믿는 자들을 위하지 아니하고 믿지 아니하는 자들을 위하는 표적이나 예언은 믿지 아니하는 자들을 위하지 않고 믿는 자들을 위함이니라 ²³그러므로 온 교회가 함께 모여 다 방언으로 말하면 알지 못하는 자들이나 믿지 아니하는 자들이 들어와서 너희를 미쳤다 하지 아니하겠느냐 ²⁴그러나 다 예언을 하면 믿지 아니하는 자들이나 알지 못하는 자들이 들어와서 모든 사람에게 책망을 들으며 모든 사람에게 판단을 받고 ²⁵그 마음의 숨은 일들이 드러나게 되므로 엎드리어 하나님께 경배하며 하나님이 참으로 너희 가운데 계신다 전파하리라 ²⁶그런즉 형제들아 어찌할까 너희가 모일 때에 각각 찬송시도 있으며 가르치는 말씀도 있으며 계시도 있으며 방언도 있으며 통역함도 있나니 모든 것을 덕을 세우기 위하여 하라 ²⁷만일 누가 방언으로 말하거든 두 사람이나 많아야 세 사람이 차례를 따라 하고 한 사람이 통역할 것이요 ²⁸만일 통역하는 자가 없으면 교회에서는 잠잠하고 자기와 하나님께 말할 것이요 ²⁹예언하는 자는 둘이나 셋이나 말하고 다른 이들은 분별할 것이요 ³⁰만일 곁에 앉아 있는 다른 이에게 계시가 있으면 먼저 하던 자는 잠잠할지니라 ³¹너희는 다 모든 사람으로 배우게 하고 모든 사람으로 권면을 받게 하기 위하여 하나씩 하나씩 예언할 수 있느니라 ³²예언하는 자들의 영은 예언하는 자들에게 제재를 받나니 ³³하나님은 무질서의 하나님이 아니시요 오직 화평의 하나님이시니라 모든 성도가 교회에서 함과 같이 ³⁴여자는 교회에서 잠잠하라 그들에게는 말하는 것을 허락함이 없나니 율법에 이른 것 같이 오직 복종할 것이요 ³⁵만일 무엇을 배우려거든 집에서 자기 남편에게 물을지니 여자가 교회에서 말하는 것은 부끄러운 것이라

³⁶하나님의 말씀이 너희로부터 난 것이냐 또는 너희에게만 임한 것이냐 ³⁷만일 누구든지 자기를 선지자나 혹은 신령한 자로 생각하거든 내가 너희에게 편지하는 이 글이 주의 명령인 줄 알라 ³⁸만일 누구든지 알지 못하면 그는 알지 못한 자니라 ³⁹그런즉 내 형제들아 예언하기를 사모하며 방언 말하기를 금하지 말라 ⁴⁰모든 것을 품위 있게 하고 질서 있게 하라

고린도전서 14:20-40

개인에게 인격이 있듯이 나라에
는 국격이 있습니다. 정부가 국민들의 삶을 교정하는 요청을 할 때면 어
김없이 등장하는 말이 바로 '국격'입니다. 왜냐하면 국격은 국민으로부
터 비롯되기 때문입니다. 교회도 마찬가지입니다. 교회가 성숙하다거나
품위가 있다거나 인격적이라는 말은 사실 성도들의 삶에 대한 평가에서
부터 시작됩니다. 성숙한 성도들의 성숙한 언행과 품위 있는 생활과 질
서가 성숙한 교회라는 평을 낳습니다.

바울은 고린도교회를 향하여 여러 가지 은사를 교훈하는 중 "더욱 큰
은사를 사모하라(고전 12:31)."고 요청했고, 본문에서도 단순한 방언이나
예언에 대한 논의보다는 교회의 품위와 질서, 그리고 그리스도인으로서
의 인격을 강조합니다. 방언이나 예언도 하나님의 영광이 목적이며, 이
웃에게는 덕을 세울 수 있도록 장성한 그리스도인으로서의 지혜를 이야
기하는 것입니다.

악에는 어린아이, 지혜에는 장성한 사람이 되라

바울은 고린도전서 12장부터 은사에 대한 교훈을 하고 있습니다. 13장에서 '사랑'을 가르친 바울은 14장에서는 방언과 통역, 그리고 예언의 유익함을 역설하며 은사에 대한 교훈을 하고 있습니다. 그러고는 바로 지혜와 장성함을 이야기합니다. 그 이유가 무엇일까요?

> 형제들아 지혜에는 아이가 되지 말고 악에는 어린아이가 되라 지혜에는 장성한 사람이 되라(고전 14:20).

어린아이는 선물을 받으면 자랑하고 싶어서 견디지를 못합니다. 혹 부모가 다른 어른이나 이웃을 생각해서 조심스럽게 선물을 사 주어도 아이들은 그것을 알지 못합니다. 기쁜 마음에 온통 떠벌리는 바람에 부모는 선물을 사 주고도 오히려 난처한 경우를 겪기도 합니다. 만약 부모가 그런 일을 겪으면 사랑하는 아이라도 주의를 주거나 다시 선물을 사 주지 않을 수 있습니다.

모든 성도들은 하나님의 은혜, 곧 은사로 살아가는 사람들입니다. 그러나 모두가 똑같은 은사를 받은 것은 아닙니다. 자신의 은사를 자랑함으로 타인에게 상처를 남기거나 신앙에 손실을 갖게 한다면 결코 덕이될 수 없습니다. 결국 더 이상 선물을 받지 못하는 어린아이처럼 될 수있습니다. 그러므로 지혜롭게 은사를 활용하면서 또 잘 간수할 수 있어야 합니다. 선물을 가벼이 여기는 것도 지혜로운 일이 아니기 때문입니다. 은사를 귀히 여기시되 감사하며, 유익하게, 덕을 세우며, 지혜롭게 활용할 줄 아는 장성한 그리스도인이 되시기 바랍니다.

예언은 … 믿는 자들을 위함이니라

대부분의 개혁자들은 모든 성도들이 다 계시된 말씀인 성경을 믿고 선포하며 가르치며 전하는 자이므로 우리들은 다 예언자적인 사명을 갖는다고 이야기합니다. 그러나 종종 예언과 예견을 혼동하는 사람들이 있습니다. 예언과 예견은 서로 다릅니다. 그래서 구약의 선지자들처럼 미리 예견하는 일에 대해서 경계하며, 조심할 것을 권면합니다. 물론 하나님의 말씀을 선포하며, 장차 이루어질 하나님 나라와 심판에 대한 것이 예언의 중심이라는 것은 부인할 수 없습니다. 그러나 오늘 본문이나 다른 성경 말씀 중에서 예견하는 기사를 확인할 수 있기 때문에 전면적으로 부인할 수는 없습니다.

예언의 은사는 누구에게나 주어진 은사는 아닙니다. 예를 들어 사도행전 21장 11-12절에도 예언자 아가보가 바울의 결박을 예언하고 있는데, 그는 "성령께서 말씀하시되"라는 서언을 통해 이러한 예견이 자신의 생각이 아님을 명백히 기록하고 있습니다. 그러나 오늘 본문은 예언이냐 예견이냐를 이야기하는 것이 아니라 예언과 방언을 비교합니다. 예언은 성경 말씀을 명백히 알 수 있게 하는 은사로, '믿는 자들을 위한' 것입니다. 그러므로 모든 사람들에게 유익합니다. 반면 방언은 사도행전 2장에서 보듯 믿지 않는 자들에게 복음을 전하는 데 매우 중요한 역할을 합니다. 즉, '믿지 않는 자들을 위한' 표적입니다. 다만 예언과 달리 전도할 때 드러나는 위험도 상존합니다.

> 그러므로 방언은 믿는 자들을 위하지 아니하고 믿지 아니하는 자들을 위하는 표적이나 예언은 믿지 아니하는 자들을 위하지 않고 믿는 자들을 위함이니라 그러므로 온 교회가 함께 모여 다 방언으로 말하면 알지 못하는 자들이나 믿지 아니하는 자들이 들어와서 너희를 미쳤다 하지 아니하겠느냐(고전 14:22-23).

바울은 비록 방언이 믿지 아니하는 자들을 위한 표적이지만 온 교회가 다 방언으로 말하면 알아듣지 못하는 자, 믿지 아니하는 자들이 와서 미쳤다고 하지 않겠느냐고 반문합니다. 즉 교회가 온통 방언으로만 기도하면 믿음이 없는 사람들은 마음을 열기는커녕 오히려 경계하지 않겠느냐는 염려인 것입니다. 방언이 신비한 은사인 것은 분명한 사실이지만, 그로 인해 미쳤다는 소리를 듣는 것은 복음전파에 방해가 될지언정 결코 유익한 일은 아니기 때문입니다.

모든 것을 품위 있게 하고 질서 있게 하라

그리스도인들은 신령한 사람들입니다. 분명히 신비한 체험도 하게 되고, 때로는 상상도 할 수 없는 놀라운 은혜를 받기도 합니다. 그렇다고 어린아이들처럼 처신하거나 분별력이 없이 떠벌리게 되면 하나님의 본래 의도하신 목적과는 전혀 무관한 결과를 초래하게 됩니다. 하나님의 영광을 가릴 뿐 아니라 주님의 사역에도 큰 방해가 되기 쉽습니다. 그래서 바울은 지혜롭게 처신할 것을 교훈한 다음 질서를 강조하는 것입니다. 성도들의 모임(예배)에는 찬송이 있습니다. 가르치는 말씀도 있습니다. 그러나 서로의 권면과 간증도 있어서 "계시도 있으며, 방언도 있으며, 통역함"도 있습니다(고전 14:26).

그러나 바울은 이 모든 것은 "덕을 세우기 위하여 하라."고 명령합니다. 무엇보다 차례를 강조합니다. 방언을 하더라도 차례대로 하되 통역이 없으면 알아듣지 못함으로 하지 말고, 예언을 한다고 해도 분별할 줄 아는 사람이 있어야 하고, 모든 사람이 권면을 받고 배울 수 있게 하되 특별히 "하나님은 무질서의 하나님이 아니시요 오직 화평의 하나님이심(고전 14:33)"을 강조합니다.

가끔 "여자는 교회에서 잠잠하라(고전 14:34)."는 구절을 두고 논란을 벌이기도 합니다. 하지만 이것은 성차별적인 명령으로 여자를 억압하라는 것이 아닙니다. 이 말씀을 잘 이해하기 위해 반드시 앞 구절을 먼저 확인해야 합니다. 즉, "모든 성도가 교회에서 함과 같이"라는 단서입니다. 모두 잠잠해야 합니다. 다만, 당시에는 대다수의 성도들이 여인들이었고, 간혹 그들 중 일부가 남편을 제쳐두고 부끄러움 없이 교회의 질서를 무너뜨리기도 했기에 이를 대표로 하여 엄한 경고를 한 것입니다.

예언이 중요합니다. 그렇다고 방언도 경시해서는 안 됩니다. "그런즉 내 형제들아 예언하기를 사모하며 방언 말하기를 금하지 말라(고전 14:39)." 그러나 "모든 것을 품위 있게 하고 질서 있게 하라(고전 14:40)."

묵상의 잔에 담긴 말씀

하나님은 무질서의 하나님이 아니시요 오직 화평의
하나님이시니라 모든 것을 품위 있게 하고 질서 있게
하라

고전 14:33, 40

〈삶〉으로 이어 주는 Q&A

1. 교회의 품격을 손상시키는 일에는 어떤 것들이 있습니
   까? 최근에 일어나고 있는 일들을 중심으로 정리해 봅
   시다.

2. 교회의 화평과 질서를 위하여 내가 해야 할 일들은 어
   떤 일들이 있습니까? 또 그 일들을 위하여 하나님께서
   나에게 어떤 은사를 주셨습니까?

32장. 나의 나 된 것은?

[1]형제들아 내가 너희에게 전한 복음을 너희에게 알게 하노니 이는 너희가 받은 것이요 또 그 가운데 선 것이라 [2]너희가 만일 내가 전한 그 말을 굳게 지키고 헛되이 믿지 아니하였으면 그로 말미암아 구원을 받으리라 [3]내가 받은 것을 먼저 너희에게 전하였노니 이는 성경대로 그리스도께서 우리 죄를 위하여 죽으시고 [4]장사 지낸 바 되셨다가 성경대로 사흘 만에 다시 살아나사 [5]게바에게 보이시고 후에 열두 제자에게와 [6]그 후에 오백여 형제에게 일시에 보이셨나니 그중에 지금까지 대다수는 살아 있고 어떤 사람은 잠들었으며 [7]그 후에 야고보에게 보이셨으며 그 후에 모든 사도에게와 [8]맨 나중에 만삭되지 못하여 난 자 같은 내게도 보이셨느니라 [9]나는 사도 중에 가장 작은 자라 나는 하나님의 교회를 박해하였으므로 사도라 칭함 받기를 감당하지 못할 자니라 [10]그러나 내가 나 된 것은 하나님의 은혜로 된 것이니 내게 주신 그의 은혜가 헛되지 아니하여 내가 모든 사도보다 더 많이 수고하였으나 내가 한 것이 아니요 오직 나와 함께 하신 하나님의 은혜로라 [11]그러므로 나나 그들이나 이같이 전파하매 너희도 이같이 믿었느니라

고린도전서 15:1-11

고린도전서 15장은 바로 부활
장입니다. 부활신앙은 기독교 신앙의 초석입니다. 그래서 지금까지 살
펴본 고린도교회의 문제점들과는 달리 이번 장에서는 부활에 대한 교리
를 58절에 이르는 긴 내용으로 설명하고 있습니다. 부활에 대한 바른 지
식과 분명한 믿음 없이는 어느 누구도 올바른 신앙을 가질 수 없기 때문
입니다.

바울은 자신을 "만삭되지 못하여 난 자(고전 15:8)", "사도라 칭함 받기
를 감당하지 못할 자(고전 15:9)"라고 겸손히 소개하면서도, 정말 중요한
사실은 자기가 부활의 주님을 직접 만난 것이라고 고백합니다. 바울은
"부활의 확실성"을 이야기하면서 자신이 부활의 증인이 되고 이를 증언
하게 된 것은 모두가 그와 함께 하시는 하나님의 은혜 때문이라고 고백
합니다.

성경대로 죽으시고, 성경대로 살아나사

바울은 예수 그리스도의 부활이 가장 분명하게 증명되는 이유는 하나님의 말씀, 곧 성경이라고 강조합니다. 바울은 그리스도의 부활은 미리 예언된 것이 성취된 것임을 이야기합니다.

> 이는 성경대로 그리스도께서 우리 죄를 위하여 죽으시고 장사 지낸
> 바 되셨다가 성경대로 사흘 만에 다시 살아나사(고전 15:3-4).

여기에서 바울이 성경을 강조하는 것은 예수 그리스도의 죽음과 부활이 우연한 사건이 아니기 때문입니다. 구약성경에 예언되었던 일이 성취되었다는 것입니다. 하나님께서 인간들을 구원하기 위한 계획을 가지셨고, 때가 이르매 그리스도를 보내셔서 그의 뜻을 이루셨다는 것입니다. '십자가와 부활'은 기독교 복음의 핵심입니다. '성경대로 우리의 죄를 위하여 죽으시고 장사 지낸 바 되셨다'는 사실과, 또다시 '성경대로'라는 표현과 함께 '사흘 만에 다시 사셨음'을 주장합니다.

그런데 '다시 사심'에 대한 헬라어의 문법적 표현이 특이합니다. 과거형이 아니라 '현재완료 수동태 직설법'입니다. 쉽게 설명하면 '에게겔타이(ἐγέγερται)'라는 표현은 그리스도의 부활이 과거의 사건으로 끝나는 것이 아니라 지금도 부활하신 몸으로 살아 계셔서 성도들과 함께 계신다는 뜻이며, 수동태로 되어 있다는 말은 이 부활은 하나님의 능력으로 '되어진 일'임을 나타냅니다.

게바에게 보이시고 후에 열두 제자와 그 후에 오백여 형제에게 …

당시 주님의 부활을 부정하는 자들의 주장은 다음의 몇 가지로 정리할 수 있습니다.

> 첫째, 제자들이 예수님의 시체를 훔쳐간 후 빈 무덤을 이야기한다
> (시체 도난설).
> 둘째, 제자들이 환상을 보았다(환상설).
> 셋째, 예수님은 돌아가신 것이 아니고 잠깐 혼절했을 것이다(기절설).

이러한 주장들은 도무지 말이 되지 않는 이야기입니다. 서슬이 퍼런 로마 군인들이 지키는 무덤을 겁 많은 제자들이 깨뜨리고 예수님의 시체를 훔쳐갔다는 것은 상상하기 어렵습니다. 또한 온 몸에 피가 다 빠져 옆구리에 물이 나온 시신을 보고 기절했다는 주장도 이치에 맞지 않습니다.

그런데 오늘 바울이 증언하는 내용은 부활하신 예수님께서 열두 제자를 비롯한 많은 사람들에게 일시에 보이셨다는 사실입니다. 바울 자신만 홀로 예수님을 만났다면 그것을 두고 환상이라고 폄훼할 수 있겠지만, 자신이 아니더라도 다른 많은 사람들이 부활하신 예수님을 만났다는 사실을 부각함으로써 자신도 역시 환상을 본 것이 아니라는 주장을 펴는 것입니다. 즉, 바울은 자신과 다른 이들의 경험을 통해 예수님의

부활의 실제성을 확인시키고 있는 것입니다.

> 게바에게 보이시고 후에 열두 제자에게와 그 후에 오백여 형제에게
> 일시에 보이셨나니 그중에 지금까지 대다수는 살아 있고 어떤 사람은
> 잠들었으며 그 후에 야고보에게 보이셨으며 그 후에 모든 사도에게와
> 맨 나중에 만삭되지 못하여 난 자 같은 내게도 보이셨느니라
> (고전 15:5-8).

2천 년 전이나 지금이나 과학을 말하는 사람들이 있습니다. 과학은
'사실을 연구하는 학문'입니다. 좀 더 정확히 말하면 존재하는 사실의 원
인과 과정을 연구하여 검증하는 것이 과학입니다. 그런데 부활사건은
분명한 역사적 사실입니다. 따라서 제대로 된 과학자라면 부활사건이
있느냐 없느냐가 아니라, 그것이 말이 되느냐 아니냐가 아니라, 부활사
건이 어떻게 일어날 수 있었는가를 입증하려고 해야 합니다. 현존하는
과학적 실험방법을 통해 입증할 수 없다고 해서 역사적 사실마저 부인
할 수 없습니다.

본문에서 바울이 이야기하고자 하는 것도 부활이 얼마나 객관적인 사
실이냐를 밝히려고 할 뿐입니다. 게바(베드로)와 열 두 제자, 오백여 형
제, 야고보, 모든 사도들, 그리고 바울 자신까지도 모두 부활하신 주님
을 만났다는 것과 그들 중에 아직도 살아 있는 자들이 많다는 것입니다.

내가 모든 사도보다 더 많이 수고하였으나 내가 한 것이 아니요

사울을 바울이 되게 한 가장 중요한 역사는 부활하신 주님으로 말미암습니다. 바울은 주님의 부활이라는 믿을 수 없는 사건 때문에 그리스도인들을 박해하는 데 앞장섰던 사람입니다.

> 나는 사도 중에 가장 작은 자라 나는 하나님의 교회를 박해하였으므로 사도라 칭함 받기를 감당하지 못할 자니라(고전 5:9).

그러나 이제 바울은 예수님의 부활을 증언하는 증인입니다. 그래서 나의 나 된 것은 하나님의 은혜라는 사실을 힘주어 강조합니다.

> 그러나 내가 나 된 것은 하나님의 은혜로 된 것이니 내게 주신 그의 은혜가 헛되지 아니하여 내가 모든 사도보다 더 많이 수고하였으나 내가 한 것이 아니요 오직 나와 함께 하신 하나님의 은혜로라
> (고전 15:10).

우리들도 부활하신 우리 주 예수 그리스도 앞에서 우리들 자신을 한번 되돌아보았으면 좋겠습니다. 나는 과연 하나님 앞에서 어떤 사람이며 어떻게 살아야 할까요?

나는 사도 중에 가장 작은 자라 나는 하나님의 교
회를 박해하였으므로 사도라 칭함 받기를 감당하지 못
할 자니라 그러나 내가 나 된 것은 하나님의 은혜로 된
것이니…

고전 15:9-10 상

〈삶〉으로 이어 주는 Q&A

1. 주님의 부활을 증언하는 증인의 자격에 대해 생각해 봅
   시다. 바울은 사도 중에 지극히 작은 자라고 소개하면
   서도 부활의 증인이 된 것을 하나님의 은혜임을 고백합
   니다.

2. 본문 말씀을 참고로 하되 불신자들에게 그리스도의 부
   활을 증명할 수 있는 객관적인 근거를 확인해 봅시다.

묵상의 잔에 담긴 쪽지

"

"

자신의 생각을 자유롭게 적어 보세요!

33장. 부활 신앙과 성도의 자세

¹²그리스도께서 죽은 자 가운데서 다시 살아나셨다 전파되었거늘 너희 중에서 어떤 사람들은 어찌하여 죽은 자 가운데서 부활이 없다 하느냐 ¹³만일 죽은 자의 부활이 없으면 그리스도도 다시 살아나지 못하셨으리라 ¹⁴그리스도께서 만일 다시 살아나지 못하셨으면 우리가 전파하는 것도 헛것이요 또 너희 믿음도 헛것이며 ¹⁵또 우리가 하나님의 거짓 증인으로 발견되리니 우리가 하나님이 그리스도를 다시 살리셨다고 증언하였음이라 만일 죽은 자가 다시 살아나는 일이 없으면 하나님이 그리스도를 다시 살리지 아니하셨으리라 ¹⁶만일 죽은 자가 다시 살아나는 일이 없으면 그리스도도 다시 살아나신 일이 없었을 터이요 ¹⁷그리스도께서 다시 살아나신 일이 없으면 너희의 믿음도 헛되고 너희가 여전히 죄 가운데 있을 것이요 ¹⁸또한 그리스도 안에서 잠자는 자도 망하였으리니 ¹⁹만일 그리스도 안에서 우리가 바라는 것이 다만 이 세상의 삶뿐이면 모든 사람 가운데 우리가 더욱 불쌍한 자이리라 ²⁰그러나 이제 그리스도께서 죽은 자 가운데서 다시 살아나사 잠자는 자들의 첫 열매가 되셨도다 ²¹사망이 한 사람으로 말미암았으니 죽은 자의 부활도 한 사람으로 말미암는도다 ²²아담 안에서 모든 사람이 죽은 것 같이 그리스도 안에서 모든 사람이 삶을 얻으리라 ²³그러나 각각 자기 차례대로 되리니 먼저는 첫 열매인 그리스도요 다음에는 그가 강림하실 때에 그리스도에게 속한 자요 ²⁴그 후에는 마지막이니 그가 모든 통치와 모든 권세와 능력을 멸하시고 나라를 아버지 하나님께 바칠 때라 ²⁵그가 모든 원수를 그 발 아래에 둘 때까지 반드시 왕 노릇 하시리니 ²⁶맨 나중에 멸망 받을 원수는 사망이니라 ²⁷만물을 그의 발 아래에 두셨다 하셨으니 만물을 아래에 둔다 말씀하실 때에 만물을 그의 아래에 두신 이가 그 중에 들지 아니한 것이 분명하도다 ²⁸만물을 그에게 복종하게 하실 때에는 아들 자신도 그 때에 만물을 자기에게 복종하게 하신 이에게 복종하게 되리니 이는 하나님이 만유의 주로서 만유 안에 계시려 하심이라

²⁹만일 죽은 자들이 도무지 다시 살아나지 못하면 죽은 자들을 위하여 세례를 받는 자들이 무엇을 하겠느냐 어찌하여 그들을 위하여 세례를 받느냐 ³⁰또 어찌하여 우리가 언제나 위험을 무릅쓰리요 ³¹형제들아 내가 그리스도 예수 우리 주 안에서 가진 바 너희에 대한 나의 자랑을 두고 단언하노니 나는 날마다 죽노라 ³²내가 사람의 방법으로 에베소에서 맹수와 더불어 싸웠다면 내게 무슨 유익이 있으리요 죽은 자가 다시 살아나지 못한다면 내일 죽을 터이니 먹고 마시자 하리라 ³³속지 말라 악한 동무들은 선한 행실을 더럽히나니 ³⁴깨어 의를 행하고 죄를 짓지 말라 하나님을 알지 못하는 자가 있기로 내가 너희를 부끄럽게 하기 위하여 말하노라

고린도전서 15:12-34

먼저 바울은 자신이 부활의 증인
이 된 것은 '하나님의 은혜임'을 고백하면서 '부활의 확실성'을 간증하였
습니다. 본문은 예수 그리스도의 부활에 대한 내용에 이어 죽은 자의 부
활, 그중에서도 성도들의 부활을 이야기합니다. 특별히 예수 그리스도
와 함께 부활하게 될 성도들이기 때문에 고난 가운데에서도 깨어 있어
야 하고 선한 행실로 자신을 더럽히지 않아야 한다고 교훈합니다.

만일 죽은 자의 부활이 없다면 …

성경은 모든 죽은 자들의 부활을 말씀합니다.

이를 놀랍게 여기지 말라 무덤 속에 있는 자가 다 그의 음성을 들을
때가 오나니 선한 일을 행한 자는 생명의 부활로, 악한 일을 행한 자
는 심판의 부활로 나오리라(요 5:28-29).

그리스도께서 부활하신 것처럼 무덤 속에 있던 모든 사람도 그의 음성을 듣고 다시 살아납니다. 바울은 먼저 부활이 얼마나 분명한 사실인가를 설명하면서 "만일 죽은 자의 부활이 없으면 그리스도도 다시 살아나지 못하셨으리라(고전 15:13)."고 증언합니다. 동시에 부활이 없다면 그리스도인들의 전파나 믿음도 헛것이요, 바울 자신도 거짓 증인에 불과할 뿐임을 설파합니다. 더구나 그리스도의 부활을 부정한다면 성도들은 아직 죄 가운데 있을 것이며, 그리스도 안에서 잠자는 자도 망하였을 것이라는 극단적인 표현까지도 사용합니다(고전 15:18).

오늘의 상황에서 이야기하면 지나간 모든 역사가 부인되어야 하며, 그리스도 안에서 잠든 세계적인 학자들이나 영웅들, 위대한 봉사자들이나 과학자들, 철학자들이나 위인들까지도 다 부인되어야 한다는 말입니다. 우리나라로 말하면 안창호, 서재필, 이승훈, 조만식, 길선주, 주기철, 손양원, 유관순, 이승만, 김구 등 모든 그리스도인들이 다 사기꾼에 속한다는 이야기입니다. 우리들도 마찬가지입니다.

> 만일 그리스도 안에서 우리가 바라는 것이 다만 이 세상의 삶뿐이면 모든 사람 가운데 우리가 더욱 불쌍한 자이리라(고전 15:19).

그런데 우리들은 불쌍한 자들이 아닙니다. 바울의 고백처럼 '하나님의 은혜'를 받은 자들입니다. 예수 그리스도께서 부활하셨듯이 우리들 모두 죽었다가 반드시 부활할 사람들이기 때문입니다.

각각 자기 차례대로 되리니 먼저 첫 열매인 그리스도요

첫 열매라는 말은 계속 열매가 열리게 된다는 것을 의미합니다. 그 래서 바울은 예수 그리스도의 부활을 "잠자는 자들의 첫 열매가 되셨도 다."라고 선언합니다(고전 15:20). 이것은 마치 아담 한 사람의 죄로 말미 암아 모든 사람에게 죽음이 온 것처럼 예수님으로 인하여 모든 사람이 삶을 얻게 되는 것과 같다고 설명합니다(고전 15:21).

그러나 부활에는 순서가 있습니다. 먼저는 예수 그리스도이시고 그 다음은 그리스도에게 속한 자들인데, 바로 성도들의 부활을 이야기합니 다. 그리고 오늘 본문은 그 때를 밝힙니다. 예수 그리스도의 강림하실 때라는 것입니다(고전 15:23).

참으로 안타까운 것은 불신자들도 부활합니다. 그런데 바울은 이들 의 부활을 부활이라고 말하지 않습니다. "그 후에는 마지막이니(고전 15:24)"라는 표현은 전통적으로 성도들의 부활 후에는 마지막이 온다는 것인데, 벵엘(Johann A. Bengel)은 "여기서 마지막이란 그리스도와 성도의 부활이 있은 후 아직 부활하지 못한 남은 자들, 곧 불신자들의 부활을 의미한다."고 설명하였습니다. 그런데 이것을 고린도전서 15장 26절과 연관하여 보면, "맨 나중에 멸망 받을 원수는 사망이니라."는 말씀으로 부터 불신자들의 부활이 곧 죽음이라는 결론에 이릅니다.

참고로 성경이 말하는 죽음은 '분리'라는 의미를 가집니다. 우리들은 죽음을 단순한 '육체와 영혼의 분리(육체적인 죽음)'로 이야기하지만 성경 은 '하나님과의 단절 상태'를 죽음(영적인 죽음)이라고 봅니다. 그러나 '영원한 죽음'이 있습니다. "죄의 삯은 사망(롬 6:23)"이라는 말은 바로 영원한 죽음, 곧 죄로 인하여 받게 되는 형벌인 '영벌'을 의미하는 것입니다.

결국 믿는 자들의 부활은 신령한 몸을 입고 영생하지만 불신자들은 예수 그리스도와 무관하여 영벌에 들어가게 되므로 그들의 부활은 복이 아니라 재앙인 것입니다.

깨어 의를 행하고 죄를 짓지 말라

성도들은 죽음을 두려워할 필요가 없습니다. 그래서 바울은 "날마다 죽노라."는 것을 자신의 자랑이라고 선언합니다(고전 15:31). 또한 에베소에서 맹수와의 싸움도 두려워하지 않았다는 것입니다. 부활의 소망이 있기 때문입니다. 그래서 바울은 부탁합니다. 우리들에게는 부활이 곧 소망이요, 꿈이기 때문에 쾌락이나 향락을 좇지 말고, "내일 죽을 터이니 먹고 마시자(고전 15:32)."하지 말고, 선한 행실을 더럽히는 악한 동무들에게 속지 말고(고전 15:33), "깨어 의를 행하고 죄를 짓지 말라(고전 15:34)."고 권면하는 것입니다.

그리스도인들이 죽음과 부활을 통하여 누리는 혜택

그리스도인들이 세상에서 누리는 복도 중요합니다. 무엇보다 평강(Shalom)의 복을 누려야 합니다. 그러나 궁극적인 복이 있습니다. 그것이 바로 그리스도인들이 세상의 마지막이라고 생각하는 죽음을 통하여 누리는 복입니다.

① 영혼이 완전히 거룩해집니다. 바로 땅의 형체를 벗어버리기 때문입니다.

② 무엇보다 신자들은 죽음과 함께 그 영혼이 그 즉시 하나님의 영광에 들어갑니다. 천국으로 직행한다는 이야기입니다.

③ 그리고 그 육체는 부활할 때까지 무덤에서 쉼을 얻는다는 것입니다. 물론 무덤은 땅 속만을 의미하지는 않습니다.[1]

그러나 그리스도인들에게는 더 큰 혜택이 있습니다. 부활 때에 그리스도로부터 받는 혜택들입니다. 우리 주님이 부활하신 것처럼 모든 그리스도인들은 부활합니다. 안타까운 것은 불신자들도 부활합니다만 심판을 위한 부활이므로 오히려 재앙입니다. 그러나 그리스도인들은 첫째, 영광 가운데 일으킴을 받아 신자라는 사실을 공적으로 인정을 받으며 둘째, 무죄 선고를 받으며 셋째, 영원토록 그리고 완전한 복으로 들어갑니다.[2]

---

1 손윤탁, 『기다리는 사람들』(서울: 범어출판사, 2007), pp. 182-184 요약.

2 위의 책, p.185 와 『소요리문답』 38번 참고.

이제 그리스도께서 죽은 자 가운데서 다시 살아
나사 잠자는 자들의 첫 열매가 되셨도다 사망이 한 사
람으로 말미암았으니 죽은 자의 부활도 한 사람으로 말
미암는도다

고전 15:20-21

〈삶〉으로 이어 주는 Q&A

1. 만일 예수 그리스도의 부활이 사실이 아니었다면 지나
   간 2천 년의 역사를 어떻게 설명할 수 있습니까? 묵상
   해 봅시다.

2. 그리스도인들이 그리스도의 부활로 인하여 누리게 된
   혜택에 대하여 자신의 생각을 정리해 봅시다.

34장. 신령한 몸의 부활

[35]누가 묻기를 죽은 자들이 어떻게 다시 살아나며 어떠한 몸으로 오느냐 하리니 [36]어리석은 자여 네가 뿌리는 씨가 죽지 않으면 살아나지 못하겠고 [37]또 네가 뿌리는 것은 장래의 형체를 뿌리는 것이 아니요 다만 밀이나 다른 것의 알맹이 뿐이로되 [38]하나님이 그 뜻대로 그에게 형체를 주시되 각 종자에게 그 형체를 주시느니라 [39]육체는 다 같은 육체가 아니니 하나는 사람의 육체요 하나는 짐승의 육체요 하나는 새의 육체요 하나는 물고기의 육체라 [40]하늘에 속한 형체도 있고 땅에 속한 형체도 있으나 하늘에 속한 것의 영광이 따로 있고 땅에 속한 것의 영광이 따로 있으니 [41]해의 영광이 다르고 달의 영광이 다르며 별의 영광도 다른데 별과 별의 영광이 다르도다 [42]죽은 자의 부활도 그와 같으니 썩을 것으로 심고 썩지 아니할 것으로 다시 살아나며 [43]욕된 것으로 심고 영광스러운 것으로 다시 살아나며 약한 것으로 심고 강한 것으로 다시 살아나며 [44]육의 몸으로 심고 신령한 몸으로 다시 살아나나니 육의 몸이 있은즉 또 영의 몸도 있느니라 [45]기록된 바 첫 사람 아담은 생령이 되었다 함과 같이 마지막 아담은 살려 주는 영이 되었나니 [46]그러나 먼저는 신령한 사람이 아니요 육의 사람이요 그 다음에 신령한 사람이니라 [47]첫 사람은 땅에서 났으니 흙에 속한 자이거니와 둘째 사람은 하늘에서 나셨느니라 [48]무릇 흙에 속한 자들은 저 흙에 속한 자와 같고 무릇 하늘에 속한 자들은 저 하늘에 속한 이와 같으니 [49]우리가 흙에 속한 자의 형상을 입은 것 같이 또한 하늘에 속한 이의 형상을 입으리라

고린도전서 15:35-49

부활! 실제적인 사실을 부인할 수 없습니다

한때 성도들의 장례에서 매장이 아닌 화장이 합당한 것인가를 묻는 질문이 있었습니다. 결론은 화장을 해도 무방하다는 것이었습니다. 이유는 간단합니다. 초대교회의 대부분의 순교자들은 화형을 당했습니다. 심지어는 부활할 수 있는 빌미를 없앤다는 핑계로 무덤 속에 있는 성도들의 시신을 끄집어내어 불로 태우는 형벌을 가하기도 했습니다. 대부분의 사람들은 그 육신이 그대로 부활한다고 믿었기 때문입니다. 그러나 사실 매장할 경우도 마찬가지입니다. 즉, 땅 속에서도 그대로 보존되는 것은 아닙니다. 흙으로 돌아가기 때문입니다.

중요한 것은 이러한 사실이 부활신앙과 대립되지 않는다는 것입니다. 하나님께서 인간을 창조하실 때 흙(재료)을 사용하시고 그 속에 영혼을 불어넣었기 때문에 영혼은 하나님께로부터 와서 하나님께로 가지만 우리의 육신은 자연의 법칙에 따라 흙으로 돌아갑니다.

그런데 성경은 우리 주님이 다시 오실 때에 우리들의 육신도 부활한다고 가르치고 있습니다. 다 타버렸거나 썩고 분해되어 사라져버린 육신이 부활한다고 하니 의문을 제기하는 것은 당연합니다. 그러나 여기에도 중요한 자연의 법칙이 있습니다. 과학이 발달할수록 성경 말씀이 진리라는 사실이 여러 가지 방법으로 증명되고 있습니다. 물론 과거에는 성경 말씀이 과학적 논리에 맞지 않는다고 부인하는 일도 많았습니다. 가령 사람의 생명이 피에 있다는 말씀(레 17:11)을 비웃었던 때가 있었습니다. 하지만 지금은 어느 누구도 이를 부인하지 않습니다. 또한 성경은 뼈와 골수의 중요성(잠 3:8, 17:22; 히 4:12)을 강조합니다. 반면 과거 사람들은 뼈는 사람이 몸을 지탱하는 정도의 기능만 갖는 것으로 여기며 가르친 적이 있습니다. 그러나 현대 의학은 무엇보다 골수의 중요성을 인정할 뿐만 아니라 뼈는 단순히 몸의 지탱이 아닌 체온을 36.5도로 유지시켜 주는 중요한 역할이 있다는 사실을 이야기합니다. 말씀보다 체제를 중히 여긴 중세의 교회는 성경이 말하는 둥근 지구(욥 26:7)를 부인하였으나 지금은 어느 누구도 이 사실을 부정하지 않습니다. 말씀(Word)이 천지를 창조하셨다는 것을 비웃던 과학자들도 인간이 만든 두 개의 워드(word), 곧 0과 1로 구성된 이진수가 3D 프린트를 작동시키고 인간을 바둑으로 이기거나 우주를 오가는 로봇을 만든 것을 보면서 워드(word)의 위력에 놀라고 있습니다.

　사람의 몸도 마찬가지입니다. 화장이냐 매장이냐가 문제가 아닙니다. 불에 탔을지라도, 썩어서 사라졌다고 할지라도 현대 과학은 그 질량이나 원소는 그대로 존재한다고 가르칩니다. 구태여 과학적인 증명이 필요 없지만 과학보다 앞서가는 것이 성경이라는 점에서 누구든 과학으로 성경을 부정하는 일이 없어야 합니다. 또한 과학이 존재하는 혹은 존재한 사실에 대하여 그 원인과 과정을 연구하는 학문이기에 과학자나 혹은 과학적 방법을 선호하는 사람이라면 실재한 역사적 사실을 기록한 성경을 부인하기보다는 오히려 그 사실을 잘 설명할 수 있도록 노력해야 할 것입니다.

육의 몸으로 심고 신령한 몸으로 다시 살아나나니

우리의 몸의 부활을 설명하기 위하여 바울은 육의 몸과 영의 몸을 구분하여 설명합니다. 질문은 "누가 묻기를 ① 죽은 자들이 어떻게 살아나며"라는 내용으로, 부활이 과연 가능한 일인가라는 것과 "② 어떠한 몸으로 오느냐 하리니"라는 두 번째 질문으로, 곧 부활한 몸의 상태를 묻는 것입니다.

첫 번째 질문에 대한 대답은 의외로 단호하면서도 간단합니다. 바울은 먼저 고린도전서 15장 1–34절에서 부활의 확실함을 논증하고 동시에 체험적인 간증을 섞어 설명하고 있습니다. 그런데 바울은 "어리석은 자여!"라는 호통과 함께 자연의 이치와 진리도 알지 못하고 있느냐고 반문합니다. 그리고는 부활의 가능성과 신령한 몸의 부활을 설명합니다. 바울은 죽지 않으면 살아날 수 없는 이치를 뿌려진 씨로 비유합니다.

어리석은 자여 네가 뿌리는 씨가 죽지 않으면 살아나지 못하겠고
(고전 15:36).

바울은 두 번째의 질문인 '신령한 몸의 부활'에 대하여 대답하기 위해
먼저 하나님께서 만물에게 각각 다른 형체를 주셨음을 언급합니다. 즉
먼저는 우리가 뿌리는 것은 씨앗이지만 장래에 그 열매가 형체로 맺힌
다는 것(고전 15:37)과 다음으로 사람의 육체, 짐승의 육체, 그리고 새나
물고기의 육체가 다른 것처럼 사람에게도 하늘에 속한 형체가 있고 땅
에 속한 형체가 있음을 설명합니다(고전 15:39-40).

이러한 예시 끝에 바울이 궁극적으로 설명하려는 것은 사람에 대한
것입니다. 세상에 있는 모든 것들의 형체가 다 다른 것처럼 인간도 땅에
속한 형체와 하늘에 속한 형체가 다르다는 것을 이야기하려는 것입니
다. 그리고 이러한 형체에 따라 그 영광이 따로 있다는 사실도 이야기합
니다.

하늘에 속한 형체도 있고 땅에 속한 형체도 있으나 하늘에 속한 것의
영광이 따로 있고 땅에 속한 것의 영광이 따로 있으니 해의 영광이 다
르고 달의 영광이 다르며 별의 영광도 다른데 별과 별의 영광이 다르
도다(고전 15:40-41).

더욱 감격적인 것은 주님 다시 오시는 그날 우리들도 부활한다는 사
실입니다. 어떤 형태로 부활합니까? 신령한 몸으로 부활합니다. 바울은

이것을 두고 "썩을 것으로 심고 썩지 아니할 것으로 다시 살아나며 욕된 것으로 심고 영광스러운 것으로 다시 살아나며 약한 것으로 심고 강한 것으로 다시 살아나며(고전 15:42-43)."라고 선언합니다.

우리가 맞이할 부활은 분명 육체적인 부활입니다. 육체적인 것으로 심지 않으면 신령한 몸으로 부활할 수 없습니다. 자칫하면 육체의 몸은 땅에 심고, 하늘에 다른 신령한 다른 몸으로 부활하는 것으로 오해할 수 있습니다. 그러나 심은 것으로 부활한다는 표현이 중요합니다. 심은 그 것으로 다시 살아납니다. 이것을 육체적인 부활과 달리 해석하는 것은 잘못된 것이요, 이단입니다.

육의 몸이 있은즉 또 영의 몸도 있느니라

신령한 몸은 어떤 모습일까요? 육의 몸이 아니고 영의 몸이라는 이야기입니다. 땅에서 난 첫 사람 아담처럼 흙에 속한 자가 아니라 하늘로 난 신령한 사람, 즉 부활하신 예수님처럼 하늘에 속한 형상을 입는다는 것입니다.

사실은 설명하기 참 어려운 구절입니다. 땅의 표현으로 하늘에 속한 형상을 어떻게 설명할 수 있을까요? 그래도 부득이 세상의 말로 표현해야 합니다. 그래서 저는 보통 "이 세상에서 가장 아름답고, 가장 건강하고, 가장 행복한 바로 그때의 모습"일 것이라고 설명합니다. 늙고 병들고 힘들어 하는 모습이 아닙니다. 가령 이 세상에서 팔을 하나 잃었다고 가정해 봅시다. 부활 때에도 그러한 모습일까요? 눈을 다쳤습니다.

그러면 그 나라에서 같은 모습으로 부활합니까? 아닙니다. 하늘에 속한 형상은 처음 뿌려진 씨앗과 무관하지는 않습니다. 그러나 육신의 질병과 고통으로 찌든 모습이 아닌 것은 분명합니다. 다치고 멍들어 상처투성이로 살아가는 이 세상의 형상이 아닙니다. 아담의 형상과는 달리 그리스도와 같은 형상을 입게 됩니다. 영화로운 자리에 맞는 영광스러운 옷을 입은 것과 같습니다. 썩을 것이 썩지 않는 것을 입고, 욕된 것이 영광스러운 것으로, 약한 것이 강한 것으로, 육의 몸이 신령한 몸으로 다시 사는 그날을 바라보는 부활신앙이 우리들의 바른 믿음 고백을 위하여 큰 힘이 되었으면 하는 바람입니다.

묵상의 잔에 담긴 말씀

육의 몸으로 심고 신령한 몸으로 다시 살아나나니
육의 몸이 있은즉 또 영의 몸도 있느니라

고전 15:44

〈삶〉으로 이어 주는 Q&A

1. 사람이 동물들과 다른 점이 무엇입니까? 사람이 하나
   님의 형상대로 지음을 받았다는 것은 무엇을 의미하는
   지 알아봅시다.

2. 육체적인 것으로 심어서 신령한 것으로 다시 살아나기
   에 그 형상도 땅의 형상이 아니라 하늘의 형상이라고
   설명합니다. 이 땅에서 살면서 가장 아름답다고 느낀
   때가 언제입니까? 그리고 그때의 나의 삶은 어떤 삶이
   었나를 생각해 봅시다.

35장. 승리의 보장

⁵⁰형제들아 내가 이것을 말하노니 혈과 육은 하나님 나라를 이어 받을 수 없고 또한 썩는 것은 썩지 아니하는 것을 유업으로 받지 못하느니라 ⁵¹보라 내가 너희에게 비밀을 말하노니 우리가 다 잠 잘 것이 아니요 마지막 나팔에 순식간에 홀연히 다 변화되리니 ⁵²나팔 소리가 나매 죽은 자들이 썩지 아니할 것으로 다시 살아나고 우리도 변화되리라 ⁵³이 썩을 것이 반드시 썩지 아니할 것을 입겠고 이 죽을 것이 죽지 아니함을 입으리로다 ⁵⁴이 썩을 것이 썩지 아니함을 입고 이 죽을 것이 죽지 아니함을 입을 때에는 사망을 삼키고 이기리라고 기록된 말씀이 이루어지리라 ⁵⁵사망아 너의 승리가 어디 있느냐 사망아 네가 쏘는 것이 어디 있느냐 ⁵⁶사망이 쏘는 것은 죄요 죄의 권능은 율법이라 ⁵⁷우리 주 예수 그리스도로 말미암아 우리에게 승리를 주시는 하나님께 감사하노니 ⁵⁸그러므로 내 사랑하는 형제들아 견실하며 흔들리지 말고 항상 주의 일에 더욱 힘쓰는 자들이 되라 이는 너희 수고가 주 안에서 헛되지 않은 줄 앎이라

고린도전서 15:50-58

하나님 나라의 유업

혈과 육은 하나님 나라를 유업으로 받을 수 없습니다. 이는 처음부터 바울이 강조한 것입니다. 그래서 성령에 대해 알지 못하는 '육에 속한 사람(고전 2:14)'과 달리 '영에 속한 사람'인 그리스도인들은 '신령한 자(고전 2:15)'가 되어야 합니다. 그리고 아직도 어린아이와 같은 '육신에 속한 자들(고전 3:1)'처럼 시기와 분쟁에 머물지 말고 떠날 것을 권면(고전 3:3)하였습니다.

바울은 썩을 것을 구하는 어리석은 자들을 '육에 속한 자'로 구분하는데, 곧 본문의 표현으로 하면 '혈과 육에 속한 자'입니다.

반면 우리들은 하늘에 속한 자입니다. 그래서 하늘에 속한 형상을 입어야 합니다. 그 거룩한 형상, 곧 신령한 자들이 입게 될 '신령한 형상'에 대해 이미 확인하였습니다. 성형외과 병원에서는 육의 것을 다듬지만 교회는 육신에 속한 형상을 거룩한 형상, 신령한 모습으로 다듬는 곳입니다. 혈과 육은 하나님 나라의 유업을 이어받을 수 없기 때문에, 믿음을 가진 그리스도인은 썩지 않는 하나님 나라의 유업을 받기 위해 온전한 그리스도인, 장성한 그리스도인, 또한 그리스도의 제자로서 신령한 모습으로 자라가야 합니다.

마지막 나팔 소리가 나매

온전히 신령한 모습으로 변화하게 되는 때가 있습니다. 본문은 그때가 바로 우리 주님이 다시 오시는 날이라고 설명합니다.

> 보라 내가 너희에게 비밀을 말하노니 우리가 다 잠 잘 것이 아니요 마지막 나팔에 순식간에 홀연히 다 변화되리니 나팔 소리가 나매 죽은 자들이 썩지 아니할 것으로 다시 살아나고 우리도 변화되리라 (고전 15:51-52).

예수님의 재림에 대해서 바울은 데살로니가교회의 성도들에게도 설명하고 있습니다. 고린도전서가 바울의 제3차 전도여행 중에 작성된 것인데 비해 데살로니가전서는 제2차 전도여행 중에 고린도에서 작성된 것으로, 사도 바울의 서신 중 가장 먼저 쓰여진 편지입니다.

> 주께서 호령과 천사장의 소리와 하나님의 나팔 소리로 친히 하늘로부

터 강림하시리니 그리스도 안에서 죽은 자들이 먼저 일어나고

(살전 4:16).

그리스도께서 재림하실 때에 잠자던 자들, 곧 죽은 자들의 부활도 중요하지만 "우리도 변화되리니"라고 했습니다. 데살로니가전서 4장 17절에는 "우리 살아남은 자들도"라고 했습니다. 물론 공중에서 주님을 영접합니다. 그러나 우리들도 변화됩니다. 홀연히, 순식간에, 다, 신령한 몸으로 변화되는 것입니다.

사망을 삼키고 이기리라

성경은 이러한 부활과 공중에서 주를 영접하는 남은 자들의 모습을 거룩한 모습, 신령하고 영화로운 모습으로만 표현한 것이 아닙니다. 오히려 이것을 그리스도인들의 최후의 승리로 기록합니다. "썩을 것이 썩지 아니함을 입고, 죽을 것이 죽지 아니함을 입을 때" 이것이 바로 "사망을 삼키고 이기는 것"으로 이야기합니다. 그래서 찬송합니다.

사망아 너의 승리가 어디 있느냐 사망아 네가 쏘는 것이 어디 있느냐
사망이 쏘는 것은 죄요 죄의 권능은 율법이라 우리 주 예수 그리스도
로 말미암아 우리에게 승리를 주시는 하나님께 감사하노니

(고전 15:55-57).

예수 그리스도의 십자가의 승리는 바로 부활의 역사입니다. 그가 십자가를 지심으로 인간들의 모든 죄를 사하셨습니다. 그가 부활하심으로 사망의 모든 세력을 정복하셨습니다. 그러므로 사망을 이기신 그리스도의 승리는 우리들의 부활과 승리의 보장이 됩니다. 바울은 이것을 가장 중요한 우리들의 감사 제목으로 삼습니다. 우리 주 예수 그리스도로 말미암아 승리를 주시는 '하나님께' 감사하노니….

헛되지 않은 수고

죽음으로부터의 승리! 부활의 역사와 신령한 몸을 통한 은혜의 보장! 그러나 바울은 여기에 머무르지 않습니다. 그리스도 안에 있는 우리에게는 우리의 수고가 결코 헛되지 않는다는 사실을 확인합니다. 그러므로 우리들은 견고한 믿음을 가져야 합니다. 흔들리지 않는 신앙의 정조가 필요합니다. 주의 일에 더욱 힘쓰는 자들이 되어야 합니다.

> 그러므로 내 사랑하는 형제들아 견실하며 흔들리지 말고 항상 주의 일에 더욱 힘쓰는 자들이 되라 이는 너희 수고가 주 안에서 헛되지 않은 줄 앎이라(고전 15:58).

우리 주님은 반드시 다시 오십니다. 그날이 되면 우리들도 부활하여 하나님 나라에 들어갑니다. 할 수만 있다면 우리가 살아 있을 때에 남은 자들이 되었으면 더 좋겠습니다. 예배드리고 찬양하며 기도할 때라면 더 좋겠습니다. 그때에 우리들은 수고한 대로, 일한 만큼 상급을 받습니다(고전 3:8). 결코 하나님은 우리 주 예수 안에서 수고한 성도들의 상급을 잊지 않으십니다. 물론 본질적으로 하나님이 우리의 상급이십니다. 하나님은 아브라함에게 "아브람아 두려워하지 말라 나는 네 방패요 너의 지극히 큰 상급이니라(창 15:1)."고 말씀하셨고, 끝까지 신앙을 지키는 우리들, 곧 남은 자들에게 하나님이 친히 면류관이 되어 주신다(사 28:5)고 약속하셨습니다.

> 그날에 만군의 여호와께서 자기 백성의 남은 자에게 영화로운 면류관이 되시며 아름다운 화관이 되실 것이라(사 28:5).

더욱 놀라운 것은 우리들을 하나님의 영광스러운 면류관으로 삼으시겠다는 말씀입니다.

> 이방 나라들이 네 공의를 못 왕이 다 네 영광을 볼 것이요 너는 여호와의 입으로 정하실 새 이름으로 일컬음이 될 것이며 너는 또 여호와의 손의 아름다운 관, 네 하나님의 손의 왕관이 될 것이라
> (사 62:2-3).

우리 주 예수 그리스도로 말미암아 우리에게 승리를
주시는 하나님께 감사하노니 그러므로 내 사랑하는 형
제들아 견실하며 흔들리지 말고 항상 주의 일에 더욱
힘쓰는 자들이 되라 이는 너희 수고가 주 안에서 헛되
지 않은 줄 앎이라

고전 15:57-58

〈삶〉으로 이어 주는 Q&A

1. 그날이 가까울수록 분명한 승리의 확신과 함께 견고하
고 흔들리지 않는 믿음을 가져야 합니다. 우리의 수고
가 헛되지 않는 이유를 정리해 봅시다.

2. 궁극적으로 우리가 받을 면류관의 실체가 금이나 은이
아닌 이유를 설명하고, 관주를 이용하여 성경에 나오
는 면류관의 종류를 정리해 봅시다.

묵상의 잔에 담긴 쪽지

"

"

자신의 생각을 자유롭게 적어 보세요!

36장. 준비된 연보

¹성도를 위하는 연보에 관하여는 내가 갈라디아 교회들에게 명한 것 같이 너희도 그렇게 하라 ²매주 첫날에 너희 각 사람이 수입에 따라 모아 두어서 내가 갈 때에 연보를 하지 않게 하라 ³내가 이를 때에 너희가 인정한 사람에게 편지를 주어 너희의 은혜를 예루살렘으로 가지고 가게 하리니 ⁴만일 나도 가는 것이 합당하면 그들이 나와 함께 가리라 ⁵내가 마게도냐를 지날 터이니 마게도냐를 지난 후에 너희에게 가서 ⁶혹 너희와 함께 머물며 겨울을 지낼 듯도 하니 이는 너희가 나를 내가 갈 곳으로 보내어 주게 하려 함이라 ⁷이제는 지나는 길에 너희 보기를 원하지 아니하노니 이는 만일 주께서 허락하시면 얼마 동안 너희와 함께 머물기를 바람이라 ⁸내가 오순절까지 에베소에 머물려 함은 ⁹내게 광대하고 유효한 문이 열렸으나 대적하는 자가 많음이라 ¹⁰디모데가 이르거든 너희는 조심하여 그로 두려움이 없이 너희 가운데 있게 하라 이는 그도 나와 같이 주의 일을 힘쓰는 자임이라 ¹¹그러므로 누구든지 그를 멸시하지 말고 평안히 보내어 내게로 오게 하라 나는 그가 형제들과 함께 오기를 기다리노라 ¹²형제 아볼로에 대하여는 그에게 형제들과 함께 너희에게 가라고 내가 많이 권하였으되 지금은 갈 뜻이 전혀 없으나 기회가 있으면 가리라

고린도전서 16:1~12

고린도 지역의 방문 계획

고린도교회의 문제점들을 지적하고 이에 대한 교훈과 권면으로 채워져 있는 성경이 고린도전서입니다. 그래서 고린도전서에서 일관되게 발견할 수 있는 한 문장 형식이 바로 "~에 대(관)하여(고전 7:25, 8:1, 12:1, 16:1)"라는 표현입니다.

고린도전서 16장의 시작도 "성도를 위하는 연보에 관하여는"으로 시작됩니다. 그러나 정작 본문은 '연보'나 '헌금'의 문제를 거론하기보다는 바울의 남은 여정을 주로 소개하고 있습니다. 특별히 연보를 거론하는 것은 바울이 이제 에베소를 떠나 마케도니아 지역의 교회를 방문한 후에 고린도교회를 방문할 계획이지만, 그때에 고린도교회의 성도들이 가난한 사람들을 위하여 연보한 것을 그들이 인정하는 자에게 맡겨 예루살렘으로 가지고 가게 하되(고전 16:3) 바울 자신도 가는 것이 옳다고 여기면 동행하리라는 것입니다(고전 16:4). 그러나 바울의 방문은 단순하게 지나가는 길에 고린도 지방에 잠깐 머무르려고 하려는 것이 아니고, 주께서 허락하시면, 적어도 겨울을 지내는 동안은 고린도 교인들과 함께 있기를 바란다고 이야기합니다(고전 16:5-6).

> 이제는 지나는 길에 너희 보기를 원하지 아니하노니 이는 만일 주께서 허락하시면 얼마 동안 너희와 함께 머물기를 바람이라(고전 16:7).

바울이 현재 머물고 있는 곳은 에베소입니다. 이곳에서 오순절까지 머물겠다는 계획도 함께 전합니다(고전 16:8). 당시 에베소는 효과적으로 복음을 전할 수 있는 문은 활짝 열려 있지만 방해꾼들이 만만하지 않다고 이야기합니다. 어려운 중에도 복음의 문이 열려 있는 것을 "광대하고 유효한 문"이라고 하였고, 방해꾼들에 대해서는 "대적하는 자가 많다"고 썼습니다(고전 16:9).

디모데의 고린도 방문과 아볼로에 대한 소식

본문의 후반부는 디모데와 아볼로에 대한 이야기를 쓰고 있습니다. 바울은 자신이 고린도를 방문하기 전에 디모데를 먼저 보낸 것으로 보입니다. 이미 고린도전서 4장에서 고린도교회 성도들에게 자신을 본받는 자가 되어줄 것을 권면하면서 디모데를 보냈다는 사실을 밝히고 있습니다.

그러므로 내가 너희에게 권하노니 너희는 나를 본받는 자가 되라 이로 말미암아 내가 주 안에서 내 사랑하고 신실한 아들 디모데를 너희에게 보내었으니 그가 너희로 하여금 그리스도 예수 안에서 나의 행사 곧 내가 각처 각 교회에서 가르치는 것을 생각나게 하리라 (고전 4:16-17).

그래서 다시 한번 고린도교회 교인들에게 부탁합니다. 디모데가 고린도에 도착하면 그가 편한 마음으로(두려움이 없이) 함께 유하도록 하라고 이야기합니다.

이는 그도 나와 같이 주의 일을 힘쓰는 자임이라(고전 16:10 하).

편지의 내용으로 보아 바울은 디모데가 고린도를 방문하고 돌아올 때까지는 에베소에 머물 계획인가 봅니다. 바로 그 다음 구절을 보면 그렇습니다.

그러므로 누구든지 그를 멸시하지 말고 평안히 보내어 내게로 오게 하라 나는 그가 형제들과 함께 오기를 기다리노라(고전 16:11).

비록 디모데가 바울에게 믿음의 아들이라고 불릴 만큼 바울의 신뢰를 얻고 있지만, 평소 그의 성격은 마음이 약하고 조금은 소심하지 않았을까 추측합니다. 이는 바울이 고린도교회 성도들에게 거듭 부탁하는 것에서도 확인되지만, 직접 "누구든지 네 연소함을 업신여기지 못하게 하고(딤전 4:12)"라는 권면이나 "하나님이 우리에게 주신 것은 두려워하는 마음이 아니요(딤후 1:7)."라는 구절에서 엿볼 수 있습니다. 물론 보는 관점에 따라 디모데에 대한 바울의 배려와 자상함이라고 설명할 수도 있을 것입니다.

반면 바울은 아볼로의 고린도교회 방문에 대하여는 지금이 때가 아니라고 이야기합니다. 아볼로 역시 바울의 권고에도 불구하고 전혀 갈 뜻이 없다는 것을 밝힙니다. 물론 나중에라도 기회가 되면 갈 것이라고 이야기합니다(고전 16:12). 이것으로 미루어 볼 때 고린도교회 교인들도 아볼로의 방문을 원했던 것 같습니다. 다만 이러한 요청에 대해 정중히 거절하는 아볼로의 처신은 매우 바람직한 결단으로 생각합니다. 그것은, 물론 바울도 마찬가지이지만, 아볼로 자신의 고린도교회 방문이 교회 분쟁(고전 1:10-12)의 해결에 도움이 되지 않는다고 보았기 때문입니다.

성도를 위하는 준비된 연보(고전 16:1-2)

이미 언급한 대로 본문은 고린도교회 성도들이 준비한 연보를 예루살렘교회로 전달하는 문제에 관한 것일 뿐, 헌금에 대한 구체적인 교훈을 담고 있지는 않습니다. 더구나 우리가 드리는 헌금은 하나님께 드리는 것입니다. 그러나 본문은 "성도를 위하는 준비된 연보"를 이야기합니다.

기본적으로 연보를 드리는 몇 가지의 자세와 초대교회 시대에 드려진 헌금의 성격을 확인할 수는 있습니다. 바울의 헌금에 대한 교훈은 고린도후서에서도 8장과 9장에서 언급하고 있으며, 본문에서도 갈라디아교회들에게 명령한 바가 있음을 이야기합니다.

① 매주 첫날에(주일을 의미합니다),
② 각 사람의 수입에 따라,
③ 미리 준비된 것으로(내가 갈 때에 하는 것이 아니고 모아 두어)
　드리는 것이어야 합니다.

구체적인 연보에 대한 교훈은 고린도후서(9:6-8)에 잘 나타나 있습니다. 우리의 삶이 하나님의 풍성한 은혜로 말미암은 것임을 알고 이에 대하여 감사하는 마음으로 드리는 예물을 우리는 연보, 헌금, 봉헌 등으로 표현합니다. 본문 말씀에 나타난 것처럼 초대교회의 연보는 주로 성찬에 쓸 떡과 구제를 위한 목적이었습니다. 그러다가 차츰 주님의 몸 된 교회의 운영을 위하여 자발적으로 헌금이나 예물을 드리게 되었고, 오늘날의 그 사용 용도가 다양해져서 교회의 유지, 교역자의 생활, 구제와 선교를 위한 목적으로 쓰고 있습니다.

그러나 이러한 예물은 하나님께 드려진 구별된 성물이기 때문에 오직 하나님의 영광을 위한 거룩한 사업에만 사용되어야 합니다. 따라서 예물을 드리는 성도들도 하나님의 것을 구별하여 드리는 신앙고백을 잊지 말고, 기쁜 마음, 감사하는 마음, 자원하는 마음으로 드리는 것이 중요합니다.

묵상의 잔에 담긴 말씀

이것이 곧 적게 심는 자는 적게 거두고 많이 심는 자는 많이 거둔다 하는 말이로다 각각 그 마음에 정한 대로 할 것이요 인색함으로나 억지로 하지 말지니 하나님은 즐겨 내는 자를 사랑하시느니라 하나님이 능히 모든 은혜를 너희에게 넘치게 하시나니 이는 너희로 모든 일에 항상 모든 것이 넉넉하여 모든 착한 일을 넘치게 하게 하려 하심이라

고후 9:6-8

〈삶〉으로 이어 주는 Q&A

1. 본문 말씀에서 연보를 심는 것과 거두는 것으로 설명한 이유를 확인한 후, 지금도 여전히 연보가 필요한 이유를 설명해 봅시다.

2. 연보의 종류와 성격, 그리고 그 기준이 무엇인지 알아보고, 성경에서 연보에 대한 명령과 약속을 찾아 정리해 봅시다.

묵상의 잔에
담긴 쪽지

"

"

자신의 생각을 자유롭게 적어 보세요!

37장. 바울의 마지막 권면

¹³깨어 믿음에 굳게 서서 남자답게 강건하라 ¹⁴너희 모든 일을 사랑으로 행하라 ¹⁵형제들아 스데바나의 집은 곧 아가야의 첫 열매요 또 성도 섬기기로 작정한 줄을 너희가 아는지라 내가 너희를 권하노니 ¹⁶이같은 사람들과 또 함께 일하며 수고하는 모든 사람에게 순종하라 ¹⁷내가 스데바나와 브드나도와 아가이고가 온 것을 기뻐하노니 그들이 너희의 부족한 것을 채웠음이라 ¹⁸그들이 나와 너희 마음을 시원하게 하였으니 그러므로 너희는 이런 사람들을 알아 주라 ¹⁹아시아의 교회들이 너희에게 문안하고 아굴라와 브리스가와 그 집에 있는 교회가 주 안에서 너희에게 간절히 문안하고 ²⁰모든 형제도 너희에게 문안하니 너희는 거룩하게 입맞춤으로 서로 문안하라 ²¹나 바울은 친필로 너희에게 문안하노니 ²²만일 누구든지 주를 사랑하지 아니하면 저주를 받을지어다 우리 주여 오시옵소서 ²³주 예수 그리스도의 은혜가 너희와 함께 하고 ²⁴나의 사랑이 그리스도 예수 안에서 너희 무리와 함께 할지어다

고린도전서 16:13-24

고린도교회에 보내는 바울의 첫 번째 편지의 결론 부분입니다. 실제로는 고린도전서 16장 전체가 마지막 인사입니다. 전반부(고전 16:1-12)에서는 바울이 고린도교회를 방문할 계획과 함께 디모데와 아볼로의 근황에 대해서 이야기하고 있고, 이번 본문인 후반부에서는 고린도교회 성도들에게 마지막으로 몇 가지 부탁을 합니다. 이것은 성도로서의 바른 삶에 대한 권면과 당부입니다.

믿음에 굳게 서라, 사랑으로 행하라

바울신학은 간단하게 믿음과 소망 그리고 사랑으로 요약할 수 있습니다. 좀 더 구체적으로 설명하면 바울이 이야기하는 기독론과 구원론은 믿음입니다. 그의 기독론은 "예수는 그리스도(행 18:5, 18:28)"라는 간단한 표현으로 집약할 수 있습니다. '그리스도(基督)'라는 단어에 대하여 생소한 이방인들에게는 예수가 왜 그리스도인지를 설명하기 전에 먼저

'그리스도'에 대한 개념부터 가르쳐야 했지만, 메시아를 기다리는 유대인들에게는 "너희가 기다리는 그리스도가 바로 이 예수"라는 사실만 전파하면 되었습니다.

동시에 바울은 자신이 전한 복음 외에 다른 복음을 전하면 하늘에서 내려온 천사라고 할지라도 저주를 받을 것(갈 1:8)이라고 단언함으로써 그의 분명한 구원관을 드러냅니다. 그래서 본문에서도 "깨어 믿음에 굳게 서라."는 권면과 함께 적어도 신앙에 관하여 남자답게 강건해야 한다(고전 16:13)고 교훈하는 것입니다.

그리고 바울의 신론이자 윤리(생활)관은 '사랑'이라고 할 수 있습니다. 이미 고린도전서 13장에서 사랑의 은사에 대한 바울의 입장을 확인하였습니다만, 오늘 본문에서도 "너희 모든 일을 사랑으로 행하라."고 권면합니다(고전 16:14). '하나님은 사랑'이시라는 신론과 그 사랑에 힘입은 그리스도인들이 범사에 사랑으로 행하는 것은 지극히 당연한 것이라는 윤리관이 그의 입장입니다.

더불어 모든 그리스도인들은 '종말을 기다리는 사람들'이기에 그날에 대한 '소망'을 가져야 합니다. 그래서 이것을 바울의 종말관이라고 해석합니다. 이러한 기대를 가지고 있는 사람일수록 더욱 깨어 있어야 하는 것입니다.

섬기는 모든 자에게 순종하라

모든 그리스도인들은 공동체의 지체로서의 삶을 삽니다. 우리는 교회에서 함께 모여 예배를 드리고(모이는 교회), 또 각기 다른 직장과 가정으로 흩어져(흩어지는 교회) 생활합니다. 그러나 언제나 한 지체임을 잊어서는 안 됩니다.

여러 사람들이 함께 생활하다보면 반드시 섬기는 자들이 필요합니다. 물론 모든 구성원들에게 주어진 나름대로의 직책이 있습니다. 모두가 다 수고하는 자들이요, 섬기는 자들이 되어야 합니다. 그러나 부득이 직분에 따라 특별히 순종해야 할 대상이 있습니다. 본문의 내용으로 보아 스데바나는 그러한 인물인 것으로 보입니다. 그의 집은 "아가야의 첫 열매요 또 성도 섬기기로 작정한" 사람인 것으로 보입니다(고전 16:15). 아가야 지방에서 첫 열매이면서 동시에 고린도교회 성도들에게도 존경받을 만한 인물로 소개합니다. "이같은 사람들과 또 함께 일하며 수고하는 모든 사람에게 순종"하는 일(고전 16:16)은 너무나 당연합니다. 그래서 바울은 섬기는 자들끼리 서로 존중하고 순종하라고 부탁하고 있는 것입니다.

때때로는 알아주기만 해도 큰 힘이 됩니다

고린도에서 에베소까지 찾아 온 스데바나와 브드나도, 그리고 아가이고에 대하여 바울은 말로 다할 수 없는 기쁨이 있음을 밝힙니다. 바울은 언제나 고린도교회 성도들과 함께 하고 싶은 마음이 간절하지만 그러지 못해 아쉬워하고 있었는데, 이들이 찾아와 그 빈자리를 채워 주고 있다는 이야기입니다. 바울의 관심은 '하나님 나라'에만 있는 것이 아니었습니다. 그에 못지않게 지상에 있는 '주님의 몸 된 교회'를 중요하게 생각하였습니다. 그래서 고린도 교회가 "교회다운 교회"가 되기를 간절히 소망하고 있었습니다. 그런데 스데바나의 일행이 고린도교회의 소식을 가지고 바울을 방문하였습니다. 이제 그들은 바울의 편지를 가지고 고린도로 돌아갈 것입니다. 고린도교회를 걱정하고 염려하던 바울을 안심시켜 주었을 뿐만 아니라 이제 고린도로 돌아가면 바울의 생각을 전달하게 될 것입니다. 그래서 바울은 이 일행 중 지도자격인 스데바나에게 순종할 것을 부탁합니다. 또한 스데바나와 일행은 바울의 마음만 시원하게 한 것이 아니라 고린도교회의 성도들의 마음도 시원하게 해 줄 사람들임을 강조하며 이러한 사람들의 수고를 알아주라고 부탁합니다.

그들이 나와 너희의 마음을 시원하게 하였으니(고전 16:18 상).

바울이나 스데바나 그리고 오늘날 누구라도 자신을 알아주기를 바라는 마음에서 섬기는 것은 아닙니다. 받은 바 은혜가 크니까 그것을 나누려는 섬김입니다. 하지만, 그럼에도 불구하고 동역자들이 서로 알아주고 칭찬해 주고 격려해 줄 때 모든 피로가 사라지고 큰 힘을 얻게 되는 것이 사실입니다.

문안의 인사와 함께 축도로 끝맺습니다

바울은 이제 마지막 인사로 편지를 마무리합니다. 아굴라와 브리스가 부부, 그리고 에베소교회에 모이는 성도들의 이름으로 문안합니다. 아굴라와 브리스가 부부가 바울을 처음 만난 곳은 고린도이지만 그들은 지금 바울과 함께 에베소로 와 있습니다.

우리도 주 안에서 너희에게 간절히 문안하는 것처럼 "너희는 거룩하게 입맞춤으로 서로 문안하라(고전 16:20 하)."는 내용을 유진 피터슨(Eugene Peterson)의 『메시지(*The Massage*)』에서는 "이곳에 있는 모든 벗들이 안부를 전합니다. 거룩한 포옹으로 주위에 안부를 전해 주십시오."라고 번역하였습니다.

"나 바울은 친필로 너희에게 문안하노니(고전 16:21)"라고 별도의 내용을 이야기한 것을 보면 지금까지의 글도 바울의 것은 분명하지만 아마도 대필자를 통하여 이 글을 쓴 것이 아닐까 추측합니다. 그래서 이 글이 나의 글이 분명하다는 것을 확인하기 위해서 말미에 이러한 내용을 밝힌 것으로 보고 있습니다.

그리고 바울은 주님을 사모하는 마음으로 "마라나타"를 외칩니다. "우리 주여 오시옵소서(고전 16:22 하)!" 그러나 우리들이 주의해야 할 중요한 문장이 하나 나옵니다.

> 만일 누구든지 주를 사랑하지 아니하면 저주를 받을지어다
> (고전 16:22 상).

이 말씀은 저주에 대한 오해를 일으킬 가능성이 있습니다. 예수님께서도 "너희를 저주하는 자를 위하여 축복하며 너희를 모욕하는 자를 위

하여 기도하라(눅 6:28)."고 직접 말씀하셨습니다. 하나님께서도 아브라함에게 "너를 축복하는 자에게는 내가 복을 내리고 너를 저주하는 자에게는 내가 저주하리니(창 12:3)"라고 하셨습니다. 타인에게, 특히 선택받은 주의 백성들에게 축복하면 하나님은 복을 내리십니다(하나님은 '축복'을 하시는 분이 아니시고 '복을 주시는 분'이심에 유의하시기 바랍니다). 그러나 아브라함과 같은 하나님의 사람을 향하여 저주를 하면 '저주한 그 사람이 오히려 저주를 받게 된다'는 사실을 잊지 않아야 합니다. 그러므로 본문에서 바울이 말하는 저주는 어느 개인을 지칭하는 것도 아니거니와 일반적인 저주와는 성격이 다릅니다. '만일 … 주를 사랑하지 아니하면'이라는 전제에서 알 수 있듯이 그들에게는 구원이 없음을 선포한 말씀입니다. 그리고 고린도교회 성도들을 위하여 축도합니다.

주 예수 그리스도의 은혜가 너희와 함께 하고 나의 사랑이 그리스도 예수 안에서 너희 무리와 함께 할지어다(고전 16:23-24).

깨어 믿음에 굳게 서서 남자답게 강건하라 너희 모
든 일을 사랑으로 행하라

고전 16:13-14

〈삶〉으로 이어 주는 Q&A

1. 2천 년 전 고린도교회와 오늘날 교회들이 공통적으로
   안고 있는 문제점들은 무엇입니까? 그리고 그 문제들
   을 해결하는 방법과 자세를 말해 봅시다.

2. 오늘날 이단들은 교회에서 발생하는 여러 문제들 때문
   에 자신들이 필요하다고 억지를 부립니다. 그러나 문
   제가 있어도 여전히 주님의 교회이며, 문제가 없는 교
   회도 없습니다. 그 이유가 무엇이라고 생각하십니까?

이야기 3
교회와 하나님 나라 롬 14:17-18

한 예화를 들은 적이 있습니다. 유치부 예배에서 "예수를 믿으면 천국에 갈 수 있다"는 설교를 들은 한 어린이가 엄마에게 물어 봤답니다.

"엄마! 천국은 어떤 나라인데요?"

"응! 천국은 말이야 우리 집과 같은 나라란다."

순간 아이의 표정이 어두워지면서, "그러면 엄마! 나 그 나라에 가기가 싫어."라고 했다는 것입니다.

그냥 웃고 넘길 일이 아닙니다. 실화인지는 모르지만, 만약 그렇다면 그 가정에 심각한 문제가 있다는 반증입니다.

교회도 마찬가지입니다. 교회에 처음 출석한 새 가족이 질문합니다. "집사님! 오늘 목사님이 말씀하신 하나님의 나라가 어떤 나라일까요?" 자신 있게 대답할 수 있어야 합니다. "네! 우리 교회와 같은 곳입니다."

교회는 하나님 나라를 위한 수단입니다.

> 때가 찼고 하나님의 나라가 가까이 왔으니 회개하고 복음을 믿으라 (막 1:15).

요단강에서 세례를 받으신 예수님의 첫 외침입니다. 장차 이루어질 (not yet) 하나님 나라를 선포하셨습니다. 그리고 이미(already) 이루어진 하나님 나라를 말씀하십니다.

> 그러나 내가 하나님의 성령을 힘입어 귀신을 쫓아내는 것이면 하나님의 나라가 이미 너희에게 임하였느니라(마 12:28).

그러나 중요한 것은 현재적 하나님 나라입니다.

> 하나님의 나라는 볼 수 있게 임하는 것이 아니요 또 여기 있다 저기 있다고도 못하리니 하나님의 나라는 너희 안에 있느니라
> (눅 17:20 하—21).

그렇습니다. 지금 여기에서(now and here) 하나님의 나라를 건설하고 확장하기 위하여 교회를 주셨습니다. 음부의 권세가 이길 수 없는 주님의 교회입니다(마 16:18). 그러므로 교회는 목적이 아닙니다. 하나님 나라를 위한 수단입니다. 그러므로 교회를 지키며, 교회를 위한다는 명목으로 하나님의 영광을 가리거나 그의 의를 그르치는 것은 크게 잘못된 일입니다.

교회의 구성원은 물과 성령으로 거듭난 사람들입니다. 예수님은 유대인의 지도자인 니고데모에게 물과 성령으로 거듭나지 아니하면 하나님 나라를 볼 수도 없고(요 3:3), 들어갈 수도 없다고 말씀하셨습니다(요 3:5).

> 육으로 난 것은 육이요 영으로 난 것은 영이니 내가 네게 거듭나야 하겠다 하는 말을 놀랍게 여기지 말라(요 3:6-7).

장차 죽어서 하나님 나라에 들어가는 것도 중요합니다. 궁극적인 하나님의 나라는 새 하늘과 새 땅입니다(계 21:1). 그러나 이 땅에서 신령한 삶을 살아야 합니다. 교회에서 천국을 맛볼 수 있어야 합니다. 그래서 바울은 고린도교회의 문제점을 지적하고 부활의 문제를 이야기하는 중이지만 육의 몸과 신령한 몸을 구분합니다.

> 육의 몸으로 심고 신령한 몸으로 다시 살아나나니 육의 몸이 있은즉 또 영의 몸도 있느니라(고전 15:44).

비록 우리들은 아직 이 땅에서 육의 몸으로 살아가지만 물과 성령으로 거듭난 성도로서의 신령한 삶을 살아야 합니다. 교회는 하나님 나라의 전위대로, 혹은 천국의 훈련소로 비유되곤 합니다. 또한 칼뱅은 "보이는(가견) 교회는 어머니가 아이를 태중에 잉태하여 낳은 후 젖을 먹여 길러주듯 우리가 육에서 벗어나 천사같이 될 때까지 인도해 주는 어머니"[1]로 이야기했습니다. 어머니의 품에서 아버지이신 하나님을 알고 천국을 배웁니다.

예수님이 낯설고 하나님의 나라가 생소해서는 안 됩니다. 인도의 성자 선다싱은 "지옥 갈 사람을 천국에다 모셔 놓았더니 자기 발로 지옥으로 가더라."고 얘기했습니다. 물론 이 이야기는 예수님의 흘리신 피의 공로를 모르기 때문에 양심의 심판을 받아 지옥으로 간다는 다른 배경의 이야기이지만, 실제로 처음 교회에 나온 사람이 분위기가 낯설고 생소해서 돌아서는 것과 전혀 무관하지 않습니다. 비록 오늘 교회에 처음 나온 사람이라도 거듭남의 체험을 통하여 천국의 삶을 익혀 나갈 수 있어야 합니다.

교회는 자라야 합니다. 예수 그리스도의 장성한 분량이 충만한 데까지 이르러야 합니다(엡 4:13). 교회는 예수 그리스도를 머리로 하는 유기적인 공동체입니다. 생명이 있습니다. 교회다운 교회는 생명이 역사하는 곳입니다. 생명이 있는 것은 자랍니다. 교회가 성장하지 못하는 것은 건강하지 못하기 때문입니다. 건강한 교회는 자라게 되어 있습니다.

교회가 건강하다는 말은 성도들이 건강해야 한다는 말입니다. 어린

---

1   존 칼뱅, 김문제 역, 『기독교강요』(제4권, 서울: 세종문화사, 1977). p. 51.

아이가 건강하게 자라기 위해서는 잘 먹고, 잘 쉬고, 잘 뛰어 놀게 해야합니다. 또한 부모를 비롯한 어른들은 물론이고 또래 친구들과 잘 어울릴 수 있도록 적절한 환경이 조성되어야 합니다. 교회도 그렇습니다. 하나님의 말씀으로 영적 양식을 공급하고, 영적인 호흡인 기도할 수 있는 환경, 전도와 봉사를 통한 영적 운동, 무엇보다 모든 성도들이 함께 어울릴 수 있는 친교와 교제 등이 원만해야 합니다. 그래서 "안 믿는 사람들은 믿게 만들고, 믿는 사람들은 더 잘 믿게 함으로" 하나님 나라의 주역들을 양육하는 것이 가감할 수 없는 교회의 중요한 사명입니다.

궁극적인 하나님 나라를 체험하는 교회가 되어야 하는 이유는 먼저 주님과 낯설지 않아야 하기 때문입니다. 그리고 아버지 하나님을 기쁘시게 할 수 있기 때문입니다. 그럴 때에 부가적으로 사람들에게도 칭찬을 받습니다(롬 14:18). 그래서 바울은 로마서에서 하나님 나라의 성격을 분명하게 선언합니다.

> 하나님의 나라는 먹는 것과 마시는 것이 아니요 오직 성령 안에 있는 의와 평강과 희락이라(롬 14:17).

먹고 마시는 나라가 아닙니다. 육의 나라가 아닙니다. 손윤탁이라는 청년은 여학생을 사귀어 보겠다는 욕심으로 교회에 처음 출석했고, 먹고 마시는 문제가 해결된다는 생각에 더 열심히 다녔습니다. 그러나 그것이 아니었습니다. 하나님의 의를 발견하였습니다. 물과 성령으로 거듭났습니다. 삶의 방향이 달라졌습니다. 어려워도, 굶어도, 힘이 들어도 평강을 누리게 되었습니다. 고난과 핍박 중에도 기쁨을 누리게 되었습니다. 여기에 그치지 않습니다. 나의 기쁨을 추구하기보다는 하나님을 기쁘시게 하는 일에 몸을 던졌습니다. 지금도 하나님과 다른 성도들을 즐겁게 하는 일이 무엇인지를 궁리합니다. 하나님의 나라는 오직 하나님께만 영광을 돌리는 나라입니다. 그분의 의를 이루는 일이라면 어떤 자리에서도 평화와 기쁨을 노래합니다. 우리들은 오직 그분에게 '영광의 찬송'이 되어야 합니다. 교회는 오직 그 나라를 위하여 존재하는 "거듭난 사람들의 공동체"이기 때문입니다.

하나님의 나라는 ① 그분이 주인이신 나라입니다. ② 그분이 다스리시는 나라입니다. ③ 그분이 함께하시는 나라입니다. 물론 천국도 지옥도 모두 하나님의 통치 아래 있으나 우리가 일반적으로 말하는 하나님의 나라는 그의 백성들을 위하여 준비된 나라입니다.

더 깊은 〈묵상〉으로 가는 Q&A

1. 하나님 나라와의 관계에서 교회를 무엇이라고 정의할 수 있습니까? 자신의 말로 교회가 어떤 곳인지를 정리해 봅시다.

2. 교회의 궁극적인 사명이 무엇인지를 확인해 봅시다. 교회의 많은 역할 중에서도 결정적으로 감당해야 할 일이 있다면 그것이 무엇입니까?

3. 이 땅에서 체험해야 할 하나님 나라의 모습은 어떤 것입니까? 우리 교회가 이 일을 감당하려면 어떤 변화가 있어야 합니까?